Udo Cremer

Professionelle Kostenrechnung und Kalkulation

im Kleinbetrieb

Udo Cremer

Professionelle Kostenrechnung und Kalkulation

im Kleinbetrieb

leicht verständlich
sofort umsetzbar
mit vielen praktischen
Checklisten und
Musterkalkulationen

mvg

Die Deutsche Bibliothek – CIP-Einheitsaufnahme

Cremer, Udo:
Professionelle Kostenrechnung und Kalkulation im Kleinbetrieb : leicht verständlich - sofort umsetzbar - mit vielen praktischen Checklisten und Musterkalkulationen / Udo Cremer. - Landsberg a.L. : mvg-verl., 1999
(Small business)
ISBN 3-478-85150-5

Meiner Frau Sigrid,
meiner Tochter Julia,

und allen meinen
Freunden gewidmet

Umschlaggestaltung: Vierthaler & Braun, München
Satz: Wolfgang Appun, München
Druck- und Bindearbeiten: Druckerei Himmer, Augsburg
Printed in Germany 085 150/3993502
ISBN 3-478-85150-5

INHALT

Vorwort

Das Buch Professionelle *Kostenrechnung und Kalkulation im Kleinbetrieb* wendet sich in erster Linie an Praktiker, die sich umfassend über die Anwendung der Kostenrechnung im täglichen Betriebsgeschehen informieren möchten. Dadurch, daß jedes Kapitel in sich abgeschlossen ist, lassen sich Wiederholungen nicht ganz ausschließen. Durch zahlreiche Abbildungen, Mustervordrucke, Tabellen und Beispielaufgaben erhält auch der fachunkundige Leser einen schnellen und umfassenden Überblick darüber, wie die Kostenrechnung schnell und sicher in die Praxis umgesetzt werden kann. Die Beispielaufgaben sind so gewählt, daß sie möglichst eine Vielzahl von Selbständigen ansprechen. Insofern empfiehlt sich das Buch neben der reinen Informationslektüre auch als Gestaltungshilfe und Nachschlagewerk, um im betrieblichen Alltag konkrete Probleme zu lösen.

Der Charakter als Leitfaden und Nachschlagewerk wird auch dadurch betont, daß:

- die vielen Beispiele im Text als solche deutlich gekennzeichnet sind,
- wichtige Textpassagen durch eine Umrahmung deutlich hervorgehoben werden,
- sich sämtliche Mustervordrucke und Tabellen individuell anpassen lassen und damit sofort in der Praxis Verwendung finden können.

Neben der klassischen Kostenrechnung (Kostenartenrechnung, Kostenstellenrechnung und Kostenträgerrechnung) werden schwerpunktmäßig auch Themengebiete behandelt, die die eigentliche Kostenrechnung nur tangieren, in der Praxis jedoch den überwiegenden Teil aller zu treffenden Entscheidungen ausmachen. So wurden wichtige für die Praxis bedeutsame Entscheidungsbereiche jeweils in einem separaten Kapitel behandelt (z.B. Preisuntergrenze, Deckungsbeitragsrechnung, optimales Produktionsprogramm, Break-even-Analyse, aber auch Outsourcing und Prozeßkostenrechnung). Ziel dieses Buches ist es, den Leser in die Lage zu versetzen, reale Kostenrechnungs- und Kalkulationsprobleme selbständig meistern zu können.

Einen besonderen Dank gebührt meiner Frau Sigrid für das sorgfältige Korrekturlesen und die tatkräftige Unterstützung während des Schreibens. Danken möchte ich auch Frau Susanne Guidera vom mvg-Verlag für ihre freundliche, geduldige und unkomplizierte Art, die die Idee zu diesem Buch unterstützt und ins Leben gerufen hat.

Aldenhoven, 1999 *Udo Cremer*

Kapitel 1

Einleitung

Aufgrund gesetzlicher Vorschriften sind Sie zu einer kontinuierlichen Buchführung verpflichtet. Dadurch bilden Sie das gesamte betriebliche Geschehen mittels Zahlen ab. Um aber gegenüber Ihren Konkurrenten am Markt erfolgreich zu sein, reicht die Buchführung heutzutage alleine nicht mehr aus. Sie liefert z.B. keine Informationen über die kurz- und langfristige Preisuntergrenze eines einzelnen Produkts, gibt keine Entscheidungsalternativen bezüglich Eigenfertigung oder Fremdbezug, Kostenzurechnung auf einzelne Produkte oder Produktgruppen und keine Informationen über die Gewinnträchtigkeit des jeweiligen Erzeugnisses.

Es sind schon viele Bücher über Kostenrechnungssysteme und deren Anwendung einschließlich Beispielaufgaben auf dem Markt erschienen. Die wenigsten beschäftigen sich jedoch damit, einem Laien und potentiellen Existenzgründer einen praxiserprobten Leitfaden an die Hand zu geben, wie und vor allem in welcher Reihenfolge eine Kostenrechnung sinnvollerweise aufgebaut werden sollte, um den Preis eines Produkts richtig kalkulieren zu können.

Dieses Buch will Ihnen einfach, übersichtlich und kompakt helfen, die wichtigsten Bereiche der Kostenrechnung und Kalkulation zu verstehen und für Sie sofort nutzbar und anwendbar zu machen, denn Sie haben zu Beginn der Selbständigkeit sicherlich keine große Lust, sich auch noch mit der „trockenen Materie" der Kostenrechnung auseinanderzusetzen. Ich bitte Sie aber bereits zu Beginn darum, unvoreingenommen an die Sache heranzugehen. Im Verlauf dieses Buches werden Sie merken, daß Sie die meisten Bereiche bereits von Ihrem Privatleben her kennen und es bisher nur versäumt haben, diese auch auf für Sie unbekanntes Terrain zu übertragen.

Wenn Sie beabsichtigen, sich ein neues Auto zu kaufen, werden Sie bestimmt nicht zu einem Autohändler gehen, der Rolls-Roys verkauft. Warum nicht? Weil Sie von vornherein wissen, daß Sie sich dieses Nobelauto nicht leisten können. Bei der Frage, ob ein Pkw im Wert von 30 000 DM oder 35 000 DM gekauft werden soll, wird schon genauer überlegt und gerechnet. Da werden zuerst einmal sämtliche Einnahmen aufgelistet und den geschätzten zukünftigen Ausgaben gegenübergestellt, um abzuschätzen, ob der Pkw bezahlbar ist (ob nun bar oder über eine Kreditfinanzierung). Es werden Fragen gestellt wie: Welche Ausgaben/Einnahmen sind regelmäßig wiederkehrend und unveränderlich, d.h. fix (z.B. Gehalt, Miete, Strom, Versicherungsbeiträge), und welche fallen unregelmäßig und in unterschiedlicher Höhe an, d.h. variabel (z.B. Ausgaben für Lebensmittel, Benzin usw.). Sie sehen an dieser Stelle, daß Sie (wenn auch zum Teil unbewußt) Kostenrechnung bereits in Ihrem privaten Bereich anwenden. Deshalb dürfte es Ihnen auch nicht schwerfallen, die Kostenrechnung auf den betrieblichen Bereich mit einigen Abwandlungen zu übertragen.

Wissen Sie, wieviel Stück Sie produzieren und verkaufen möchten?

„Ja", werden Sie jetzt sagen.
Wissen Sie auch, wieviel Gewinn bei jedem Stück für Sie dabei herauskommt?

Ihre Antwort wird sicherlich lauten: „Das kann ich nur schätzen."

Genau hier ist der Ansatzpunkt der Kostenrechung. Solange sich Ihre Produkte gut verkaufen lassen, werden Sie mit Sicherheit denken „Was soll ich noch mit einer Kostenrechnung? Meine Produkte verkaufen sich doch gut, und ich habe am Ende des Jahres einen stattlichen Gewinn, den ich aus der Gewinn- und Verlustrechnung meiner Buchführung ersehen kann." Was ist aber, wenn sich die Marktlage schlagartig ändert, wenn der Export zurückgeht, die Inlandsnachfrage stagniert, wenn sich der Wettbewerb zunehmend verschärft, die Konkurrenz mit besseren Produkten zu günstigeren Preisen auf den Markt kommt und Ihre Kundschaft abwandert?

Welches sind die Ziele einer Kostenrechnung?

Um für das oben geschilderten Szenario gewappnet zu sein, ist es zweckmäßig, bereits in einem frühen Stadium eine Kostenrechnung in Ihrem Unternehmen zu implementieren, die Auskunft darüber geben kann, was für Kosten überhaupt anfallen, wie sie transparent gemacht und nach welchen Kriterien sie aufgeteilt werden können. Die genaue Kenntnis der gesamten Kostenstruktur und verschiedener Kostenverläufe kann für Ihr Unternehmen einen entscheidenden Wettbewerbsvorteil gegenüber Ihrer Konkurrenz bedeuten!

> Denken Sie immer daran: Es ist nicht entscheidend, wie hoch Ihr Gewinn ist, sondern wie effizient es Ihnen gelingt, mit den Ihnen zur Verfügung stehenden Mitteln zu arbeiten und zu wirtschaften, um auch über Jahre hinweg am Markt erfolgreich bestehen zu können.

Ihr Ziel sollte sein, für die von Ihnen angebotenen Produkte und Waren Angebotspreise festzusetzen, mit denen Sie nicht nur am Markt bestehen können, sondern die zugleich auch gewinnbringend sind. Dafür müssen Sie aber zuerst die im Zusammenhang mit der Fertigung und dem Absatz voraussichtlich anfallenden Kosten so genau wie möglich ermitteln. Umgekehrt gilt dasselbe: Wird beispielsweise der Marktpreis von Ihrem Konkurrenten vorgegeben, sollten Sie Ihre Stückkosten kennen, um Entscheidungen über die richtige Zusammensetzung von Produktions- und Absatzalternativen treffen zu können.

Leider wird auch in der heutigen Zeit in breiten Bevölkerungsschichten die Kostenrechnung und Kalkulation noch als ein „lästiges Übel" und Anhängsel der gesetzlich vorgeschriebenen Buchführung betrachtet. Im Laufe der Zeit haben sich Kostenrechnung und Kalkulation jedoch als notwendige und sinnvolle Ergänzungen zur Buchführung etabliert und sind alles andere als nur eine reine „Umverteilung der Zahlen aus der Buchführung". In diesem Buch werden Sie Wege kennenlernen, die Ihnen ein Gespür dafür vermitteln, ob Ihr Unternehmen wirtschaftlich gesund geführt wird oder nicht. Glauben Sie mir, die Entwicklung und Ausprägung dieses „Zahlengespürs" wird ein ausschlaggebender Faktor für das langfristige Wachstum Ihres Unternehmens sein. Die genaue Kenntnis der Kostenstruktur und des Kostenverlaufs sind für die Gewinnsteuerung und die langfristige Existenzsicherung Ihres Unternehmens von ausschlaggebender Bedeutung. Es sollte stets Ihr Ziel sein, daß die Umsatzerlöse größer als die Kosten sind, denn nur dann erzielen Sie Gewinne und können sich am Markt über längere Zeit etablieren. Dies gilt nicht nur für das gesamte Unternehmen, sondern um so mehr auch für einzelne Produkte oder Produktgruppen.

Um ein Unternehmen effizient und erfolgreich führen und lenken zu können, müssen Sie Ihr Kostengefüge so genau wie möglich unter die Lupe nehmen! Bei intensiver Auseinandersetzung mit Ihren Kosten werden Sie sehr schnell „überhöhte Kosten" aufspüren und Unwirtschaftlichkeiten sichtbar machen und anschließend einen mehrere Punkte umfassenden Aktionsplan aufstellen, um aufgetretene Schwachstellen anzupacken und schließlich auch in Ihrem Sinne zu lösen. Am sinnvollsten wird es sein, sich zuvor folgende vier Fragen zu stellen:

- **Welche** Kosten sind entstanden?
- **Wie hoch** sind die entstandenen Kosten?
- **Wo** sind die Kosten entstanden?
- **Wem** sind die Kosten zuzurechnen?

Durch die richtige Aufbereitung der Buchhaltungszahlen können Sie sich exakte Aussagen über die Leistungsfähigkeit Ihres Unternehmens schaffen.

Die hauptsächlichen Ziele der Kostenrechnung bestehen in :

- Aufgliederung der Kosten und Leistungen in Ihrem Unternehmen nach dem Verursachungsprinzip,
- Überprüfung, ob in Ihrem Unternehmen wirtschaftlich gearbeitet wird (im Sinne von Kostenkontrolle und Kostenbeeinflussung),
- Angebotskalkulation und Preisfindung Ihrer Produkte/Leistungen,
- Bestimmung der kurz- und langfristigen Preisuntergrenze am Absatzmarkt,
- Bereitstellung von Unterlagen für die kurzfristige Erfolgsrechnung,
- Bewertung von Warenbeständen, selbsterstellten Anlagen sowie innerbetrieblichen Leistungen,
- Bereitstellung von geeigneten Unterlagen für unternehmerische Entscheidungen im Investitions-, Produktions-, Absatz- sowie Planungsbereich.

Mit Hilfe der Buchführung wird nur der Gewinn ermittelt, den Sie aufgrund zurückliegender Entscheidungen bereits erwirtschaftet haben. Zu einer guten Unternehmensführung gehört aber auch, den zukünftigen Gewinn zu planen, zu steuern und zu kontrollieren. Dazu brauchen Sie weit mehr an Informationen als die, die Ihnen Ihre Buchführung liefern kann. Die Buchführung ist vergangenheitsorientiert, die Kostenrechnung soll gegenwarts- und zukunftsbezogen sein.

So sind für eine optimale Gewinnsteuerung folgende Informationen unerläßlich:

- Wieviel Kosten verursacht ein Produkt?
- In welchen Bereichen liegen die Kostenschwerpunkte?
- Wie hoch muß der Absatzpreis mindestens sein, damit die Kosten gedeckt sind?
- Welche Bereiche oder Abteilungen arbeiten wirtschaftlich und welche nicht?
- Zu welchem Zeitpunkt ist die Eigenfertigung einem Fremdbezug vorzuziehen?
- Bei welcher verkauften Stückzahl im Monat, Quartal oder Jahr beginnt die jeweilige Gewinnzone?

Durch die richtige Aufbereitung, Zusammenstellung und Auswertung der Zahlen aus der Buchführung kann die Kostenrechnung speziell im Bereich der Planung erhebliche Unterstützung leisten und unternehmerische Entscheidungen im Tagesgeschäft auf eine gesunde Grundlage stellen.

Worin liegt der Sinn und Zweck einer Kalkulation?

Der Sinn und Zweck einer Kalkulation ist darin zu sehen, daß Sie genau sagen können, welche Kostenanteile auf welches Produkt (oder Produktteil) umgelegt und verrechnet werden müssen, um mit Ihren Angebotspreisen auf lange Sicht am Markt präsent zu sein. Mit einer Kalkulation versuchen Sie nichts anderes, als die in Ihrem Betrieb anfallenden Kosten so auf Ihre Produkte umzulegen, daß Ihr Angebotspreis zum einen Ihre Kosten „hereinholt“ und zum anderen noch einen Gewinn einbringt. Dazu ermitteln Sie mit Hilfe der Kostenrechnung zunächst die tatsächlichen Kosten für Ihr fertiges Produkt/Ihre fertige Leistung, die anschließend in das Kalkulationsschema zur Ermittlung des Angebotspreises übernommen werden.

Die einzige Schwierigkeit besteht darin, sich nicht selber aus dem Markt „herauszukalkulieren“, indem Sie durch überhöhte Angebotspreise einen Nachfragerückgang heraufbeschwören, der Sie schlimmstenfalls zur Schließung Ihres gesamten Unternehmens zwingen kann.

Um das zu vermeiden, wird im nachfolgenden unter Einbeziehung ausführlicher praxisrelevanter Beispielfälle erläutert, wie Sie Herr Ihrer eigenen Kosten werden und Ihre Preis- und Angebotspolitik auf eine fundierte und sichere Grundlage stellen können.

Kostenrechnung für die Praxis lernt man nicht durch Lesen theoretischer Abhandlungen, sondern durch Nachvollziehen von praxisgerecht aufbereiteten Beispielen und den Versuch, diese auf die eigene Situation umzumünzen.

Kapitel 2

Die richtige Aufbereitung des Zahlenmaterials aus der Buchführung für Zwecke der Kostenrechnung

Jeder Kaufmann ist nach dem (Handels-)Gesetz dazu verpflichtet, Bücher zu führen, aus denen seine geschäftlichen Aktivitäten ersichtlich werden und nachprüfbar sind. Dazu ist es erforderlich, sämtliche Geschäftsvorfälle zu erfassen, ob es sich dabei nun um Bestellungen beim Lieferanten, Bestellungen von Kunden, Bankgeschäfte oder Behördenangelegenheiten handelt, sie alle sind geordnet, zeitgerecht und ordnungsgemäß in den zu führenden Büchern zu dokumentieren. Da nach dem Willen des Gesetzgebers jeder Kaufmann „zwangsweise“ dazu angehalten wird, praktisch seine gesamte geschäftliche Tätigkeit akribisch genau in Büchern „niederzuschreiben“ und festzuhalten, um am Jahresende einer mehr oder weniger gerechten Steuer unterworfen zu werden, kann man sich genausogut die gesetzlich auferlegte Pflicht auch noch anderweitig zunutze machen. Sämtliche für kostenrechnerische Zwecke relevanten Daten werden nämlich bereits in der Buchführung erfaßt. Sie müssen nur noch etwas modifiziert, umsortiert und ergänzt werden.

TIP! Sie sollten sich immer vor Augen führen, daß die Buchführung ganz andere Ziele verfolgt als die Kostenrechnung. Die Buchführung ist so angelegt, daß sie einem Außenstehenden Einblick in die Handelsgeschäfte gewährt und über die Lage des derzeitigen Vermögens Auskunft gibt, wobei immer die Grundsätze ordnungsmäßiger Buchführung zu beachten sind.

Die Buchführung bildet die Grundlage für die Besteuerung und wird beispielsweise auch als Kriterium für die Kreditvergabe von Banken herangezogen. Sie sehen also, daß die Buchführung zum Teil ganz unterschiedliche, zum Teil auch konträre Ziele verfolgt, indem sie ein Unternehmen für den Staat und damit auch für die Besteuerung eher ärmer und im Falle einer Kreditvergabe durch Banken zur Finanzierung einer neuen Investition eher reicher darstellt, als es tatsächlich der Fall ist. Deshalb gibt es in der Bundesrepublik ein sogenanntes Handelsgesetzbuch (HGB), in dem genau festgelegt ist, was, wie und mit welchem Wert angesetzt werden darf bzw. muß. Ganz anders ist der Fall bei der Kostenrechnung gelagert, hier gibt es weder ein Gesetz, das vorschreibt, was, wie und wofür etwas zu tun ist oder nicht, noch ist derjenige, der sich eine Kostenrechnung aufbauen möchte, an irgendwelche gesetzlich fixierten Richtlinien oder Vorschriften gebunden.

> Eine Kostenrechnung kann jeder so gestalten, wie es ihm beliebt.

Jetzt werden Sie sagen: „Wenn ich schon vom Gesetzgeber angehalten bin, eine Buchführung einzurichten, dann kann es auch eine solche sein, die ich mit meinen kostenrechnerischen Vorstellungen in Einklang bringe". Voraussetzung dafür ist, daß Sie sich genau überlegen, was für Daten Sie zukünftig gerne hätten, welche Informationen ständig zur Verfügung stehen sollten und welche von untergeordneter Bedeutung sind. Es nutzt Ihnen relativ wenig, wenn Sie monatlich Unmengen an bedrucktem Papier voller Informationen, Daten, Statistiken und vielleicht sogar noch Diagrammen vor sich liegen haben und nicht wissen, was Sie damit anfangen sollen. Dann befinden Sie sich in der gleichen Lage, wie jemand, der vor lauter Bäumen den Wald nicht mehr sieht.

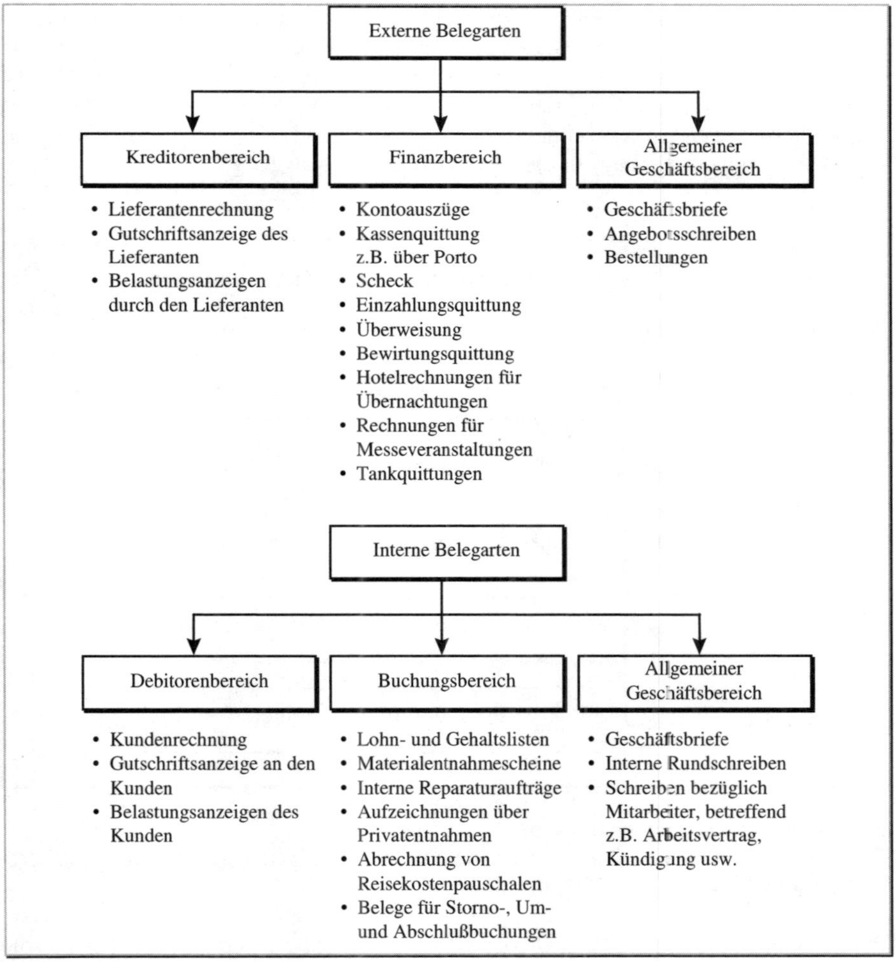

(Quelle: Dipl.-Betrw. Udo Cremer: So erhalten Sie eine effiziente und prüfungssichere Belegorganisation, Tägliche Betriebspraxis Gruppe 6 S. 2 f., Nachschlagewerk, Freiburg i. Br.)

Für den Aufbau einer effizienten Buchhaltung mit einer dahinterliegenden informationsreichen Kostenrechnung bietet es sich an, zunächst sämtliche Belege, die die Grundlage für die vorzunehmenden Buchungen in der Buchführung darstellen, in externe und interne aufzuteilen. Unter Belege werden nicht nur Lieferantenrechnungen verstanden, sondern auch beispielsweise Bankauszüge, Telefonrechnungen, Gutschriften, Kassen- und Tankquittungen, Umbuchungsbelege beim Jahresabschluß, Lohn- und Gehaltslisten sowie Geschäftsbriefe und vieles andere mehr. Nicht alle für die Buchführung relevanten Belege sind auch zugleich für die Kostenrechnung interessant.

Für kostenrechnerische Zwecke ist bei den externen Belegen nur der Finanzbereich und bei den internen nur der Buchungsbereich von besonderer Bedeutung.
Weiterhin ist auf eine sorgfältige Vorbereitung eines jeden Schriftstücks für die eigentliche Buchung zu achten. Sie ersparen sich nicht nur sehr viel Zeit, sondern ermöglichen auch einen schnellen Rückgriff auf den ursprünglichen Originalbeleg und erhalten damit sofort die Verbindung zwischen Beleg, Geschäftsvorfall, Buchführung und schließlich der Kostenrechnung. Die vorzunehmende Buchungsvorbereitung erstreckt sich im wesentlichen auf die folgenden fünf Arbeitsgänge:

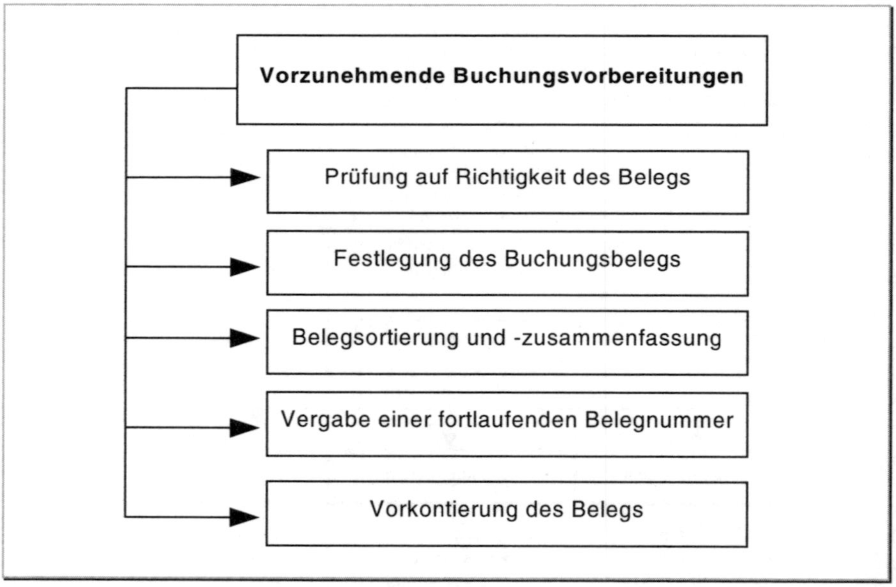

Maßnahmen zur Buchungsvorbereitung
(Quelle: Dipl.-Betrw. Udo Cremer: So erhalten Sie eine effiziente und prüfungssichere Belegorganisation, a.a.O., Gruppe 6 Seite 4)

Die Prüfung auf *Richtigkeit des Belegs* erstreckt sich zum einen auf die rechnerische und zum anderen auf die sachliche Richtigkeit des Buchungsbelegs. Ist z.B. von Ihrem Lieferanten nur das Material geliefert und in Rechnung gestellt worden, was tatsächlich von Ihnen bestellt worden ist? Entspricht der Rechnungspreis dem Preis des Ihnen vorliegenden Angebotes?

Bei der *Festlegung des Buchungsbelegs* bestimmen Sie bereits den Belegtyp, denn für einen einzigen Geschäftsvorfall, der durchaus auch aus mehreren Buchungssätzen bestehen kann, gibt es immer nur einen Buchungsbeleg.

Sie bestellen bei Ihrem Lieferanten Schrauben und Nägel, die Sie für die eigene Produktion benötigen. Mit der Lieferung erhalten Sie eine Rechnung über 3 480 DM inkl. 16 % Mehrwertsteuer. Die Rechnung bezahlen Sie fristgerecht durch einen Verrechnungsscheck, der wenige Tage später auf Ihrem Geschäftskonto belastet wird.

Neben der Originalrechnung Ihres Lieferanten liegen Ihnen noch zwei weitere Belege vor, die Scheckdurchschrift der Bezahlung und der Kontoauszug Ihrer Bank, aus dem die entsprechende Belastung hervorgeht.

Wenn Sie kreditorisch buchen, werden Sie bei Eingang der bestellten Schrauben und Nägel die Buchung

Hilfsstoffe	3 000
Vorsteuer	480
an Verbindlichkeiten aus Lieferungen und Leistungen (Verb. a. L.+L.)	3 480

vornehmen und als Beleg die Lieferantenrechnung aufbewahren. Bei Bezahlung dient der Kontoauszug mit der dahinterliegenden Scheckkopie als Beleg für die Buchung, um das Konto „Verb. a. L.+L." gegen das Bankkonto auszubuchen.

Sie sollten immer darauf achten, daß Sie nur Originalbelege und Originalrechnungen verbuchen, um Doppelbuchungen zu vermeinden. Leisten Sie keine Zahlungen, wenn Ihnen das Original der Rechnung noch nicht vorliegt.

Wird Ihnen bereichts vorab eine Rechnung per Fax übermittelt, weil sich die Originalrechnung noch auf dem Postweg befindet, kann es sehr schnell passieren, daß Sie aufgrund des Faxes eine Zahlung leisten und wenige Tage später nochmals aufgrund der Ihnen zwischenzeitlich vorliegenden Originalrechnung bezahlen. Sie schmälern dadurch nicht nur Ihre finanzielle Unabhängigkeit und Beweglichkeit, sondern Ihre Kosten werden auch ungerechtfertigterweise erhöht.

Für einen ordentlichen Kaufmann versteht es sich von selbst, daß Bankbelege von den Kassenunterlagen, Eingangsrechnungen von Ausgangsrechnungen sowie Rechnungen und Gutschriften getrennt gesammelt, verbucht und aufbewahrt werden.

Weiterhin ist vor dem eigentlichen Verbuchen jeder Beleg mit einer fortlaufenden Belegnummer zu kennzeichnen, damit eine klare Abgrenzung zu anderen Buchungsbelegen vorgenommen werden kann. Grundsätzlich sind Sie in Ihrer Belegnummernvergabe frei. Wenig sinnvoll erscheint es jedoch, den ersten Beleg im Jahr mit der Belegnummer 1 zu versehen, den zweiten mit 2 usw. Empfehlenswerter wäre der Aufbau eines Belegnummernsystems, aus dem alle wichtigen Informationen sofort erkennbar sind.

Anlehnend an den Spezialkontenrahmen der DATEV (SKR 03) könnten Sie für Ihr Unternehmen folgendes Belegnummernsystem einrichten:

Konten-klassen	**SKR 03**	**Belegnummern-folge**
0	Anlage- und Kapitalkonten	0 ...
1	Finanzkonten	1
2	Abgrenzungskonten	2
3	Wareneingangs- und Bestandskonten	3
4	Betriebliche Aufwendungen	4
5	Frei für Kostenrechnung	5
6	Frei für Kostenrechnung	6
7	Bestände an Erzeugnissen	7
8	Erlöskonten	8
9	Vortragskonten	9

Die erste Zahl in der Belegnummer gibt die Zugehörigkeit des Belegs zu einer Kontenklasse an. Drei weitere Zahlen folgen für das entsprechende Konto in der jeweiligen Kontenklasse. Die anschließenden vier Zahlen geben das laufende Geschäftsjahr an. Fünf weitere Zahlen sind reserviert für die fortlaufende Belegnummer innerhalb des Geschäftsjahres. Daran anschließen könnte man noch eine vierstellige Zahl für die entsprechende Kostenstelle für Zwecke der gleichzeitigen Erfassung kostenrechnungsmäßiger Bearbeitung.

Auf unser obiges Beispiel mit der Lieferantenrechnung könnte die Belegnummer folgendermaßen aussehen:

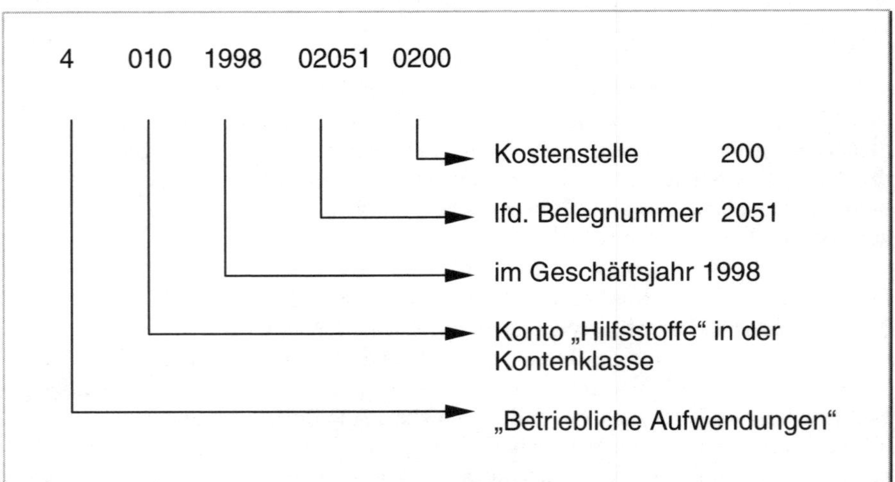

Im letzen Schritt der vorzunehmenden Buchungsvorbereitungen erfolgt die *Vorkontierung der einzelnen Belege*. Dazu tragen Sie handschriftlich auf dem Originalbeleg folgendes ein: Konto, Gegenkonto und den Betrag. Durch einen Kontenrahmen der oben vorgestellten Art werden verschiedenen Konten sogenannte Kontennummern zugeordnet, mit dem Zweck, statt des ausgeschriebenen zum Teil recht langen Textes der Kontenbezeichnung lediglich die Kurzform der Kontennummer anzugeben. Auf unser Beispiel bezogen würden Sie auf der Originalrechnung Ihres Lieferanten handschriftlich folgendes vermerken:

Belegnummer: 4 010 1998 02051 0200			
Konto	Gegenkonto	DM-Betrag	Kostenstelle
4 010	1 600	3 000,-	0 200
1 570	1 600	480,-	---

Diese buchhalterische „Kurzschreibweise" bedeutet nichts anderes als daß Sie Hilfsstoffe (Kt. 4010 „Hilfsstoffe") auf Kredit (Kt. 1600 „Verbindlichkeiten aus Lieferungen und Leistungen) für 3 000 DM gekauft haben und dabei gleichzeitig gegenüber dem Finanzamt eine „Vorsteuerforderung" (Kt. 1570) in Höhe von 480 DM haben. Die gekauften Schrauben und Nägel (=Hilfsstoffe) werden innerhalb Ihres Unternehmens von der Kostenstelle mit der Kostenstellen-Nummer 200 verbraucht. Sinnvoll, aber nicht zwingend, ist in diesem Zusammenhang, wenn Sie für jede Kostenstelle einen separaten Ordner anlegen und darin Kopien der Rechnungen abheften, die intern auf die verschiedenen Kostenstellen „umgelegt" werden. In den Ordner mit der Aufschrift „Kostenstelle 200" kommt demnach eine Kopie der obigen Lieferantenrechnung.

Wie im weiteren Verlauf noch gezeigt wird, ist die genaue Trennung nach unterschiedlichen Kostenstellen bereits im Stadium der Verbuchung sehr wichtig. Ist Ihre Buchführung nicht zu umfangreich, haben Sie auch eine andere Möglichkeit, Ihre Buchführungsunterlagen durch eine entsprechende Modifizierung des allgemeingültigen Kontenrahmens Ihren speziellen kostenrechnerischen Belangen entsprechend anzupassen.

Für eine Buchführung, die auch Kostenrechnungszwecken genügen soll, ist es nicht von Bedeutung, welchen Kontenrahmen Sie benutzen. Viel entscheidender ist, den Kontenplan so zu gestalten, daß er Ihren speziellen Wünschen und Belangen optimal entgegenkommt.

TiP!

Kontenrahmen gelten als die beste Grundlage für eine geordnete Buchführung und dienen zugleich als Grundlage für Zeitvergleiche innerhalb desselben Unternehmens oder als Betriebsvergleich mit mehreren Unternehmen derselben Branche. Sie gewährleisten die gleichmäßige Behandlung der unterschiedlichsten Geschäftsvorfälle in sämtlichen Betrieben. Der Kontenrahmen ist lediglich als Orientierungslinie für Ihren Betrieb gedacht.

Dagegen finden im *Kontenplan* die jeweiligen Besonderheiten Ihres Betriebes Berücksichtigung. Der Kontenplan Ihres Betriebes stellt eine zusammenfassende Übersicht über die von Ihnen benötigten und zu bebuchenden Konten dar. So kann es durchaus vorkommen, daß Ihr Kontenplan eine stark abgespeckte Version des allgemeingültigen Kontenrahmens darstellt, weil sehr viele Konten nicht gebraucht werden und deshalb auch keine Aufnahme in Ihrem betriebsindividuellen Kontenplan finden.

Die Erstellung eines auf Ihre speziellen Bedürfnisse zugeschnittenen Kontenplans hat den Vorteil, daß Sie statt eines zeitraubenden und langen Buchungstextes auf den jeweiligen Originalbelegen handschriftlich nur die Kontonummer zu verzeichnen brauchen, denn durch die Angabe der Kontennummer leidet in keinster Weise die Klarheit und Übersichtlichkeit Ihrer Buchführung. Unter dem Aspekt der richtigen Kostenverteilung sollten Sie jedoch auf eine gewisse Kontinuität bei Ihren Buchungen achten, d.h. gleiche Geschäftsvorfälle auf jeweils gleiche Konten buchen. Damit erleichtern Sie sich nicht nur einen später vorzunehmenden Soll-Ist-Vergleich, sondern das Zahlenmaterial verschiedener Jahre kann auch leichter miteinander verglichen werden. Als Beispiel dient der Aufbau des Spezialkontenrahmens der DATEV (SKR 03), den Sie jederzeit an Ihre individuellen Bedürfnisse und betriebsinternen Besonderheiten anpassen können.

Der SKR 03 ist zunächst in zehn Klassen von 0 - 9 eingeteilt, wobei die Klassen 0 bis 4 sowie 7 bis 9 der Finanz- und Geschäftsbuchhaltung vorbehalten sind und die Klassen 5 und 6 die kontenmäßige Darstellung der Kosten- und Leistungsrechnung ermöglichen.

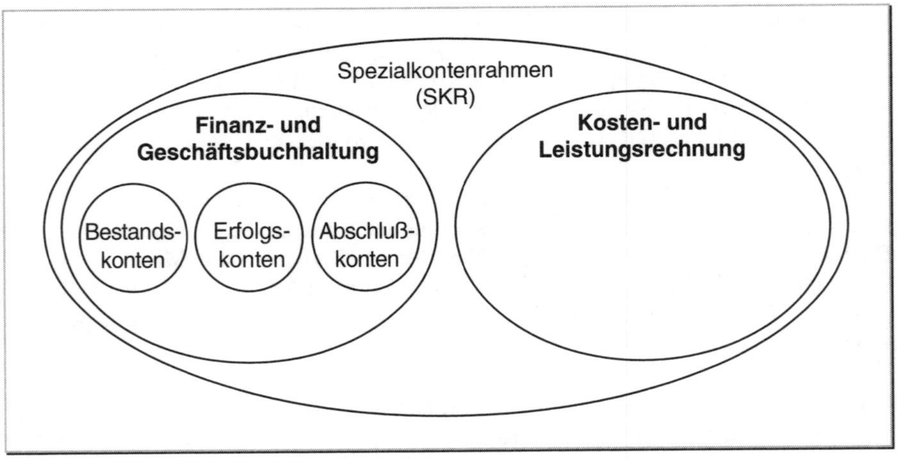

Die **Bestandskonten** gliedern sich nochmals in 4 Kontenklassen:

0	Anlage- und Kapitalkonten
1	Finanzkonten
3	Wareneingangs- und Bestandskonten
7	Bestände an Erzeugnissen

Die **Erfolgskonten** gliedern sich nochmals in 3 Kontenklassen:

2	Neutrale Aufwendungen und Erträge
4	Betriebliche Aufwendungen
8	Erlöskonten

Als weitere Kontenklasse kommt noch hinzu:

9 Vortragskonten/Statistische Konten/Konten DM-Bilanz

Im zweiten geschlossenen Kontenkreis, nämlich dem der *Kosten- und Leistungsrechnung*, sind nur zwei Kontenklassen vorgesehen.

5 + 6 Buchhalterische Abwicklung der Kosten- und Leistungsrechnung (KLR)

Die Konten der Kontenklassen 0, 1, 3 und 7 werden am Jahresende auf dem Schlußbilanzkonto zusammengefaßt, die Konten der Kontenklasse 2, 4 und 8 werden zu einem Gewinn- und Verlustkonto verdichtet.

Im einzelnen sieht das folgendermaßen aus:

Aktiva	**Schlußbilanzkonto**		**Passiva**
Kontenklasse	Mittelverwendung	Kontenklasse	Mittelherkunft
0	Immaterielle Vermögensgegenstände und Sachanlagen	0	Eigenkapital, Wertberichtigungen und Rückstellungen
0	Finanzanlagen	0+1	Verbindlichkeiten und passive Rechnungsabgrenzungsposten
0+1+3+7	Umlaufvermögen und aktive Rechnungsabgrenzungsposten		

Für die Kostenrechnung interessieren vor allem die Kontenklassen 4,5, 6 und 8.

Soll	**Gewinn- und Verlustkonto**		**Haben**
Kontenklasse	Aufwendungen	Kontenklasse	Erträge
4	Betriebliche Aufwendugen = Kosten	8	Betriebliche Erträge = Erlöse
2	Neutrale Aufwendungen	2	Neutrale Erträge

Unter Erträgen versteht man nicht nur Umsatzerlöse, sondern auch aktivierte Eigenleistungen, sonstige betriebliche Erträge (z.B. Eigenverbrauch), Wertpapiererträge sowie Zins- und Diskonterträge. Die Kontenklasse 4 unterteilt sich weiter in :

4000	Aufwendungen für Rohstoffe
4010	Aufwendungen für Hilfsstoffe
4020	Aufwendungen für Betriebsstoffe
4110	Löhne
4120	Gehälter

4130	Soziale Abgaben und Aufwendungen für Altersversorgung
4200	Raumkosten
4240	Energiekosten für Gas, Strom und Wasser
4360	Versicherungen
4500	Kfz-Kosten
4700	Kosten der Warenabgabe
4800	Reparaturen und Instandhaltung
4830	Abschreibungen

Grundsätzlich könnten Sie sämtliche Konten so benennen, wie das Ihren Bedürfnissen am besten entgegenkommt. Es ist nur darauf zu achten, daß verwendete Abkürzungen, Ziffern, Symbole u.ä. eindeutig festgelegt und einheitlich verwendet werden. Die Buchführung muß so beschaffen sein, daß sie einem sachverständigen Dritten innerhalb angemessener Zeit einen Überblick über die Geschäftsvorfälle und die Vermögenslage Ihres Unternehmens vermitteln kann. Außerdem müssen sich sämtliche Geschäftsvorfälle in ihrer Entstehung und Abwicklung verfolgen und von anderen eindeutig unterscheiden lassen; alles andere unterliegt Ihren „individuellen Gegebenheiten“. Ihnen steht es jederzeit frei, zusätzliche Konten mit einer Kontennummer und -beschriftung einzurichten, um Ihr Unternehmensgeschehen noch transparenter darzustellen.

BEISPIEL

Soll die Hilfsstofflieferung auf zwei verschieden Kostenstellen 200 und 221 aufgeteilt werden, spricht nichts dagegen, bereits in der laufenden Buchführung für jede Kostenstelle auch ein separates Konto anzulegen. Die Kostenstelle 200 erhält in der Kontenklasse 4 im Bereich der Hilfsstoffe dann die Kontennummer 4011 mit der Kontenbezeichnung „Hilfsstoffe Kostenstelle 200“ und die Kostenstelle 221 die Kontennummer 4012 für „Hilfsstoffe Kostenstelle 221“.

Ein solches Vorgehen hat nicht nur den unschätzbaren Vorteil, daß sich Herkunft und Verbleib von Zahlungen und offenen Posten auch in der Kostenrechnung viel leichter nachvollziehen lassen, sondern Sie können sich Ihre Buchführung durch eine sinnvolle und wohlüberlegte Kontennummernvergabe bereits so gestalten, daß sie zugleich auch für kostenrechnerische Auswertungen optimal genutzt werden kann.

So läßt sich mit Hilfe Ihres Kontenrahmens zu jeder Kontennummer schnell und sicher sofort das dazugehörige Konto finden.

Sie suchen zur Kontennummer 4012 die dazugehörige Bezeichnung für Ihr Konto. Die Vorgehensweise ist folgende:

Kontenklasse	4	betriebliche Aufwendungen	Bereich des Kontenrahmens
Kontengruppe	40	Aufwand für Roh-, Hilfs- und Betriebsstoffe	

Kontenart	401	Hilfsstoffe	Bereich des Kontenplans
Kontenunterart	4012	Hilfsstoffe für die Kostenstelle 221	

Da jede Kontonummer im Spezialkontenrahmen (z.B. SKR 03 der DATEV) mit der Zahl 0 endet, haben Sie die Möglichkeit, die letzte Ziffer durch die Zahlen 1 bis 9 für neun verschiedene Kostenstellen individuell zu ersetzen.

Auf das Konto 4011 werden nur Hilfsstoffe verbucht, die von der Kostenstelle 200 „verbraucht" werden, der Kostenstelle 221 wird das Konto 4012 zugeodnet, einer möglicherweise dritten Kostenstelle das Konto 4013 usw.

Das ist nicht nur mit dem Konto 4010 „Hilfstoffe" möglich, sondern mit sämtlichen Konten Ihrer Buchführung. Da Sie bis zu neun Kostenstellen frei definieren und bereits über die letzte Zahl in Ihrer Kontennummer vergeben können, ergibt sich daraus folgende beispielhafte Matrix:

Konten-nummer	Kontenbe-zeichnung	Kostenstelle								
		200	221	222	223	224	225	226	227	228
4000	Rohstoffe	4001	4002	4003	4004	4005	4006	4007	4008	4009
4010	Hilfsstoffe	4011	4012	4013	4014	4015	4016	4017	4018	4019
4110	Löhne	4111	4112	4113	4114	4115	4116	4117	4118	4119
4240	Energiekosten	4241	4242	4243	4244	4245	4246	4247	4248	4249
...										
...										
4830	Abschreibung	4831	4832	4833	4834	4835	4836	4837	4838	4839

Durch dieses Vorgehen erreichen Sie, daß Ihre gesamten Kosten bereits zum Zeitpunkt der Buchung nach den verschiedenen Kostenstellen aufgeteilt werden. Die Gesamtsumme aller Kosten in der Buchführung muß dann mit der Addition der Summen sämtlicher Kostenstellen identisch sein.

Auf der anderen Seite stehen Ihnen beim SKR 03 für die Umsatzerlöse ebenfalls etliche Konten zur Verfügung. Damit haben Sie auch hier die Möglichkeit, Ihre Umsatzerlöse z.B. nach Waren-, Produkt-, Kunden- oder Auftragsgruppen zu gliedern.

Differenzieren Sie Ihre Umsatzerlöse z.B. nach Produktgruppen, so stellt sich diese Vorgehensweise dann eher als nachteilig heraus, wenn eine Ausgangsrechnung an Ihren Kunden sehr viele voneinander abweichende Produktpositionen enthält. Die damit zusammenhängende Buchung müßte in zu viele kleinere Positionen unterteilt werden und wäre folglich zu umfangreich. Außerdem nimmt mit zunehmender Untergliederung auch die Fehlerquote überproportional zu.

Sinnvolle Unterteilung Ihrer Umsatzerlöskonten

	nach Produktgruppen	nach Kundengruppen
8001	Produkt Gummibärchen	Kunde Mayer
8002	Produkt Lakritz	Kunde Schmitz
8003	Produkt Pralinen	Kunde Schulze
8004	...	...
8005	...	...

Bei der Unterteilung nach Produktgruppen können Sie sich anhand einer Summen- und Saldenliste sofort einen Überblick darüber verschaffen, welchen Umsatz Sie mit welchem Produkt erzielt haben und daraus Rückschlüsse auf mögliche Maßnahmen zur Umsatzankurbelung, Preissenkung, Gewährung von Sonderrabatten usw. ziehen. Die Unterteilung der Umsatzkonten nach Kunden liefert Ihnen wichtige Erkenntnisse hinsichtlich der Zusammensetzung Ihrer Kundschaft. Auf der Gundlage dieser Informationen können Sie Überlegungen anstellen, ob bestimmte Kunden zukünftig noch servicegerechter bedient werden sollen, oder Sie fertigen beispielsweise eine ABC-Analyse hinsichtlich Ihrer Kundschaft an, die Aussagen darüber trifft, welche Kunden 30 % Ihres gesamten Umsatzvolumens bringen (sogenannte A-Kunden), bei welchen Kunden Sie noch zusätzliche (Werbe-) Maßnahmen ergreifen müssen (sogenannte B-Kunden) und welche Kunden für Sie eher von untergeordneter Bedeutung sind (sogenannte C-Kunden). Stellen Sie dann noch den Erlösen die dafür verbrauchten Kosten getrennt nach einzelnen Kundengruppen gegenüber, können Sie umfangreiche und aussagekräftige Wirtschaftlichkeitsanalysen anstellen, die Ihnen wertvolle Informationen liefern.

In der Regel reicht es bereits aus, wenn Sie Ihre Umsätze und Kosten zu Gruppen zusammenfassen und jeder Gruppe ein entsprechendes Erlös- bzw. Kostenkonto zuordnen, da unter einer zu starken Untergliederung die Übersichtlichkeit Ihrer Buchführung leidet.

Die Buchhaltung bildet zwar zu einem erheblichen Teil die Datengrundlage für die Kostenrechnung, jedoch:

- werden für die Kostenrechnung nicht sämtliche Daten der Buchhaltung benötigt,
- entsprechen manche Zahlen in ihrer Höhe nicht den Maßstäben der Kostenrechnung und
- sind verschiedene Daten in der Buchhaltung überhaupt nicht enthalten.

2.1 Welche Bereiche der Buchhaltung sind für die Kostenrechnung auszuklammern?

Jeweils am Ende eines Geschäftsjahres ist ein Jahresabschluß durchzuführen, der im wesentlichen aus einer Bilanz und der Gewinn- und Verlustrechnung (GuV) besteht. In der GuV spiegelt sich der gesamte unternehmerische Erfolg wider, der entweder mit einem Überschuß (d.h., es wurde ein Gewinn erzielt) oder einem Defizit (d.h., man hat mit Verlust gearbeitet) abschließt. Die GuV setzt sich aus den Teilbereichen Betriebsergebnis und Neutrales Ergebnis zusammen.

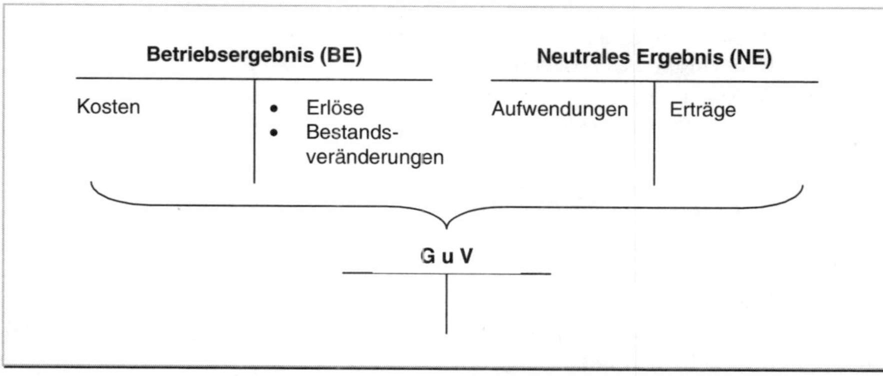

Für Zwecke der Kostenrechnung sind nur betrieblich verursachte Kosten von Bedeutung. Neutrale Aufwendungen und Erträge haben nichts mit der eigentlichen betrieblichen Tätigkeit zu tun und scheiden somit für die weitere Betrachtung in der Kostenrechnung aus.

Aufgrund der guten geschäftlichen Entwicklung und der starken Umsatzausweitung in den letzten Jahren hat sich im Laufe der Zeit auf Ihrem Girokonto ein Guthaben von 200 000 DM gebildet. Da Sie dieses Geld in nächster Zeit nicht benötigen, legen Sie dieses Geld bei Ihrer Bank als Festgeld zu 3,5 % p.a. Zinsen an. Die aus dieser Festgeldanlage resultierenden Zinsen stellen für Sie zwar Gewinn dar, jedoch hängt dieser nicht mit Ihrer eigentlichen betrieblichen Tätigkeit zusammen. Würde dieser Zinsertrag ebenfalls mit in die Kostenrechnung einbezogen und den tatsächlich angefallenen Kosten gegenübergestellt, würde der eigentliche Erfolg Ihrer betrieblichen Tätigkeit nicht genau abgebildet, und die Beurteilung Ihrer betrieblichen Leistungserstellung wäre verfälscht und nicht mehr zutreffend. Dasselbe gilt für Mieterträge, Kursgewinne oder -verluste von Wertpapieranlagen, Versicherungsentschädigungen usw.

Schwierigkeiten könnte es beim Herausfiltern der neutralen Aufwendungen und Erträge geben. Das neutrale Ergebnis betreffende Vorgänge stehen entweder nicht im Zusammenhang mit dem eigentlichen Betriebsziel, sind periodenfremd oder haben einen außerordentlichen Charakter. Im einzelnen handelt es sich um:

- betriebsfremde Aufwendungen und Erträge,
- Aufwendungen und Erträge aufgrund von Vermögensänderungen,
- außerordentliche Aufwendungen und Erträge,
- periodenfremde Aufwendungen und Erträge.

Unter betriebsfremde Aufwendungen fallen z.B.die Konten:

3730	erhaltene Skonti
3740	erhaltene Boni
4830	der Teil der Abschreibungen, der auf vermietete Gebäude und Anlagen entfällt
2490	Aufwendungen aus Verlustübernahme
2120	Bankzinsen, insbesondere Hypothekenzinsen
2130	Diskontaufwendungen
2200	Körperschaftsteuer
2210	Kapitalertragsteuer

Unter betriebsfremde Erträge fallen z.B.:

8730	gewährte Skonti
8740	gewährte Boni
8700	Erlösschmälerungen
2750	Nebenerlöse (z.B. Mieteinnahmen aus einer zum Betriebsvermögen gehörenden Immobilie)
2620	Dividendenerträge
2670	Diskonterträge
2790	Erträge aus Verlustübernahme

Aufwendungen aufgrund von Vermögensänderungen:

4880	Sonderabschreibungen auf Roh-, Hilfs- und Betriebsstoffe und für bezogene Waren
2310	Verluste bei Verkauf von Anlagegegenständen unter Buchwert
2150	Kursverluste bei Wertpapieren

Erträge aufgrund von Vermögensänderungen:

2710	Zuschreibungserträge
2315	Erträge aus dem Verkauf von Anlagegegenständen über Buchwert
2740	Erträge aus der Auflösung von Sonderposten mit Rücklageanteil
2735	Erträge aus der Herabsetzung oder Auflösung von Rückstellungen
2660	Erträge aus Kursdifferenzen

Unter die Rubrik „außerordentliche Aufwendungen“ fallen z.B.:

4809	Fremdinstandhaltungen aufgrund von Schadensfällen, die nicht vorhersehbar waren
4880	Abschreibungen aufgrund von Schwund, Diebstahl oder Preisverfall bei Vorräten sowie wegen außergewöhnlicher und unvorhergesehener Wert-

minderung, wegen technischem Fortschritt oder Modeänderungen im Bereich des Anlagevermögens
4950 Rechtsanwalts- und Gerichtskosten z.B. wegen einer Patentverletzung
2000 außerordentlicher Aufwand wegen eines Kassenfehlbetrages
2400 Abschreibungen auf Forderungen wegen Uneinbringlichkeit
2107 Stundungszinsen und Säumniszuschläge
2000 Außerordentliche Aufwendungen für Schäden bei Umweltkatastrophen (z.B. Hochwasser), Sanierungsverluste, Betriebsstillegungen

Außerordentliche Erträge stellen dar:
2742 Versicherungsentschädigungen
2730 Erträge aus der Herabsetzung der Pauschalwertberichtigung zu Forderungen

Periodenfremde Aufwendungen und Erträge sind z.B. 2285 Steuernachzahlungen oder 2287 Steuererstattungen für Vorjahre.

2.2 Welche Zahlen müssen vor der Übernahme aus der Buchhaltung geändert werden?

Die Buchführung verfolgt andere Ziele als die Kostenrechnung. Im gesamten Bereich der Buchführung hat das Prinzip des Gläubigerschutzes oberste Priorität. Aufgrund gesetzlicher Vorschriften dürfen z.B. Abschreibungen höchstens von den ursprünglichen Anschaffungskosten vorgenommen werden, wohingegen die Kostenrechnung für die Kalkulation der Produkte und Aufrechterhaltung der Produktion davon ausgehen muß, was am Ende der Nutzungsdauer die Wiederbeschaffung eines neuen Wirtschaftsgutes voraussichtlich kosten wird (= kalkulatorische Abschreibung). Darüber hinaus möchte jeder Unternehmer sein eingesetztes Eigenkapital durch den erwirtschafteten Gewinn angemessen verzinsen (= kalkulatorische Zinsen). Aufgrund der Rechnungslegungsvorschriften des HGB dürfen in der Buchführung aber nur Zinsen für aufgenommenes Fremdkapital den Gewinn mindern, nicht aber Zinsen für das eingesetzte Eigenkapital. Die Konsequenz daraus ist, daß in der Kostenrechnung mit anderen Werten für Abschreibungen und Zinsen gerechnet werden muß als in der Buchführung.

2.2.1 Kalkulatorische Abschreibungen

Bilanzierte Abschreibung in der G u V	Kalkulatorische Abschreibung in der Kostenrechnung
für die externe Rechnungslegung vorgesehen	für die interne Rechnungslegung vorgesehen
dient der richtigen Anlagenbewertung und Erfolgsermittlung in der Buchführung nach handels- und steuerrechtlichen Vorschriften	dient der Aufrechterhaltung der langfristigen Betriebsbereitschaft und damit der Substanzerhaltung

Sie sollten bei der Einbeziehung von Abschreibungen in die Kostenrechnung immer von dem Grundgedanken ausgehen, daß das zur Zeit vorhandene Anlagevermögen irgendwann einmal durch neue Anlagegegenstände ersetzt werden muß. Das Ziel ist, diese Ersatzinvestitionen über die im Preis einkalkulierten Abschreibungen zu finanzieren, ohne hierfür zusätzliche eigene oder fremde Finanzmittel aufbringen zu müssen. Deshalb sollten Sie die Abschreibungshöhe in der Kostenrechnung an dem für die Wiederbeschaffung einer gleichwertigen Ersatzanlage zu zahlenden Preis orientieren. Dieser für die kalkulatorische Abschreibung als Bezugsgröße angesetzte Wiederbeschaffungspreis kann speziell bei langlebigen Wirtschaftsgütern in Zeiten anhaltender Preissteigerungen die ursprünglichen Anschaffungskosten übersteigen.

BEISPIEL

In der ersten Jahreshälfte ist ein LKW zu einem Anschaffungspreis von 250 000 DM gekauft worden. In der Buchhaltung wird er mit 30 % degressiv pro Jahr abgeschrieben. Die gesamte Kilometerleistung wird mit 300 000 angenommen, wovon schätzungsweise 60 000 Kilometer auf jedes Jahr der voraussichtlichen Nutzungsdauer entfallen. Aufgrund der derzeitigen Teuerungsrate werden die Wiederbeschaffungskosten in fünf Jahren mit 300 000 DM veranschlagt. Wie hoch sind die bilanziellen und die kalkulatorischen Kosten in den einzelnen Jahren?

Jahr	1	2	3	4	5
Bilanzielle Abschreibung	75 000	52 500	40 834	40 833	40 833
Kalkulatorische Abschreibung	60 000	60 000	60 000	60 000	60 000
Differenz	15 000	- 7 500	- 19 166	- 19 167	- 19 167

Bilanziell wurde die Abschreibung mit 30 % vom jeweiligen Restbuchwert berechnet, wobei im dritten Jahr von der degressiven zur linearen Abschreibung gewechselt wurde, um jedes Jahr die maximal mögliche Abschreibungshöhe anzusetzen.

Anschafffungskosten	250 000 DM
– 30 % Abschreibung von 250 000 DM	- 75 000 DM
= Restbuchwert am Ende des 1. Jahres	175 000 DM
– 30 % Abschreibung von 175 000 DM	- 52 500 DM
= Restbuchwert am Ende des 2. Jahres	122 500 DM
– lineare Abschreibung von 122 500 DM verteilt auf 3 Restnutzungsjahre	- 40 834 DM*
= Restbuchwert am Ende des 3. Jahres	81 666 DM
– lineare Abschreibung	- 40 833 DM
= Restbuchwert am Ende des 4 . Jahres	40 833 DM
– lineare Abschreibung	- 40 833 DM
= Restbuchwert am Ende des 5. Jahres	0 DM

* die degressive Abschreibung hätte nur 30 % von 122 500 DM = 36 750 DM betragen

Die kalkulatorische Abschreibung geht als Mengenkomponente vom effektiven (geschätzten) Verbrauch aus. Für den Wertansatz werden die Wiederbeschaffungskosten von 300 000 DM herangezogen, da die Summe der in den einzelnen Abrechnungsperioden (hier Jahren) verrechneten kalkulatorischen Abschreibungen am Ende der fünfjährigen Nutzungsdauer den Wiederbeschaffungskosten eines neuen gleichwertigen LKWs entsprechen sollen. Durch die kalkulatorischen Abschreibungen soll die Substanzerhaltung sichergestellt werden; über den Umsatzprozeß sollen alle Kosten derart vergütet werden, daß die verbrauchten Güter (hier der LKW) in gleicher Menge und Qualität am Ende der Nutzungsdauer wiederbeschafft werden können, so daß ein gleichbleibendes Substanzniveau im Unternehmen gewährleistet ist.

Dieses kleine Beispiel zeigt exemplarisch, daß im ersten Jahr an Kosten zuviel und in den nächsten vier Jahren zuwenig auf die in diesen Zeiträumen hergestellten Güter verrechnet würde, was den eigentlichen Zwecken der Kostenrechnung, nämlich der verursachungsgerechten Verteilung der Kosten und der Wirtschaftlichkeitskontrolle, zuwiderläuft.

2.2.2 Kalkulatorische Zinsen

Kalkulatorische Zinsen entsprechen dem Entgelt für die Bereitstellung von Kapital, das zur Finanzierung des betrieblich genutzten Vermögens erforderlich ist. Bezugsgröße für die Berechnung der kalkulatorischen Zinsen ist das betriebsnotwendige Kapital, das im Anlage- und Umlaufvermögen kurz- oder langfristig gebunden ist. In der Praxis geht man bei der Berechnung des betriebsnotwendigen Kapitals meistens von den in der Anlagenbuchhaltung ausgewiesenen Buchwerten aus. Allgemein läßt sich das betriebsnotwendige Kapital folgendermaßen berechnen:

nicht abnutzbares Anlagevermögen
\+ abnutzbares Anlagevermögen
– betrieblich nicht genutztes Anlagevermögen
\+ Umlaufvermögen
– betrieblich nicht erforderliches Umlaufvermögen
– Abzugskapital

= betriebsnotwendiges Kapital
(= der Teil des Gesamtkapitals, der dem eigentlichen Betriebszweck dient)

Das nicht abnutzbare Anlagevermögen (z.B. Grundstücke) ist grundsätzlich mit seinen ursprünglichen Anschaffungskosten anzusetzen. Das abnutzbare Anlagevermögen wird zu kalkulatorischen Buchwerten berücksichtigt. Die Ansatzhöhe für das Umlaufvermögen richtet sich nach den durchschnittlich im Unternehmen gebundenen Mitteln, wobei Überbestände an Materialien und/oder Erzeugnissen nicht erfaßt werden (= betrieblich nicht erforderliches Umlaufvermögen). Unter Abzugskapital wird zinslos zur Verfügung stehendes Kapital verstanden, das zur Finanzierung des Anlage- und Umlaufvermögens beiträgt, wie z.B. zinslos erhaltene Lieferantenkredite, zinslose Darlehen, Kundenanzahlungen und Rückstellungen.

Die Höhe des kalkulatorischen Zinssatzes orientiert sich in der Regel am marktüblichen Kreditzinssatz oder an alternativen anderweitigen Anlagezinssätzen für das Eigenkapital. Durch den Ansatz von kalkulatorischen Zinsen wird eine einzelne Abrechnungsperiode gleichmäßiger mit den Zinskosten belastet, als das in der Buchführung der Fall ist.

BEISPIEL

Ihre Bilanz zum Ende des Jahres hat folgendes Aussehen:

Aktiva	**Bilanz zum**	**31.12.19..**	**Passiva**
Anlagevermögen	200 000	Eigenkapital	160 000
Umlaufvermögen	150 000	Fremdkapital	190 000
Bilanzsumme	350 000	Bilanzsumme	350 000

Erläuterungen:
Im Anlagevermögen befindet sich ein betrieblich nicht genutztes Vorratsgrundstück im Wert von 35 000 DM. Weiterhin sind aufgrund der schlechten Auftragslage verschiedene Maschinen und Anlagen im Buchwert von 10 000 DM seit längerer Zeit ungenutzt und stillgelegt worden. Das Umlaufvermögen beinhaltet auch einen Wertpapierbestand zur kurzfristigen Anlage von 5 000 DM, und der tatsächliche Vorratsbestand an Roh-, Hilfs- und Betriebsstoffen liegt um 4 000 DM über dem durchschnittlichen. Im Fremdkapital sind Rückstellungen in Höhe von 20 000 DM enthalten sowie zinslose Darlehen von Verwandten von 30 000 DM. Die Ihnen zinslos zur Verfügung gestellten Lieferantenkredite belaufen sich auf insgesamt 15 000 DM, und verschiedene Kunden haben bereits einen Gesamtbetrag von 18 000 DM zinslos angezahlt.

Berechnung des betriebsnotwendigen Kapitals:

nicht abnutzbares und abnutzbares Anlagevermögen		200 000
– betrieblich nicht genutztes Anlagevermögen		
1. Vorratsgrundstück	35 000	
2. stillgelegte Maschinen und Anlagen	10 000	– 45 000
Umlaufvermögen		+150 000
– betrieblich nicht genutztes Umlaufvermögen		
1. kurzfristig angelegte Wertpapiere	5 000	
2. überdurchschnittlicher Vorratsbestand	4 000	– 9 000
– Abzugskapital		
1. Rückstellungen	20 000	
2. zinsloses Verwandtendarlehen	30 000	
3. zinslose Lieferantenkredite	15 000	
4. Kundenanzahlungen	18 000	– 83 000
= betriebsnotwendiges Kapital		213 000

Legt man einen kalkulatorischen Zinssatz von 10 % zugrunde, ergeben sich daraus jährliche kalkulatorische Zinsen in Höhe von 21 300 DM.

In der Kostenrechnung wird nicht mit tatsächlich für aufgenommenes Fremdkapital gezahlte Zinsen gerechnet, weil:

- auch für das eingesetzte Eigenkapital Zinsen angesetzt werden müssen,
- sich kurzfristige Zinsschwankungen nicht auf die Kostenrechnung auswirken dürfen,
- die kalkulatorischen Zinsen einen gewissen Opportunitätskostencharakter haben, der den entgangenen Gewinn einer anderweitigen Anlagemöglichkeit ausgleichen soll.

2.3 Welche Kosten sind zusätzlich zur Buchführung zu berücksichtigen?

Das allgemeine Unternehmerrisiko wird bekanntlich mit dem Gewinn abgegolten. Der Gewinn in der Buchführung stellt demnach das Gegenstück zu den kalkulatorischen Wagnissen, der kalkulatorischen Miete und dem kalkulatorischen Unternehmerlohn in der Kostenrechnung dar. Da diese drei Positionen in der GuV nicht berücksichtigt werden dürfen, müssen sie für Zwecke der Kostenrechnung zusätzlich in Ansatz gebracht werden.

2.3.1 Kalkulatorische Wagnisse

Mit jeder unternehmerischen Tätigkeit sind auch zahlreiche Gefahren verbunden. Diese werden in der Kostenrechnung als Wagnisse bezeichnet und können nochmals unterteilt werden:

kalkulatorische Wagnisse

allgemeines Unternehmerwagnis

betriebliche Einzelwagnisse

- Anlagewagnis
- Entwicklungswagnis
- Bestandswagnis
- Fertigungswagnis
- Vertriebswagnis
- Gewährleistungswagnis

Mit dem allgemeinen Unternehmerwagnis ist in erster Linie die langfristig nicht gesicherte Produktions- und Absatzmöglichkeit eines Unternehmens gemeint, die sich z.B. durch einen Konjunkturrückgang, Nachfrageverschiebungen bei der Kundschaft, Inflation oder eine technische Produktneuheit ergeben kann. Da das allgemeine Unternehmerwagnis im Laufe der Zeit großen Schwankungen unterliegt und darüber hinaus nur sehr schwer vorhersehbar und in Zahlen erfaßbar ist, kann eine Abgeltung nur pauschal durch einen Gewinnzuschlag vorgenommen werden. Das allgemeine Unternehmerwagnis wird in der Kalkulation nicht berücksichtigt.

Anders sieht es bei den betrieblichen Einzelwagnissen aus. Das Anlagewagnis (Brand, Überschwemmung, Blitzschlag), das Entwicklungswagnis (nicht verwertungsfähige Forschungsarbeit), das Beständewagnis (Diebstahl, Schwund, Verderb, Verwitterung), das Fertigungswagnis (zu hoher Ausschuß, zahlreiche und häufige Nacharbeiten), das Vertriebswagnis (Zahlungsausfall, Insolvenzrisiko von Kunden) und das Gewährleistungswagnis (unentgeltliche Nacharbeit, kostenlose Ersatzlieferung) sind aber nur dann kostenrechnerisch zu erfassen, wenn sie nicht bereits durch entsprechende Versicherungen gedeckt sind, denn ein Ansatz von kalkulatorischen Wagnissen stellt nur dann eine sogenannte „Eigenversicherungsprämie“ dar, wenn nicht bereits Versicherungsprämien in der Kostenrechnung Berücksichtigung finden (Vermeidung einer möglichen Doppelerfassung).

TiP!

Um mögliche negative Konsequenzen hinsichtlich des Unternehmenserfolgs zu minimieren oder ganz auszuschließen, sollten Sie in Ihren Kontenplan ein zusätzliches Konto „kalkulatorische Wagnisse“ aufnehmen.

Die Höhe der kalkulatorischen Kosten orientiert sich an den tatsächlich in den vergangenen drei Jahren eingetretenen Verlusten unter Berücksichtigung von erwarteten Wagnisverlusten für die Zukunft.

Bei der letzten körperlichen Inventur ist bei den Vorräten eine Differenz von 3 % gegenüber der Lagerbuchhaltung aufgetreten. Der durchschnittliche Bestand an Vorräten betrug 50 000 DM. Aufgrund von freiwilligen Kulanzleistungen entstanden Ihnen in den letzten drei Jahren Kosten in Höhe von durchschnittlich 1,8 % des Jahresumsatzes (Jahresumsätze: Jahr 01: 560 000, Jahr 02: 670 000 und Jahr 03: 805 000). Aufgrund der derzeitigen unsicheren Wirtschaftslage rechnen Sie pro Jahr mit 3 % Forderungsausfall (durchschnittlicher Forderungsbestand im Jahr 01: 400 000, im Jahr 02: 350 000 und im Jahr 03: 500 000).

Berechnung des kalkulatorischen Wagnisses:

3 % von 50 000	1 500
+ 1,8 % von (560 000 + 670 000 + 805 000) / 3	12 210
+ 3 % von (400 000 + 350 000 + 500 000) / 3	12 500
= kalkulatorische Wagniskosten	26 210

2.3.2 Kalkulatorische Miete

Wird die betriebliche Tätigkeit in eigenen Gebäuden oder Räumen ausgeübt, fallen keine Mietzahlungen an. Wer hingegen in gemieteten Räumen geschäftlich tätig wird, muß über den Verkaufspreis seiner Produkte zusätzlich noch die zu zahlende Miete erwirtschaften. Ein Ausgleich zwischen eigenem und angemietetem Objekt wird durch den Ansatz einer kalkulatorischen Miete erreicht. Die kalkulatorische Miete umfaßt alle mit einem Mietobjekt zusammenhängenden Kosten, die bei einer effektiven Miete entstehen würden, also Grundmiete und sämtliche Mietnebenkosten. Der Ansatz einer kalkulatorischen Miete ist insofern problematisch, als daß die Erfassung von „Doppelkosten“ auf jeden Fall zu vermeiden ist. Werden z.B. Reinigungskosten, Gebäudeversicherungsbeiträge, Instandhaltungsprämien usw. bereits in Ansatz gebracht, muß der kalkulatorische Mietansatz entsprechend gekürzt werden. Ebenso ist zu verfahren, wenn bereits kalkulatorische Abschreibungen für das Betriebsgebäude sowie kalkulatorische Zinsen berücksichtigt wurden.

2.3.3 Kalkulatorischer Unternehmerlohn

Speziell in Einzelunternehmen und Personengesellschaften arbeiten die Eigentümer noch selbst mit. Im Gegensatz zur Kapitalgesellschaft dürfen Einzelunternehmer und Gesellschafter von Personengesellschaften für ihre Tätigkeit kein Gehalt ansetzen, das den zu versteuernden Gewinn mindert. Das Entgelt für die betriebliche Tätigkeit besteht in der Regel nur aus Privatentnahmen als Vorauszahlung auf den zukünftigen Gewinn nach Steuern. Da die Kostenrechnung keinen gesetzlichen Vorschriften unterliegt, steht es jedem Unternehmer frei, für Zwecke der Kalkulation ein Managergehalt inkl. Personalnebenkosten anzusetzen, das dem entspricht, was ein fremder Geschäftsführer in einer vergleichbaren Position erhalten würde.

2.4 Für Fortgeschrittene: Die buchmäßige Erfassung der kalkulatorischen Kosten

Grundsätzlich besteht bereits in der laufenden Buchhaltung die Möglichkeit, kalkulatorische Kosten zu erfassen und zu buchen, um bei Übernahme der Buchhaltungszahlen in die Kostenrechnung keine Korrekturen mehr vornehmen zu müssen.

Der entsprechende Buchungssatz für kalkulatorische Kosten lautet immer:

kalkulatorische Kosten
an verrechnete kalkulatorische Kosten

Der Abschluß der Konten erfolgt:	neutrales Ergebnis im Haben	Betriebsergebnis im Soll
und damit gewinneutral in der	G u V	

Falls ein entsprechender Gegenpart in der Buchhaltung bereits existiert (z.B. Zinsen, Abschreibung), wird dieser in das neutrale Ergebnis gebucht, existiert kein Gegenpart, wird wie oben vorgestellt gebucht.

BEISPIEL

a) Kalkulatorische Abschreibung, kalkulatorische Zinsen
Ihr Anlagevermögen wird jährlich mit steuerrechtlich zulässigen 10 000 DM (= 10 % von 100 000 DM) abgeschrieben. (Sie zahlen jährlich für einen aufgenommenen Kredit von 120 000 DM 7 % = 8 400 DM Zinsen.)
Für Zwecke Ihrer Kostenrechnung und Kalkulation möchten Sie höhere kalkulatorische Abschreibungen (kalkulatorische Zinsen) in Höhe von 15 000 DM (11 000 DM) verrechnen.
In der Buchführung wird ein kleinerer Wert angesetzt, als Sie über die Kostenrechnung für die Kalkulation Ihrer Produkte zugrunde legen möchten. Deshalb müssen in diesem Fall zwei Buchungen in der Buchführung vorgenommen werden:

1. kalkulatorische Abschreibungen (kalkulatorische Zinsen)	15 000 (11 000)	
an verrechnetete kalkulatorische Abschreibungen (kalkulatorische Zinsen)		15 000 (11 000)
2. bilanzielle Abschreibung (gezahlter Zinsaufwand)	10 000 (8 400)	
an Anlagekonto (Bank)		10 000 (8 400)

Im Ergebnis bleibt die 1. Buchung erfolgsneutral, die 2. ist erfolgswirksam und vermindert in der gebuchten Höhe den zu versteuernden Gewinn. Da die Zahlen der kalkulatorischen Abschreibungen (kalkulatorische Zinsen) bereits über die Betriebsergebnisrechnung in die Kostenrechnung einfließen, müssen die bilanziellen Abschreibungen (gezahlter Zinsaufwand) über das Neutrale Ergebnis gebucht werden.

b) Kalkulatorische Wagnisse, kalkulatorische Miete, kalkulatorischer Unternehmerlohn
Da ein entsprechendes Gegenstück bei diesen kalkulatorischen Kosten in der Buchführung fehlt, wird jeweils nur eine Buchung mit folgendem Text vorgenommen:

kalkulatorische Wagnisse	26 210 DM	
an verrechnete kalkulatorische Wagnisse		26 210 DM

Das Konto „kalkulatorische Wagnisse" wird über das Betriebsergebnis abgeschlossen und kommt somit in die Kostenrechnung, das Konto „verrechnete kalkulatorische Wagnisse" findet seinen Kontenabschluß im Neutralen Ergebnis. Für die GuV findet eine verrechnungs- und gewinneutrale Buchung statt, die den Erfolgsausweis in der Buchhaltung nicht tangiert.

Der gleiche Buchungsvorgang findet auch im Falle eines Ansatzes von kalkulatorischer Miete oder kalkulatorischem Unternehmerlohn Anwendung.

2.5 Verteilungsmöglichkeiten einmaliger Kosten

Neben ständig wiederkehrenden Kosten in der Buchhaltung (z.B. Gehälter, Löhne, Roh-, Hilfs- und Betriebsstoffe) und „künstlich" proportionalisierten kalkulatorischen Kosten fallen aber noch sogenannte „Einmalzahlungen" an. Diese können sich auf ein ganzes Jahr (z.B. Kfz-Steuer, Kfz-Versicherung, Weihnachtsgeld, Urlaubsgeld), auf ein Quartal (z.B. Aufwendungen für die betriebliche Altersvorsorge, betriebliche Steuervorauszahlungen) oder einen sonstigen unregelmäßigen Zahlungszeitpunkt im Jahr beziehen (z.B. Messe- und Werbekosten, Instandhaltungs- und Reparaturaufwand). Für die Kostenrechnung ist es unerläßlich, solche sporadischen Zahlungen gleichmäßig auf die einzelnen Monate im Jahr zu verteilen. Werden z.B. Versicherungsprämien im Januar für das kommende Jahr im voraus bezahlt, wäre die unterjährige Abrechnungsperiode Januar mit zu hohen und die Perioden Februar bis Dezember mit zu geringen Kosten belastet, wenn keine Umverteilung der Kosten stattfinden würde. Kosten, die nicht monatlich bezahlt werden und deren Verbuchung nicht mit der unterjährigen Kostenrechnungsperiode (z.B. Monat oder Quartal) übereinstimmt, sollten zu Beginn der Kostenrechnungsperiode entsprechend anteilig auf die einzelnen Monate aufgeteilt werden. Je nach dem zeitlichen Auszahlungszeitpunkt kann es zu einer Vor- oder Nachverteilung kommen. Im voraus gezahlte Versicherungsprämien werden nachverteilt, das im November zu zahlende Weihnachtsgeld vorverteilt, das Mitte des Jahres zur Auszahlung kommende Urlaubsgeld vor- und nachverteilt.

Für die Vor- und Nachverteilung können Sie folgendes Kostenumlageblatt als Muster benutzen:

Kostenumlageblatt: Muster 1

Kostenart: ____________ Art der Verteilung: Vorverteilung: ❑
Nachverteilung : ❑ (Zutreffendes bitte ankreuzen)

Auszahlungszeitpunkt in der Buchhaltung: ____________

Verteilung auf: ❑ Monate ❑ Quartale
❑ mit Rückrechnung ❑ ohne Rückrechnung (Zutreffendes bitte ankreuzen)

unterjähriger Abrechnungszeitraum	Jan	Febr	März	1. Quart.	April	Mai	Juni	2. Quart.	Juli	Aug	Sept	3. Quart.	Okt	Nov		4. Quart.
Auszahlungshöhe in der Buchhaltung in																
Ausgleichsansatz für die Kostenrechnung																
kostenrechnerischer Ansatz je Periode vor Rückrechnung																
kostenrechnerischer Ansatz kumuliert vor Rückrechnung																
vorzunehmende Korrektur bei Rückrechnung																
kostenrechnerischer Ansatz je Periode nach Rückrechnung																
kostenrechnerischer Ansatz kumuliert nach Rückrechnung																

1. Die im Oktober zu zahlenden Kfz-Steuer in Höhe von 7 500 DM soll quartalsweise ohne eine Rückrechnung nachverteilt werden.
2. Die Gebäudeversicherung, die Anfang des Jahres überwiesen wird, soll monatlich vorverteilt werden (12 000 DM).
3. Ihr Unternehmen zahlt im Mai ein Urlaubsgeld von insgesamt 6 000 DM (monatliche Umlegung mit Vor- und Nachverteilung).
4. Die im Juni zu zahlende Feuerversicherung hat sich aufgrund eines Schadenfalls im April von ursprünglich 12 000 DM um 6 000 DM auf 18 000 DM erhöht, was Sie aber erst mit Zusendung der Versicherungspolice im Juni erfahren haben. Bis dahin sind Sie für Ihre Kostenrechnung von einer monatlichen Umlage von 1 000 DM ausgegangen. Es ist eine monatliche Verteilung mit Rückrechnung vorzunehmen.

Die Lösungen sind in den folgenden Kostenumlageblättern (1) bis (4) dargestellt.

Kostenumlageblatt: (1)

Kostenart: KFZ-Steuer — Art der Verteilung: Vorverteilung: ☐ Nachverteilung: ☒ (Zutreffendes bitte ankreuzen)

Auszahlungszeitpunkt in der Buchhaltung: Oktober

Verteilung auf: ☐ Monate ☒ Quartale
☐ mit Rückrechnung ☒ ohne Rückrechnung (Zutreffendes bitte ankreuzen)

unterjähriger Abrechnungszeitraum	Jan	Febr	März	1. Quart.	April	Mai	Juni	2. Quart.	Juli	Aug	Sept	3. Quart.	Okt	Nov		4. Quart.
Auszahlungshöhe in der Buchhaltung in																7 500
Ausgleichsansatz für die Kostenrechnung				1 875				1 875				1 875				-5 625
kostenrechnerischer Ansatz je Periode vor Rückrechnung				1 875				1 875				1 875				1 875
kostenrechnerischer Ansatz kumuliert vor Rückrechnung				1 875				3 750				5 625				7 500
vorzunehmende Korrektur bei Rückrechnung																
kostenrechnerischer Ansatz je Periode nach Rückrechnung																
kostenrechnerischer Ansatz kumuliert nach Rückrechnung																

Kostenumlageblatt: (2)

Kostenart: Gebäudeversicherung

Art der Verteilung: Vorverteilung: ☒
Nachverteilung : ☐ (Zutreffendes bitte ankreuzen)

Auszahlungszeitpunkt in der Buchhaltung: Jannuar

Verteilung auf: ☒ Monate ☐ Quartale
☐ mit Rückrechnung ☒ ohne Rückrechnung (Zutreffendes bitte ankreuzen)

unterjähriger Abrechnungszeitraum	Jan	Febr	März	1. Quart.	April	Mai	Juni	2. Quart.	Juli	Aug	Sept	3. Quart.	Okt	Nov		4. Quart.
Auszahlungshöhe in der Buchhaltung in	12 000															
Ausgleichsansatz für die Kostenrechnung	-11 000															
kostenrechnerischer Ansatz je Periode vor Rückrechnung	1 000	1 000	1 000		1 000	1 000	1 000		1 000	1 000	1 000		1 000	1 000	1 000	
kostenrechnerischer Ansatz kumuliert vor Rückrechnung	1 000	2 000	3 000		4 000	5 000	6 000		7 000	8 000	9 000		10 000	11 000	12 000	
vorzunehmende Korrektur bei Rückrechnung																
kostenrechnerischer Ansatz je Periode nach Rückrechnung																
kostenrechnerischer Ansatz kumuliert nach Rückrechnung																

Kostenumlageblatt: (3)

Kostenart: Urlaubsgeld

Art der Verteilung: Vorverteilung: ☒
Nachverteilung : ☒ (Zutreffendes bitte ankreuzen)

Auszahlungszeitpunkt in der Buchhaltung: Mai

Verteilung auf: ☒ Monate ☐ Quartale
☐ mit Rückrechnung ☒ ohne Rückrechnung (Zutreffendes bitte ankreuzen)

unterjähriger Abrechnungszeitraum	Jan	Febr	März	1. Quart.	April	Mai	Juni	2. Quart.	Juli	Aug	Sept	3. Quart.	Okt	Nov		4. Quart.
Auszahlungshöhe in der Buchhaltung in						6 000										
Ausgleichsansatz für die Kostenrechnung						-5 500										
kostenrechnerischer Ansatz je Periode vor Rückrechnung	500	500	500		500	500	500		500	500	500		500	500	500	
kostenrechnerischer Ansatz kumuliert vor Rückrechnung	500	1 000	1 500		2 000	2 500	3 000		3 500	4 000	4 500		5 000	5 500	6 000	
vorzunehmende Korrektur bei Rückrechnung																
kostenrechnerischer Ansatz je Periode nach Rückrechnung																
kostenrechnerischer Ansatz kumuliert nach Rückrechnung																

Kostenumlageblatt: (4)

Kostenart: Feuerversicherung — Art der Verteilung: Vorverteilung: ☒ Nachverteilung : ☒ (Zutreffendes bitte ankreuzen)

Auszahlungszeitpunkt in der Buchhaltung: Juni

Verteilung auf: ☒ Monate ☐ Quartale
☒ mit Rückrechnung ☐ ohne Rückrechnung (Zutreffendes bitte ankreuzen)

unterjähriger Abrechnungszeitraum	Jan	Febr	März	1. Quart.	April	Mai	Juni	2. Quart.	Juli	Aug	Sept	3. Quart.	Okt	Nov		4. Quart.
Auszahlungshöhe in der Buchhaltung in							18 000									
Ausgleichsansatz für die Kostenrechnung	1 000	1 000	1 000		1 000	1 000	-14 000		1 500	1 500	1 500		1 500	1 500	1 500	
kostenrechnerischer Ansatz je Periode vor Rückrechnung	1 000	1 000	1 000		1 000	1 000	4 000		1 500	1 500	1 500		1 500	1 500	1 500	
kostenrechnerischer Ansatz kumuliert vor Rückrechnung	1 000	2 000	3 000		4 000	5 000	9 000		10 500	12 000	13 500		15 000	16 500	18 000	
vorzunehmende Korrektur bei Rückrechnung							-2 500									
kostenrechnerischer Ansatz je Periode nach Rückrechnung	1 500	1 500	1 500		1 500	1 500	1 500		1 500	1 500	1 500		1 500	1 500	1 500	
kostenrechnerischer Ansatz kumuliert nach Rückrechnung	1 500	3 000	4 500		6 000	7 500	9 000		10 500	12 000	13 500		15 000	16 500	18 000	

Als Abschluß soll die gesamte Problematik der Abgrenzungsrechnung anhand eines ausführlich erläuterten Beispiels dargestellt werden:

Ausgehend von nachfolgend vorgestellter vorläufiger GuV-Rechnung der Buchhaltung (S. 42) müssen für die Kostenrechnung einige Korrekturen vorgenommen werden:

1. Die Mieterträge stammen von einer zum Betriebsvermögen gehörenden Wohnung des Betriebsinhabers.
2. Die Versicherungsentschädigung ist für einen ausgebrochenen Brand im Vorratslager gezahlt worden.
3. In den Zinserträgen sind 2 000 DM aus einer Festgeldanlage und 1 800 DM aus Dividendenzahlungen enthalten.
4. Von den Abschreibungen entfallen 5 000 DM auf vermietete Gebäude.
5. Die Rechts- und Beratungskosten stehen im Zusammenhang mit einer Patentverletzung.
6. Es soll entgegen der Finanzbuchhaltung mit kalkulatorischen Abschreibungen in Höhe von 40 000 DM gerechnet werden.
7. Auf das betriebsnotwendige Kapital von 150 000 DM sollen 9 % p.a. Zinsen verrechnet werden.
8. Kalkulatorische Wagniskosten sind pauschal mit 10 000 DM zu berücksichtigen.

Eine vergleichbare Tätigkeit des Geschäftsinhabers bei einem Konkurrenzunternehmen würde mit 55 000 DM entlohnt.

Vorläufige GuV-Rechnung		Finanzbuchhaltung		Abgrenzungsrechnung					
				neutraler Bereich		Korrekturen			
Konto-Nr	Kontenbezeichnung	Kosten	Erlöse	Aufwand	Ertrag	Kosten	Erlös		
8410	Umsatzerlöse		500 000						500 000
8960	Bestandsveränderungen		75 000						75 000
8990	selbsterstellte Anlagen		15 000						15 000
2750	Mieterträge		1 500		1 500				
2742	Versicherungsentschädigung		10 000		10 000				
2710	Erträge aus Zuschreibungen		2 000		2 000				
2730	Erträge aus Herabsetzung der Pauschalwertberichtigung		3 000		3 000				
2720	Erträge aus dem Abgang von Anlagevermögen über Buchwert		3 600		3 600				
2740	Erträge aus der Auflösung von Sonderposten mit Rücklageanteil		4 000		4 000				
2735	Erträge aus der Herabsetzung von Rückstellungen		10 000		10 000				
2650	Zinserträge		7 000		7 000				
4000	Rohstoffe/Fertigungsmaterial	125 000						125 000	
4010	Hilfsstoffe	15 000						15 000	
4020	Betriebsstoffe	8 700						8 700	
4710	Verpackungsmaterial	5 000						5 000	
4240	Energiekosten	4 800						4 800	
4800	Reparaturmaterial	7 600						7 600	
4730	Frachtkosten	2 500						2 500	
4760	Vertriebsprovisionen	10 000						10 000	
4110	Löhne	90 000						90 000	
4120	Gehälter	85 000						85 000	
4130	soziale Abgaben und Aufwendungen für die Altersversorgung	40 000						40 000	
4800	Abschreibungen	35 000		35 000		40 000	35 000		
4210	Mietaufwand	8 000						8 000	
4970	Kosten des Geldverkehrs	3 700						3 700	
4950	Rechts- und Beratungskosten	10 000		10 000					
4930	Büromaterial	1 500						1 500	
4610	Werbekosten	8 400						8 400	
2380	Spenden	500		500					
4360	Versicherungsbeiträge	25 000						25 000	
2110	Bankzinsen	8 900		8 900		13 500	8 900		
	kalkulatorische Korrekturen					65 000			
	Ergebnis:	**494 600**	**631 100**	**54 400**	**41 100**	**118 500**	**43 900**	**440 200**	**590 000**

Das ursprüngliche Ergebnis der Buchhaltung in Höhe von 136 500 DM teilt sich in die folgenden Einzelkomponenten auf:

Neutrales Ergebnis	– 13 300 DM
Abgrenzungskorrekturen	– 74 600 DM
zusätzliche kalkulatorische Kosten	+ 74 600 DM
Betriebsergebnis	+ 149 800 DM

Die hier auf ein Geschäftsjahr bezogene Abgrenzungsrechnung läßt sich ebensogut pro Monat oder Quartal durchführen, wobei die jährlichen Einmalzahlungen und die kalkulatorischen Kosten entsprechend der gewählten Periode über Kostenumlageblätter verteilt werden müssen.

Kapitel 3 Kostenträgerstückrechnung/ Kostenstellenrechnung

3.1 Produkterfolg auf ein einzelnes Stück oder einen einzelnen Auftrag bezogen

Der Produkterfolg auf ein einzelnes Stück bezogen läßt sich durch die Kostenträgerstückrechnung ermitteln.

Die Hauptaufgabe der Kostenträgerstückrechnung ist vor allen Dingen in der Ermittlung der Selbstkosten für verschiedene Kostenträger (z.B. einzelne Produkte, Produktgruppen) zu sehen sowie in der Bestimmung der liquiditätsorientierten Preisuntergrenze, denn ausgabewirksame Kosten führen kurzfristig zu Geldausgaben und müssen durch entsprechende Umsatzerlöseinnahmen gedeckt sein.

Unter Selbstkosten werden in diesem Zusammenhang die mit der Fertigung und dem Absatz der betrieblichen Erzeugnisse anfallenden Kosten je Leistungseinheit (= Kostenträger) verstanden. Leistungseinheiten können sowohl reine Mengengrößen (t, m, l, Stückzahl) als auch Serien, Sorten oder einzelne Aufträge sein.

Bei der Ermittlung des auf das einzelne Stück bezogenen Produkterfolgs können Sie unterscheiden nach:

- dem **Zeitpunkt** der Erstellung:
  - *Vorkalkulation*: Sie ist unabdingbare Voraussetzung für die Abgabe eines Angebotes, das vor Fertigungsbeginn eines Erzeugnisses aufgrund von Versuchen oder Schätzungen erstellt werden soll. Ihr kommt die Aufgabe zu, die in der Zukunft wahrscheinlich anfallenden Kosten zu bestimmen.
  - *Zwischenkalkulation*: Von Zeit zu Zeit werden Zwischenkalkulationen durchgeführt, vor allem wenn die Fertigungsdauer einzelner Produkte eine längere Zeit in Anspruch nehmen wird (z.B. Schiffs-, Stahl- und Brückenbau).
  - *Nachkalkulation*: Sie wird in der Regel nach Fertigstellung des Produkts durchgeführt. Mit Hilfe von Kostenbelegen werden die tatsächlich angefallenen Kosten ermittelt, die den Umsatzerlösen gegenübergestellt werden und sich weitestgehend mit den Zahlen der Vorkalkulation decken sollten. Hauptsächlich dient die Nachkalkulation der Erfolgsrechnung.
- den **verrechneten Erzeugnismengen**:
  - *Einzelkalkulation*
  - *Serienkalkulation*
  - *Gesamtkalkulation*
- der **Art der Berechnung**:
  - *Zuschlagskalkulation*

- *Divisionskalkulation*
- *Äquivalenzziffernkalkulation*

Mit der Art der Berechnung werden wir uns in Kapitel 8. noch genauer beschäftigen. Die richtige Auswahl des Kalkulationsverfahrens hängt im wesentlichen von der Art der Fertigung und den hergestellten Produkten ab.

Mit Hilfe der Kostenträgerstückrechnung (= Kalkulation) werden die Selbstkosten eines einzelnen Kostenträgers (z.B. eines Produkts oder einer gesamten Produktpalette) ermittelt, so daß zutreffende Aussagen über Angebotspreise gemacht und spätere Kostenkontrollen durchgeführt werden können.

3.1.1 Notwendige Trennung von fixen und variablen Kosten

Kosten, die unbedingt zur Erreichung des Betriebszweckes erforderlich sind, können Sie zum einen nach der Kostenart oder dem Zweck (z.B. Löhne, Gehälter, Abschreibungen, Miete usw.) und zum anderen nach ihrer Abhängigkeit vom Beschäftigungsgrad, d.h. nach der Auslastungsintensität Ihres Unternehmens, unterscheiden. In Abhängigkeit vom Beschäftigungsgrad werden sämtliche Kosten in feste, gleichbleibende (= fixe) Kosten und veränderliche (= variable) Kosten aufgeteilt.

Aufteilung der Kosten in Abhängigkeit vom Beschäftigungsgrad

fixe Kosten

Diese Kosten fallen unabhängig von der Anzahl der hergestellten Erzeugnisse an und bilden die Kosten der Betriebsbereitschaft.

Beispiele:

- Abschreibung
- Kfz-Versicherung
- Miete
- Gebäudeversicherung
- Grundsteuer

variable Kosten

Diese Kosten sinken oder steigen entsprechend der hergestellten Erzeugnismenge. Sie sind abhängig vom Beschäftigungsgrad.

Beispiele:

- Fertigungsmaterial
- Fertigungslöhne
- Energiekosten für die Produktion

Das Verständnis für die Zweckmäßigkeit einer Aufspaltung Ihrer Kosten in fixe und variable Bestandteile hat für Ihre unternehmerischen Entscheidungen weitreichende Konsequenzen. Nur durch eine Kostenaufsplittung in fix und variabel können Sie zum Zwecke der Effizienz- und Wirtschaftlichkeitsbeurteilung einen aussagekräftigen Soll-Ist-Vergleich vornehmen. Fixe Kosten fallen unabhängig vom Beschäftigungsgrad an, variable verändern sich entsprechend dem Beschäftigungsgrad.

Eine häufig anzutreffende Berechnungsformel für den Beschäftigungsgrad lautet:

$$\frac{\text{Zahl der tatsächlich hergestellten Einheiten (tatsächliche Erzeugung)} \cdot 100}{\text{Zahl der möglichen herstellbaren Einheiten (technische Maximalerzeugung)}}$$

Mit Hilfe Ihres Maschinenparks haben Sie die Möglichkeit, 10 000 Produkte der Sorte X pro Monat herzustellen. Aufgrund der derzeitigen konjunkturellen Situation lassen sich aber nur 6 500 Produkte verkaufen, die auch von Ihnen pro Monat nur gefertigt werden. Ihr Beschäftigungsgrad erreicht damit 65 % = 6 500 · 100 / 10 000.

Im folgenden erfahren Sie die Auswirkungen unterschiedlicher Beschäftigungsgrade auf Ihre Kosten. Hier zunächst ein kurzer Überblick:

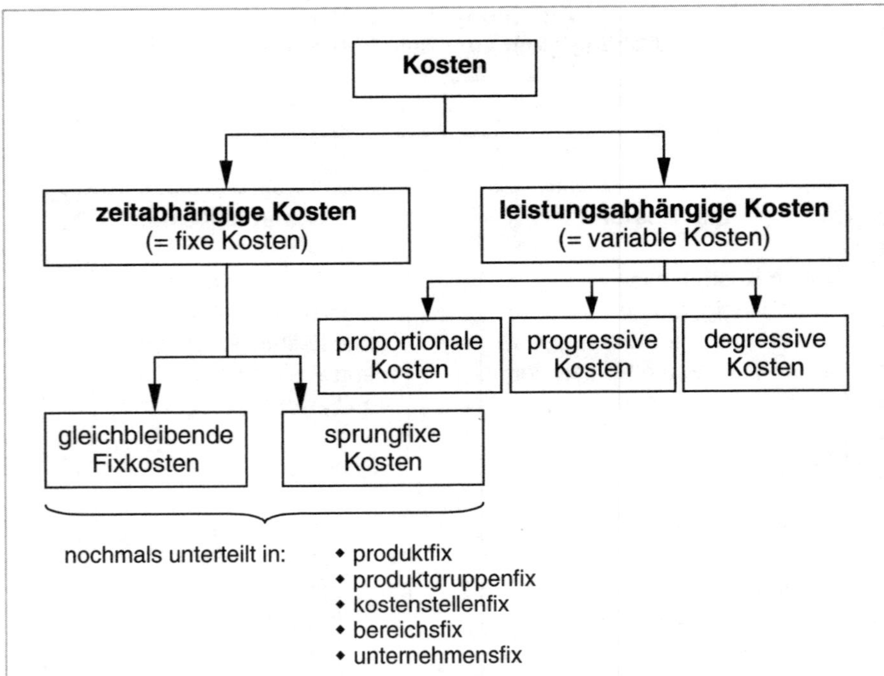

Zeitabhängige Kosten (= fixe Kosten)

Fixe Kosten sind nicht leistungs-, sondern in der Regel zeitabhängig und fallen auch dann an, wenn sich der zugrundeliegende Beschäftigungsgrad bzw. die Produktionsmenge ändert. Die von einer jeweiligen Bezugsgröße unabhängigen Kosten beinhalten die Kosten der eigentlichen Leistungsbereitschaft und werden deshalb auch „Bereitschaftskosten" genannt.

Gleichbleibende Fixkosten

Fixe Kosten oder Kosten der Betriebsbereitschaft bleiben auf Ihr gesamtes Unternehmen bezogen unabhängig vom Beschäftigungsgrad bzw. der Produktionsmenge immer gleich hoch. Stellen Sie allerdings auf das einzelne Produkt ab, nehmen die fixen Kosten mit zunehmendem Produktionsumfang ab und mit abnehmendem zu.

Typische Beispiele für gleichbleibende Fixkosten sind z.B.: Abschreibungen, Miet- und Versicherungszahlungen, Beiträge, Gehälter.

produzierte Stück	Fixkosten insgesamt (DM)	stückfixe Kosten (DM)
0	10 000,--	0,00
10 000	10 000,--	1,00
20 000	10 000,--	0,50
30 000	10 000,--	0,33
40 000	10 000,--	0,25
50 000	10 000,--	0,20
60 000	10 000,--	0,17

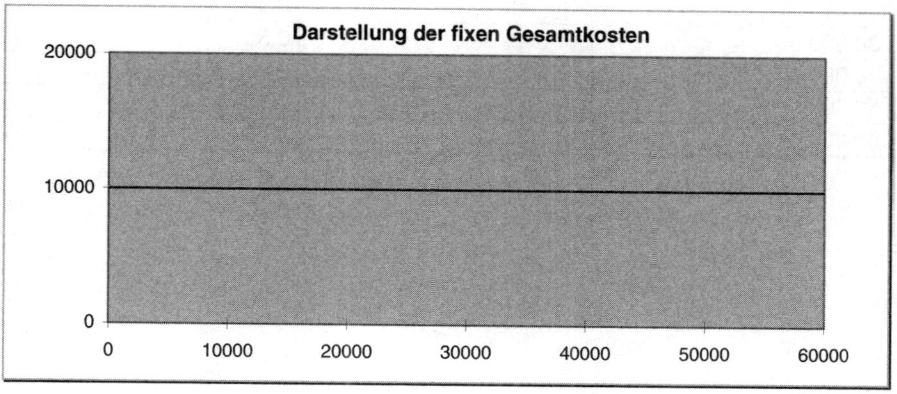

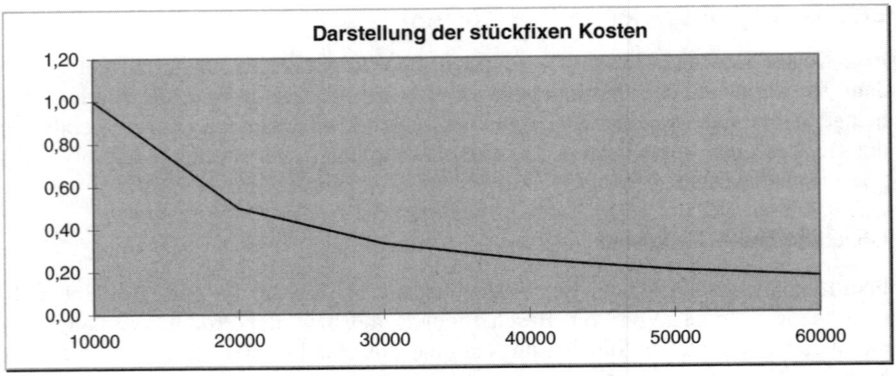

Sprungfixe Kosten

Sprungfixe oder auch stufenfixe Kosten steigen ab einer bestimmten Menge sprunghaft an und verharren dann auf dieser Höhe. Dieser Vorgang wiederholt sich bei jeder erneuten Produktionssteigerung.

Typische Beispiele für sprungfixe Kosten sind z.B. erhöhte Versandkosten, zusätzliche Werbe- oder Mietkosten, Lohn- und Gehaltskosten für die Einstellung von zusätzlichem Personal, Abschreibungen aufgrund eines zusätzlichen Neukaufs einer neuen Maschine.

	Fixkosten	
produzierte Stück	**insgesamt (DM)**	**pro Stück (DM)**
10 000	10 000,--	1,00
20 000	10 000,--	0,50
30 000	10 000,--	0,33
40 000	16 000,--	0,40
50 000	16 000,--	0,32
60 000	16 000,--	0,27

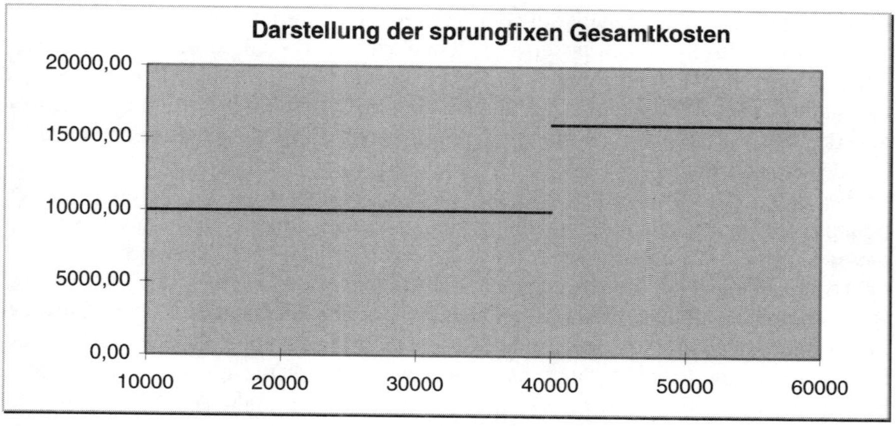

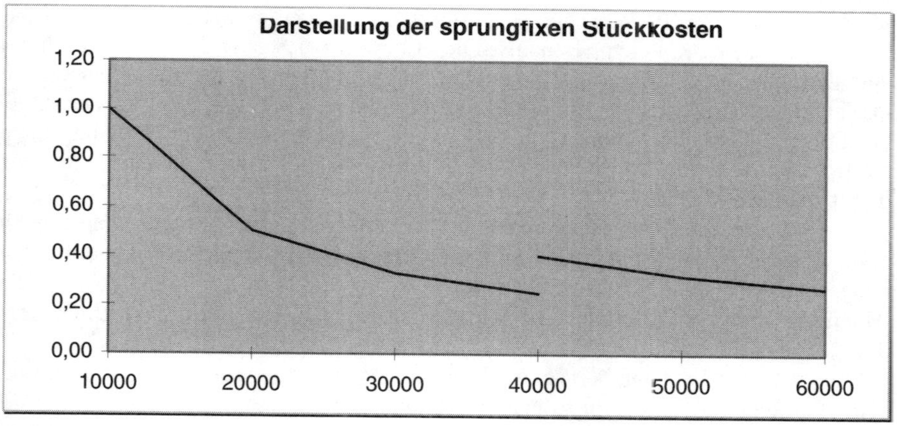

Der gesamte Fixkostenbereich Ihres Unternehmens läßt sich nochmals danach unterscheiden, wofür die fixen Kosten im einzelnen angefallen sind. Nicht alle fixen Kostenarten dienen der Erhaltung der Betriebsbereitschaft des gesamten Betriebes. So lassen sich fixe Kosten z.B. einzelnen Produkten oder Produktgruppen direkt zuordnen. Die „klassenspezifische" Zuordnung der gesamten fixen Kosten ist für Sie z.B. bei der Bestimmung der kurz- und langfristigen Preisuntergrenze eines Produkts unabdingbar.

Bei der verfeinerten Aufgliederung der fixen Kosten unterscheidet man in:

- produktfixe Kosten
- produktgruppenfixe Kosten
- kostenstellenfixe Kosten
- bereichsfixe Kosten
- unternehmensfixe Kosten.

Wie geht man bei der Zergliederung der fixen Kosten am sinnvollsten vor?

Die *produktfixen* Kosten lassen sich dem einzelnen Produkt unmittelbar zuordnen (z.B. Lizenz- und Patentgebühren für einen bestimmten Zeitraum, Kosten für eine produktbezogene Werbekampagne und Sondereinzelkosten der Fertigung für Spezialwerkzeuge, Schablonen, Musterstücke). Sie haben Einzelkostencharakter hinsichtlich der Zuordbarkeit.

Bei den *produktgruppenfixen* Kosten ist es am besten, wenn Sie Produkte, die fertigungstechnisch voneinander abhängig sind, zu einer Gruppe zusammenfassen und dieser Gruppe die entsprechenden fixen Kosten zuordnen (z.B. Kosten für eine produktgruppenbezogene Werbekampagne, Maschinenkosten, die ausschließlich für eine Produktgruppe anfallen, Kosten für Qualitätssicherungsmaßnahmen sowie Entwicklungs- und Forschungskosten für eine bestimmte Produktgruppe oder Gebäudekosten, in denen nur eine Produktgruppe hergestellt wird). Produktgruppenfixe Kosten können sich nicht nur in der Fertigung ergeben, sondern auch in der Verwaltung als *projekt*gruppenfixe Kosten, so z.B. bei Werbe- und Marketingmaßnahmen im Zusammenhang mit einer ganzen Reihe von Produkten. Im nachhinein läßt sich bei Werbesendungen für einen PKW in den seltensten Fällen genau feststellen, welche Ausgaben auf welchen PKW-Typ (Benziner/Diesel bzw. 1,6/1,8 oder 2,0 Liter-Maschine) entfallen. Die Druckkosten für Verkaufsprospekte, Kosten für die Werbekampagnen in Zeitungen, Zeitschriften, Rundfunk und Fernsehen sowie die Gehälter der daran beteiligten Mitarbeiter können produkt- oder projektbezogen der Produktgruppe „Werbekampagne für den PKW XY“ ohne zeitraubende und umständliche Aufteilung direkt zugeordnet werden.

Im Rahmen der Kostenstellenrechnung, worauf später noch genauer eingegangen wird, können Sie nicht nur für einzelne Produkte, sondern auch für Produktgruppen ohne weiteres eigene Kostenstellen einrichten, auf die quasi als kostenrechnerische Abteilung sämtliche angefallenen fixen und variablen Kosten weiterverrechnet werden.

Möchten Sie Ihr Unternehmen nicht nach Gruppen organisieren, sondern in einzelne Bereiche untergliedern, so lassen sich auch die Fixkosten den einzelnen Bereichen entsprechend zuordnen. Als organisatorische Bereiche kämen z.B. Abteilungen, Teilwerke oder auch Profitcenter in Betracht. Dies macht dann Sinn, wenn mit der Abgrenzung der einzelnen Bereiche auch Verantwortungsbereiche übertragen werden sollen. So lassen sich beispielsweise sämtliche Fixkosten auf Verwaltungsebene dem Fixkostenbereich „Allgemeine Verwaltung“ zuordnen und damit in einem ersten Schritt von den Fixkosten der Fertigung trennen.

Der Rest der Fixkosten, den Sie bisher keiner der drei zuvor genannten Kategorien zuordnen konnten, kommt in den „Topf“ unternehmensfixe Kosten. Dadurch, daß keine Möglichkeit zur weiteren Zerlegung besteht, fallen diese Kosten auf den Betrieb als Ganzes an und müssen auch dementsprechend verrechnet werden. Beispiele dafür sind Steuerberaterkosten, Kosten der Geschäftsführung, Versicherungsaufwendungen u.a.

Leistungsabhängige Kosten (= variable Kosten)

Variable Kosten verändern sich mit wechselndem Beschäftigungsgrad unterschiedlich.

Proportionale Kosten

Auf die Gesamtkosten bezogen verändern sich die proportionalen Kosten gleichmäßig mit dem Beschäftigungsgrad, bleiben allerdings auf das einzelne Stück bezogen immer gleich hoch.

Typische Beispiele für proportionale Kosten sind z.B. Akkordlöhne, Fertigungsmaterial sowie Hilfsstoffkosten.

produzierte Stück	proportionale Kosten insgesamt (DM)	proportionale Kosten pro Stück (DM)
0	0,--	0,--
10 000	10 000,--	1,--
20 000	20 000,--	1,--
30 000	30 000,--	1,--
40 000	40 000,--	1,--
50 000	50 000,--	1,--

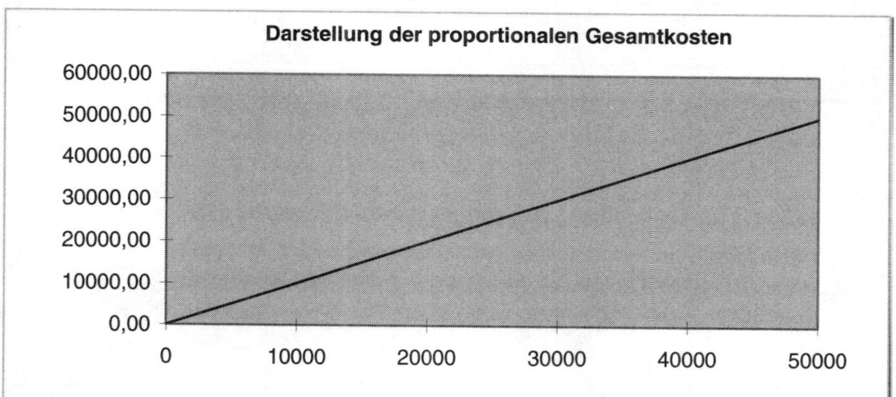

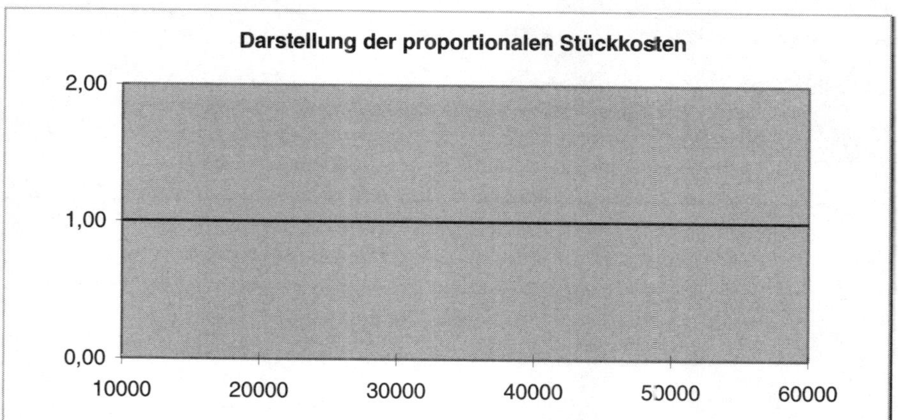

Die proportionalen variablen Kosten nehmen im selben Verhältnis zu oder ab, wie die Produktion gesteigert oder zurückgefahren wird. Die auf ein Stück bezogenen proportionalen variablen Stückkosten bleiben unabhängig von der jeweiligen Beschäftigungslage unverändert.

Progressive Kosten

Progressive Kosten ändern sich sowohl als Gesamt- wie auch als Stückkosten. Auf eine Beschäftigungsänderung steigen oder fallen die Kosten stärker (d.h. überproportional) als die ihr zugrundeliegende Beschäftigungsänderung.

Typische Beispiele für progressive Kosten sind z.B. Überstunden- oder Feiertagszuschläge bei Löhnen und Gehältern, Reparaturkosten durch verstärkte Beanspruchung der Fertigungsmaschinen oder Kosten für erhöhten Ausschuß.

	progressive Kosten	
produzierte Stück	**insgesamt (DM)**	**pro Stück (DM)**
10 000	8 000,--	0,80
20 000	20 000,--	1,00
30 000	40 000,--	1,33
40 000	68 000,--	1,70
50 000	110 000,--	2,20

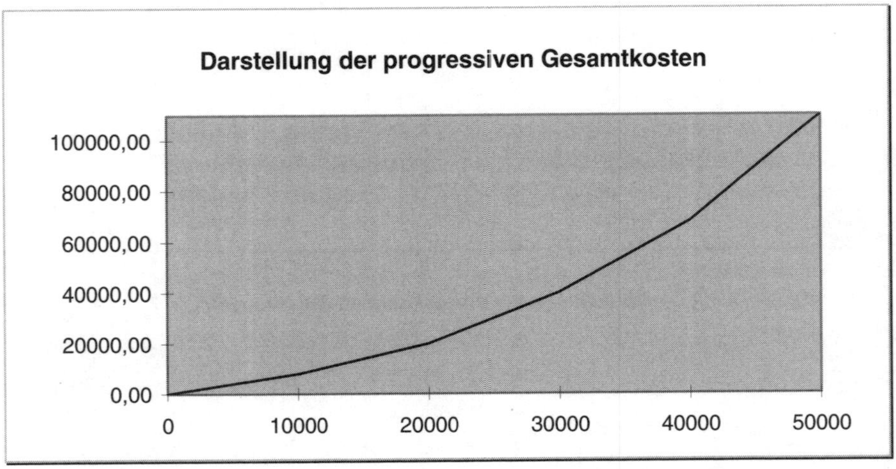

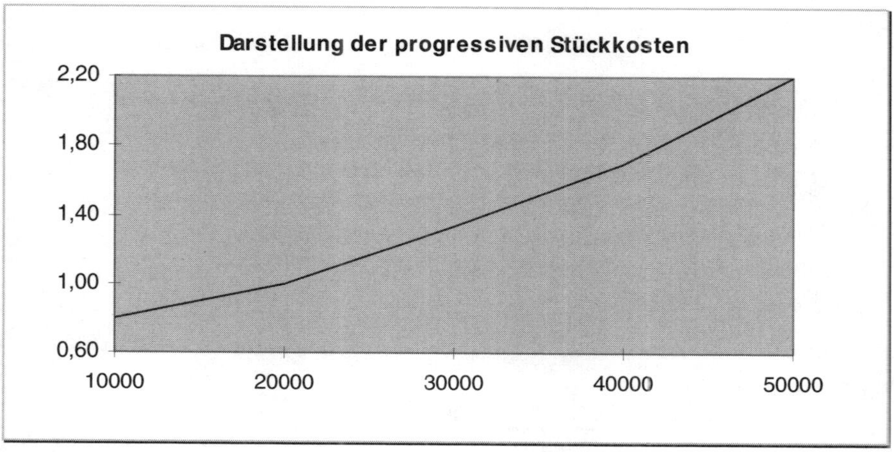

Die progressiv variablen Kosten nehmen mit steigendem Beschäftigungsgrad überproportional zu und verringern sich entsprechend überproportional bei abnehmender Produktionstätigkeit. Ebenfalls überproportional verhalten sich die progressiven variablen Stückkosten bei einer Beschäftigungsänderung.

Degressive Kosten

Degressive Kosten ändern sich ebenso wie die progressiven Kosten sowohl als Gesamt- wie auch als Stückkosten. Bei einer Beschäftigungsänderung steigen oder fallen die Kosten geringer (d.h. unterproportional) als die ihr zugrundeliegende Beschäftigungsänderung.

Typische Beispiele: Zeitlohnkosten, zum Teil Vertriebs- und Werbekosten, Fertigungsmaterial bei ausgehandeltem zusätzlichem Mengenrabatt, Materialkosten bei Wiederverwendung des Abfalls.

	degressive Kosten	
produzierte Stück	**insgesamt (DM)**	**pro Stück (DM)**
10 000	12 000,--	1,20
20 000	18 000,--	0,90
30 000	19 500,--	0,65
40 000	20 000,--	0,50
50 000	20 300,--	0,406

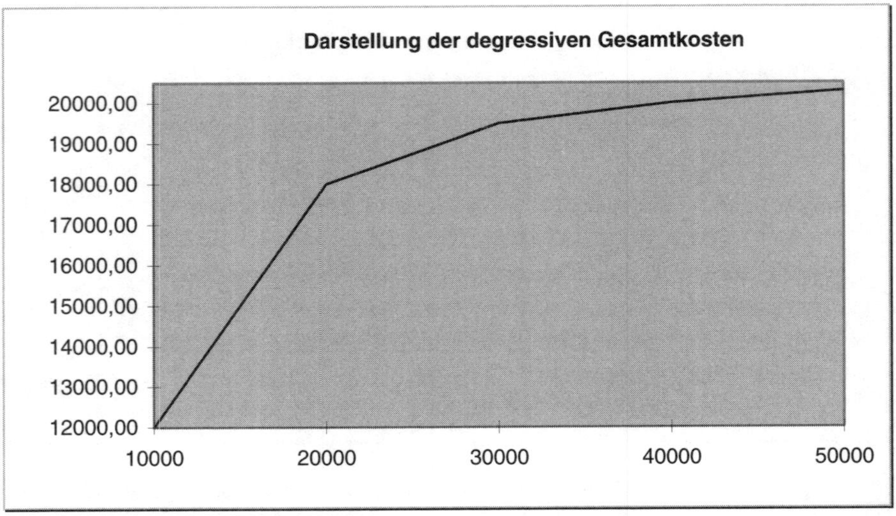

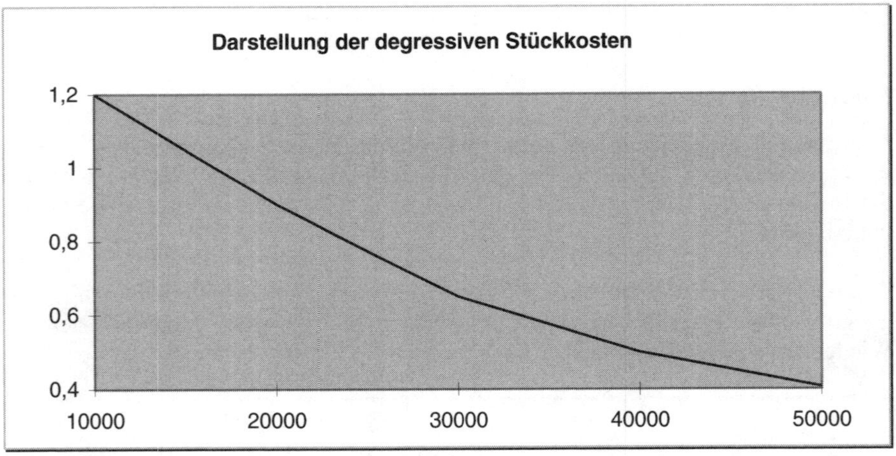

Die degressiv variablen Kosten nehmen mit steigendem Beschäftigungsgrad unterproportional zu und verringern sich entsprechend unterproportional bei abnehmender Produktionstätigkeit.

3.1.2 Das Mischkosten-Problem

Mischkosten sind Kosten, die sowohl fixe als auch variable Kostenbestandteile aufweisen, z.B. Energie-, Telefon-, Instandhaltungs- oder Kfz-Kosten. Das charakteristische an den Mischkosten ist, daß ein bestimmter „Sockelbetrag" unabhängig von der betrieblichen Nutzung immer gleich hoch bleibt und sich losgelöst vom Beschäftigungsgrad nicht verändert. Die zusätzliche verbrauchsabhängige variable Kostenkomponente verändert sich entsprechend der in Anspruch genommenen Nutzung.

Die für die Bearbeitung eines Rohstoffs eingesetzte Maschine hat eine Stromaufnahme von 14 kWh. Der Strompreis beträgt 0,32 DM je kWh zuzüglich einer monatlich zu entrichtenden Grundgebühr von 160,00 DM.

Bei Betrachtung der Kostenentwicklung bei unterschiedlicher Inanspruchnahme der Maschine ergibt sich folgendes Bild:

Laufzeit der Maschine pro Monat in Std.	fixe Kosten in DM		variable Kosten in DM		Mischkosten in DM	
	gesamt	pro Stk.	gesamt	pro Stk.	gesamt	pro Stk.
10	160,00	16,00	44,80	4,48	204,80	20,48
20	160,00	8,00	89,60	4,48	249,60	12,48
30	160,00	5,33	134,40	4,48	294,40	9,81
40	160,00	4,00	179,20	4,48	339,20	8,48
50	160,00	3,20	224,00	4,48	384,00	7,68
60	160,00	2,67	268,80	4,48	428,80	7,15
70	160,00	2,29	313,60	4,48	473,60	6,77
80	160,00	2,00	358,40	4,48	518,40	6,48
90	160,00	1,78	403,20	4,48	563,20	6,26
100	160,00	1,60	448,00	4,48	608,00	6,08

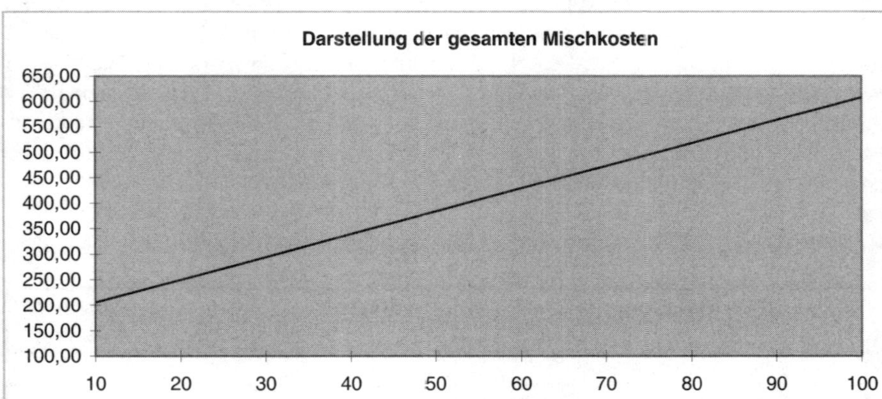

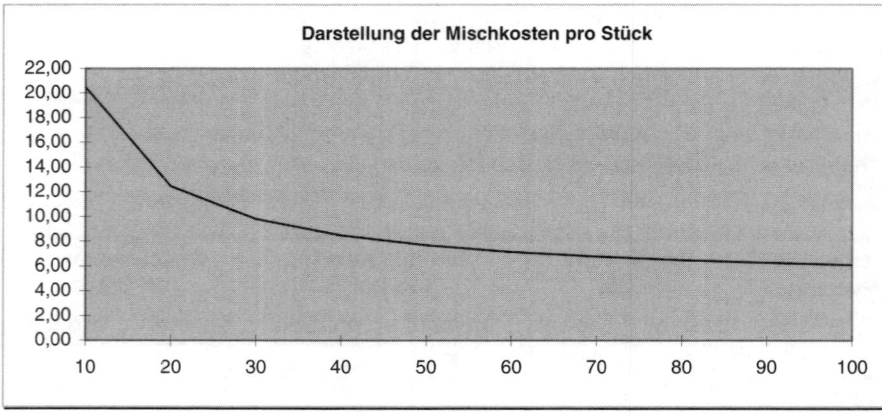

Ähnlich aufwendige Kostenteilungsrechnungen müssen Sie bezüglich der Kfz-Steuer und dem Spritverbrauch bzw. der Telefon-Grundpauschale und den einzelnen Telefongesprächen vornehmen. Um jedoch den Bearbeitungsaufwand so gering wie möglich zu halten, können Sie anfänglich die Mischkosten entweder jeweils zur Hälfte den fixen und variablen Kosten zuordnen, oder Sie klassifizieren die Mischkosten in ihrer gesamten Höhe als variable Kosten und verfeinern dieses pauschale Verfahren im Laufe der Zeit.

Insgesamt betrachtet weisen die Mischkosten eine proportional steigende Tendenz auf. Auf ein Stück bezogen, sind die Kosten mit zunehmender Produktion rückläufig.

Für die Kostentrennung in fixe, variable oder Mischkosten können Sie sich an folgender Übersicht orientieren. Die grundsätzliche Überlegung ist immer: Welche Kosten fallen auch dann an, wenn nichts produziert wird? (Das sind fixe Kosten!) Welche Kosten fallen in voller Höhe nicht mehr an, wenn die Produktion eingestellt werden sollte? (Das sind variable Kosten!) Welche Kosten entfallen nur zum Teil bei Einstellung der Produktionstätigkeit? (Das sind Mischkosten!)

Mustervorschlag zur Kostentrennung in Fix-, variable - und Mischkosten:

Kostenteilung in	variabel	fix	Mischkosten
Rohstoffe/Fertigungsmaterial	x		
Hilfsstoffe	x		
Betriebsstoffe	x		
Fertigungslöhne	x		
Gehälter		x	
soziale Abgaben		x	
Aufw. für die Altersversorgung		x	
Mietaufwand		x	
Energiekosten			x
Reparatur-/Instandhaltungsmaterial			x
Versicherungsbeiträge		x	

Beiträge zu Verbänden/IHK		x	
Kfz-Kosten			x
Werbekosten	x		
Bewirtungskosten	x		
Reisekosten	x		
Verpackungsmaterial	x		
Vertriebsprovisionen	x		
Abschreibungen		x	
Leasingraten		x	
Portokosten	x		
Büromaterial	x		
Zeitungen, Fachliteratur		x	
Rechtsberatungskosten		x	
Kosten des Geldverkehrs	x		
Bankzinsen		x	
Telefonkosten			x
kalkulatorischer Unternehmerlohn		x	
kalkulatorische Miete		x	
kalkulatorische Zinsen		x	
kalkulatorische Abschreibung		x	
kalkulatorische Wagnisse		x	
Summe			
in Prozent			

Aufgrund der in der Buchhaltung verbuchten Zahlen soll für die Kostenrechnung eine Trennung in fixe und variable Kosten vorgenommen werden. Mischkosten werden aus Vereinfachungsgründen im Verhältnis 50 % zu 50 % auf fixe und variable Kosten gleichmäßig verteilt.

BEISPIEL

Kostenteilung in	**Zahlen der Buchhaltung**	**davon variabel**	**davon fix**
Rohstoffe/Fertigungsmaterial	30 000	30 000	
Hilfsstoffe	8 000	8 000	
Betriebsstoffe	3 500	3 500	
Fertigungslöhne	80 000	80 000	
Gehälter	90 000		90 000
soziale Abgaben	34 000		34 000
Aufw. für die Altersversorgung	3 450		3 450
Mietaufwand	2 100		2 100
Energiekosten	6 700	3 350	3 350
Reparatur-/Instandhaltungsmaterial	5 000	2 500	2 500
Versicherungsbeiträge	10 000		10 000
Beiträge zu Verbänden/IHK	900		900
Kfz-Kosten	4 000	2 000	2 000

Werbekosten	2 500	2 500	
Bewirtungskosten	490	490	
Reisekosten	550	550	
Verpackungsmaterial	4 550	4 550	
Vertriebsprovisionen	2 800	2 800	
Abschreibungen	10 000		10 000
Leasingraten	3 900		3 900
Portokosten	300	300	
Büromaterial	700	700	
Zeitungen, Fachliteratur	500		500
Rechtsberatungskosten	1 200		1 200
Kosten des Geldverkehrs	800	800	
Bankzinsen	3 200		3 200
Telefonkosten	2 000	1 000	1 000
kalkulatorischer Unternehmerlohn	25 000		25 000
kalkulatorische Miete	8 500		8 500
kalkulatorische Wagnisse	3 000		3 000
Summe	**347 640**	**143 040**	**204 600**
in Prozent	**100,00 %**	**41,15 %**	**58,85 %**

Interpretation

Von den gesamten Kosten in Höhe von 347 640 DM sind kurzfristig nur 143 040 DM oder 41,15 % abbaubar. Die restlichen Kosten sind fix und fallen unabhängig von der Produktionstätigkeit an.

Warum finden Sie in der obigen Tabelle keine kalkulatorischen Zinsen oder kalkulatorischen Abschreibungen oder sogar keinen zusammenfassenden kalkulatorischen Kapitaldienst?

Eines kalkulatorischen Ansatzes bedarf es nur in den Fällen, in denen Sie nicht bereits in anderen Kostenarten Beträge berücksichtigt haben. Die Bankzinsen entsprechen in unserem Beispiel den kalkulatorischen Zinsen, die kalkulatorischen Abschreibungen werden durch die Kostenart „Abschreibungen“ ersetzt. Achten Sie immer darauf, daß keine Kostenart doppelt erfaßt wird!

Die Variatorrechnung zur Bestimmung des genauen fixen und variablen Kostenanteils

Eine komfortable Möglichkeit zur Trennung in fixe und variable Kostenbestandteile bietet Ihnen die Variatorrechnung an. Der Variator V gibt den Anteil der variablen Kosten an den Gesamtkosten an und liegt zwischen 0 und 1.

BEISPIEL

Die gleiche Tabelle wie zuvor wird mit Hilfe des Variators in fix und variabel zerlegt. Dieser kann zwischen 0 und 1 liegen.

- Ein Variator von V = 0 besagt, daß 0 % von den Gesamtkosten variabel sind, also zu 100 % fix.

- Ein Variator von V = 0,5 sagt aus, daß jeweils die Hälfte der Gesamtkosten variabel bzw. fix sind.
- Ein Variator von V = 1 deutet darauf hin, daß sich sämtliche Gesamtkosten entsprechend der Beschäftigungssituation ändern, also zu 100 % variabel sind.

Ein Variator kann praktisch jeden Wert zwischen 0 und 1 annehmen. So kann es durchaus sein, daß eine bestimmte Kostenart als Variator den Wert 0,35 erhält. Das würde dann bedeuten, daß 35 % der Gesamtkosten von der Beschäftigungssituation beeinflußbar sind (also variabel) und 65 % fixen Kostencharakter haben.

Kostenteilung in	Variator	Zahlen der Buchhaltung	davon variabel	davon fix
Rohstoffe/Fertigungsmaterial	1	30 000	30 000	
Hilfsstoffe	1	8 000	8 000	
Betriebsstoffe	1	3 500	3 500	
Fertigungslöhne	1	80 000	80 000	
Gehälter	0	90 000		90 000
soziale Abgaben	0	34 000		34 000
Aufw. für die Altersversorgung	0	3 450		3 450
Mietaufwand	0	2 100		2 100
Energiekosten	0,5	6 700	3 350	3 350
Reparatur-/Instandhaltungsmaterial	0,5	5 000	2 500	2 500
Versicherungsbeiträge	0	10 000		10 000
Beiträge zu Verbänden/IHK	0	900		900
Kfz-Kosten	0,5	4 000	2 000	2 000
Werbekosten	1	2 500	2 500	
Bewirtungskosten	1	490	490	
Reisekosten	1	550	550	
Verpackungsmaterial	1	4 550	4 550	
Vertriebsprovisionen	1	2 800	2 800	
Abschreibungen	0	10 000		10 000
Leasingraten	0	3 900		3 900
Portokosten	1	300	300	
Büromaterial	1	700	700	
Zeitungen, Fachliteratur	0	500		500
Rechtsberatungskosten	0	1 200		1 200
Kosten des Geldverkehrs	1	800	800	
Bankzinsen	0	3 200		3 200
Telefonkosten	0,5	2 000	1 000	1 000
kalkulatorischer Unternehmerlohn	0	25 000		25 000
kalkulatorische Miete	0	8 500		8 500
kalkulatorische Wagnisse	0	3 000		3 000
Summe		347 640	143 040	204 600
in Prozent		100,00 %	41,15 %	58,85 %

3.2 Kostenmanagement und genaue Kostenanalyse

Bereits in einer frühen Phase Ihres Unternehmensbestehens sollten Sie darüber nachdenken, wie Sie Kostenmanagement und Kostenanalyse wirksam betreiben können. Durch zunehmenden Wandel vom Verkäufer- zum Käufermarkt, verbunden mit dem allgemeinen Risiko der ständigen Veränderungen auf wirtschaftlichen, technischen und gesellschaftlichen Gebieten, rückt die Fähigkeit, sich veränderten Rahmenbedingungen anzupassen, immer stärker in den Vordergrund. Höhere Flexibilität ist vor allem in bezug auf die Erfüllung und Befriedigung von Kundenwünschen gefragt. Nicht nur die enorme Produktvielfalt, steigende Qualitätsansprüche der Kundschaft oder kürzere Lieferzeiten, sondern auch Lieferzuverlässigkeit und der rasante Anstieg neuer Produktinnovationen führen zu immer kürzeren Lebenszyklen der meisten Produkte. Damit verbunden ist auch ein Anstieg der vorbereitenden, planenden und überwachenden Tätigkeit vorwiegend in den Bereichen Produktionsplanung und -steuerung, Qualitätssicherung und Vertrieb. Die Folge ist, daß der Anteil der fixen Kosten an den Gesamtkosten ständig zunimmt. Weil durch die Zunahme der Fixkosten die variablen Kosten prozentual zurückgehen, fällt es einem Unternehmen immer schwerer, sich kurzfristig an veränderte Rahmenbedingung anzupassen. Die kurzfristige Beeinflußbarkeit der Kosten nimmt in immer stärkerem Maße ab. Steigen die fixen Kosten und verringern sich die variablen Kosten entsprechend, verschiebt sich damit auch die Nutzenschwelle, d.h. der Punkt, an dem sich Kosten und Erlöse die Waage halten. Im Vorgriff auf den in 3.3 behandelten Break-even-Punkt wird die Auswirkung einer höheren Fixkostenbelastung auf die Nutzenschwelle durch die Grafik auf S. 61 dargestellt.

Verschiebt sich die Nutzenschwelle weiter zur Kapazitätsgrenze hin, erzielen die meisten Unternehmen erst bei einer Auslastung von mehr als 75 % einen Gewinn. Mit anderen Worten: Liegt die durchschnittliche Auslastung der vorhandenen Kapazitäten (menschliche Arbeitskraft und Maschinen) unter 75 % der Gesamtkapazität, erwirtschaften die meisten Unternehmen einen Verlust.

Ziel ist, durch ein entsprechendes Kostenmanagement nicht nur die Nutzenschwelle so schnell wie möglich zu erreichen, sondern auch die Kosten, allen voran die fixen Kosten, durch Beeinflussung des Kostenniveaus, der Struktur und des Verhaltens zu strukturieren, in ihrem Verhalten zu analysieren und einer differenzierten Betrachtung zu unterziehen.

Die **Analyse des Kostenniveaus** fußt auf zwei wesentlichen Säulen: der verbrauchten Menge an sich und dem Wert der verbrauchten Menge. In bezug auf die verbrauchte Menge kann durch Rationalisierungsmaßnahmen in der Produktion sichergestellt werden, daß weniger Material für die Herstellung verwendet werden muß. Die Wertkomponente kann durch gezieltes Verhandeln mit Lieferanten über die Einführung eines Bonussystems, Gewährung von Skonto bei rechtzeitiger Zahlung oder Naturalrabatte sicherlich günstig in dem Sinne beeinflußt werden, daß benötigtes Fertigungsmaterial preislich günstiger eingekauft werden kann und damit die Nutzenschwelle zu einem früheren Zeitpunkt erreicht wird.

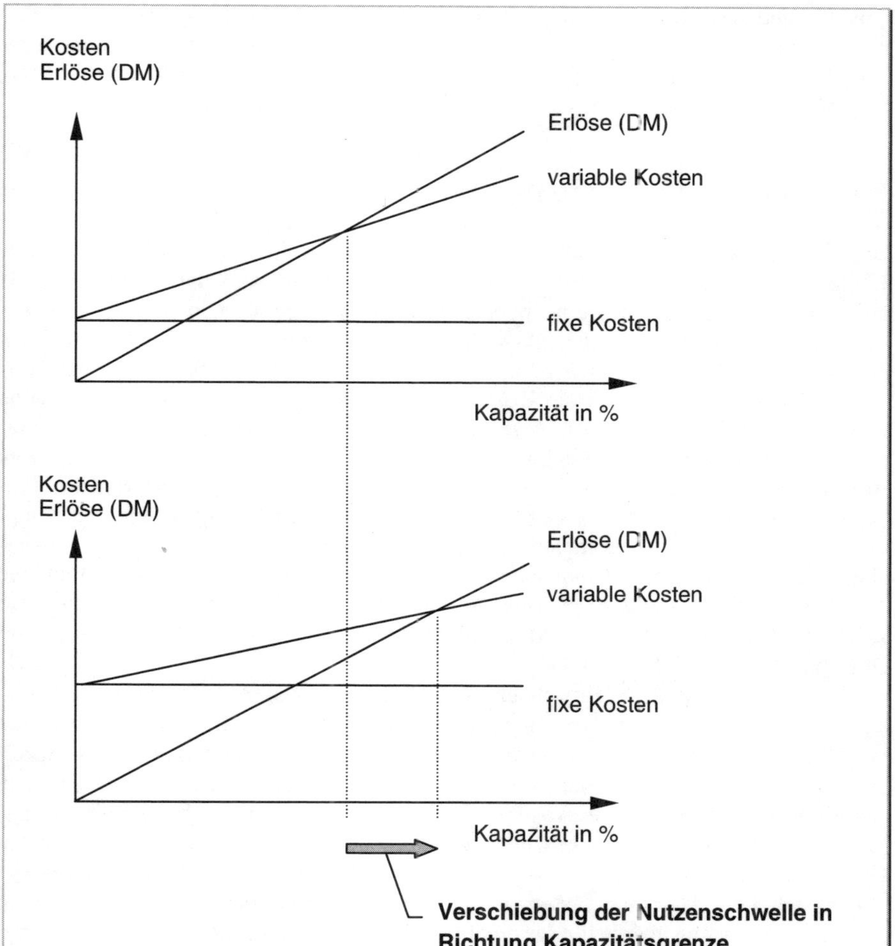

Die Gesamtkosten lassen sich im Rahmen von **Kostenstruktur**-Maßnahmen nach verschiedenen Kriterien unterteilen: Eine mögliche Strukturierung der gesamten Kosten ist die in fixe und variable Kosten, der das Kostenverhalten bei Beschäftigungsänderungen zugrunde liegt. Hinführend auf die Funktionsbereiche des Unternehmens lassen sich Beschaffungs-, Produktions-, Verwaltungs- und Vertriebskosten unterscheiden. Nach der Beeinflußbarkeit der Kosten und aus der Sicht der Kostenplanung und -kontrolle lassen sich bereits in der Vergangenheit angefallene Kosten und erst in der Zukunft zu erwartende Kosten unterscheiden (Ist-, Normal- und Plankosten). Einzel- und Gemeinkosten stellen auf die Art der Kostenzurechnung einzelner Produkte oder betrieblicher Leistungen ab. Daneben kann man die Kosten noch in Personal- und Anlagekosten oder primäre und sekundäre Kosten unterteilen. Aus handels- und steuerrechtlicher Bewertungssicht werden Anschaffungskosten, Wiederbeschaffungspreise, Tagespreise und Verrechnungspreise voneinander getrennt. Zum Zwecke der Kalkulation unterscheidet man in Herstellkosten (Herstellungskosten), Selbstkosten, ersatzbedürftige Kosten und nicht ersatzbedürftige (fixe) Kosten.

3.2.1 Einzel- und Gemeinkosten

Bei der Unterscheidung in Einzel- und Gemeinkosten geht es um die Frage, welche Kosten einem Auftrag, einer Mengeneinheit oder einem Kalkulationsobjekt direkt aufgrund von exakten Aufzeichnungen zugeordnet werden können (z.B. Materialkosten) und welche mittels einer Umlage den einzelnen Objekten „quasi willkürlich" angelastet werden (z.B. Abschreibungen oder Kfz-Versicherung für ein Firmenfahrzeug). Das Ziel, möglichst viele Kosten als Einzelkosten in eine direkte Beziehung zum einzelnen Auftrag oder zur einzelnen Mengeneinheit zu bringen, wird in der Praxis aus Wirtschaftlichkeitsgründen jedoch schnell an seine Grenzen stoßen: Obwohl es technisch machbar wäre, werden nicht alle Einzelkosten auch direkt als Einzelkosten verrechnet. Z.B. bietet es sich bei Hilfsstoffen wie Leim, Nägeln, Farben, Knöpfen usw. an, den Gesamtverbrauch nur einmal im Monat zu ermitteln und ihn entsprechend den vorgesehenen Planungsunterlagen (Produktionspläne, Stücklisten) auf die einzelnen Produkte zu verteilen, obwohl eine separate Erfassung und Zuordnung für jedes Produkt möglich wäre. Man spricht in diesem Zusammenhang auch von „unechten Gemeinkosten".

Der Unterscheidung in Einzel- und Gemeinkosten kommt vor allem bei der Kostenstellen- und Kostenträgerrechnung große Bedeutung zu. So können Kosten, die von ihrer Art her Gemeinkosten sind, auf eine Kostenstelle bezogen durchaus Einzelkostencharakter haben. Im Rahmen des Kostenmanagements können Überlegungen angestellt werden, wie Gemeinkosten durch direkte Zuordnung zu bestimmten Abteilungen oder Kostenstellen zu Einzelkosten „umqualifiziert" werden, um nicht nur den Gemeinkostenblock soweit wie möglich abzubauen, sondern auch die Kostentransparenz zu erhöhen. Allgemein lassen sich Gehaltskosten nicht direkt und einzeln einem Auftrag, einer Mengeneinheit oder einem Kalkulationsobjekt zuordnen. Werden aber in einer Produktionsabteilung nur Produkte einer bestimmten Sorte oder Serie gefertigt, so sind z.B. die Kosten für das Meistergehalt bezogen auf eine einzige Produktionsabteilung Einzelkosten dieser Abteilung, weil sie sich unmittelbar und direkt dieser Produktionsabteilung zuordnen lassen. Sie sehen also, daß nahezu sämtliche Gemeinkosten zu Einzelkosten werden, wenn man nur weit genug untergliedert. Ein solches Vorgehen ermöglicht eine sehr flexible Kostengruppierung und -zuordnung, wodurch betriebliche Entscheidungen nicht nur besser und fundierter vorbereitet, sondern auch besser und effizienter kontrolliert werden können.

3.2.2 Ist-, Normal- und Plankosten

Istkosten sind für ein Kalkulationsobjekt innerhalb eines bestimmten Zeitraums tatsächlich angefallen, Plankosten sind geplante, angestrebte und für die Zukunft vorgegebene Kosten, und Normalkosten stellen in ihrer Mengen- und/oder Wertkomponente auf den Kostenanfall ab, mit dem normalerweise zu rechnen ist. Eine solche Unterscheidung der Kosten, die auf den Zeitbezug abstellt, spielt speziell bei der Analyse von Preis-, Beschäftigungs- und Gesamtabweichungen eine entscheidende Rolle. Zu beachten ist, daß in den Istkosten nicht nur Mengen-, sondern auch Preisschwankungen mit allen Einmaligkeiten und Zufälligkeiten enthalten sind. Deshalb stützt man sich für kostenrechnerische Zwecke auf Durchschnittswerte mehrerer zurückliegender Betrachtungszeiträume, sogenannte Normalkosten. Plankosten hingegen haben, wie das Wort bereits zum Ausdruck bringt, planerischen Charakter. Plankosten sind die Kosten, die bei einer geplanten Beschäftigung bei normalem Betriebsgeschehen unter Einbeziehung der vorhandenen Kapazitäten entstehen, wenn eine bestimmte „geplante" Produktionsmenge hergestellt werden soll. Der nach bestimmten Methoden, z.B. technischen Berechnungen oder Verbrauchsstudien, festgestellte Planverbrauch wird dabei jeweils mit den (voraussichtlichen) Planpreisen bewertet. Zu einem späteren Zeitpunkt werden dann die Plankosten den tatsächlichen Istkosten gegenübergestellt. Mittels eines Soll-Ist-Vergleichs wird analysiert, inwieweit die geplanten Werte mit mehr oder weniger großer Unsicherheit behaftet waren, um daraus Rückschlüsse für die Zukunft abzuleiten.

3.2.3 Relevante und irrelevante Kosten

Von entscheidender Bedeutung ist auch die Trennung von relevanten und irrelevanten Kosten. So lassen sich nahezu bei jedem zu lösenden Problem oder zu treffender Entscheidung davon unmittelbar betroffene Kosten von davon nicht betroffenen unterscheiden. Stellt sich z.B. die Frage, ob ein bestimmter Zusatzauftrag angenommen werden soll oder ob es kostengünstiger ist, auf einen solchen zu verzichten, so dürfen zur Entscheidungsvorbereitung nicht sämtliche Kosten des Unternehmens den zu erwartenden zusätzlichen Erlösen gegenübergestellt werden, sondern nur solche, die bei Annahme zusätzlich anfallen würden. Abschreibungen für die Produktionsmaschine fallen unabhängig davon an, ob und wieviel produziert wird oder ob der Zusatzauftrag angenommen oder abgelehnt wird. Diese Kostenart, ebenso wie alle anderen fixen Kosten, werden in ihrer Höhe von der zu treffenden Entscheidung nicht beeinflußt; sie fallen unabhängig vom Ausgang der Entscheidung in jedem Fall an und stellen sogenannte entscheidungsirrelevante Kosten dar. Entscheidungsrelevant sind nur die Kosten, die durch den möglichen Zusatzauftrag hinzukommen oder, anders ausgedrückt, die erst gar nicht anfallen würden, wenn der Zusatzauftrag nicht angenommen würde, unabhängig davon, ob die Kosten zwangsläufig oder durch bewußtes Handeln entstehen.

Durch die Trennung der Kosten in fixe und variable Bestandteile ist es möglich, mit gezielten Entscheidungen eine Steigerung der Flexibilität des gesamten Unternehmens herbeizuführen. Das setzt allerdings voraus, daß die zeitliche Struktur der fixen Kosten und mögliche Beeinflussungstermine bekannt sind. So kann es aus Kostengesichtspunkten sinnvoll sein, eine anstehende Investition nicht aus Eigenmitteln zu bezahlen, sondern über einen Kredit zu finanzieren oder zu leasen.

Das **Kostenverhalten** knüpft an die Ausführungen im vorangegangenen Kapitel an. Hier steht sowohl die Degression als auch die Progression der Kosten im Vordergrund.

Bei *Kostendegression* liegt die vornehmliche Aufgabe darin, durch eine erhöhte Produktions- und Absatzmenge mit entsprechend niedrigen Stückkosten mögliche Chancen zu nutzen, sich gegenüber der Konkurrenz einen (Kosten-)Vorteil zu verschaffen. Die Stückkosten sind bei hohen Ausbringungsmengen um so niedriger, je mehr Stücke mit denselben fixen Kosten gefertigt werden. Darüber hinaus kann durch eine bessere Auslastung der vorhandenen Kapazitäten versucht werden, die Stückkosten zu minimieren. Z.B. kann der Produktionsdurchlauf so geplant und gestaltet werden, daß die Leerlaufzeiten der Maschinen auf ein Minimum begrenzt werden oder Rüstkosten für das Umstellen der Maschinen von einem Produkt zum anderen erst dann entstehen, wenn die Lagerhaltungskosten für die Fertigprodukte höher liegen als die zwangsläufig entstehenden Kosten für Rüst-, Umstellungs- und Stillstandszeiten der Maschinen bei Produktwechsel in der Fertigung.

Im Falle einer Unterbeschäftigung müssen Fixkosten abgebaut werden, um eine Stückkostendegression zu erreichen. Dieser Abbau der fixen Kosten kann z.B. dadurch erreicht werden, daß nicht mehr benötigte Maschinen verkauft werden. Weiterhin können Anlagegegenstände verkauft und anschließend sofort zurückgemietet werden („Sale and lease back"-Verfahren). Im äußersten Notfall können auch Entlassungen von Mitarbeitern zu einer spürbaren Entlastung der Kostensituation im Unternehmen beitragen.

Bei einer *Kostenprogression* gilt es, diese frühzeitig zu erkennen und entsprechende Gegenmaßnahmen einzuleiten. Da die Kosten mit jedem zusätzlich produzierten Stück überdurchschnittlich ansteigen, ist sehr schnell die Grenze überschritten, an der ein möglicher Gewinn in einen Verlust umschlägt. Progressives Kostenverhalten findet man häufig, wenn aufgrund von Terminüberschreitungen Konventionalstrafen zu zahlen sind oder Überstunden „gefahren" werden müssen. Ein erhöhter Ausschuß bedingt durch falsche Materialzusammensetzungen oder Verarbeitungsfehler führt ebenfalls sehr schnell von der Gewinn- in die Verlustzone.

BEISPIEL

Die ABC-Analyse, die häufig im Beschaffungsbereich eingesetzt wird, können Sie sich auch für Ihre Zwecke nutzbar machen. Dabei gehen Sie wie folgt vor:
Sie unterteilen Ihre gesamten Kostenarten in drei Kategorien A,B und C. Dabei steht:

- A für Sie sehr wichtige Kosten,
- B für Sie wichtige Kosten und
- C für Sie unwichtige Kosten.

Nehmen Sie die Unterteilung am besten anhand Ihrer Kontenliste in der Buchführung vor. Mit einer solchen groben Unterteilung werden Sie zukünftig besser die für Sie wichtigen von den für Sie unwichtigen Kosten unterscheiden können. Außerdem setzen Sie dadurch gezielt Akzente, um mögliche Kostenschwerpunkte zu lokalisieren. Entsprechend der Dreierklassifizierung sollten Sie für die Untersuchung Ihrer A-Kosten mehr Zeit einplanen als für die C-Kosten-Kategorie.

Kostenarten in Ihrer Buchführung	**Zahlen der Buchhaltung**	**prozentualer Anteil**
Rohstoffe/Fertigungsmaterial	30 000	9,70
Hilfsstoffe	8 000	2,59
Betriebsstoffe	3 500	1,13
Verpackungsmaterial	4 550	1,47
Energiekosten	6 700	2,17
Reparatur-/Instandhaltungsmaterial	5 000	1,62
Vertriebsprovisionen	2 800	0,91
Fertigungslöhne	80 000	25,88
Gehälter	90 000	29,11
soziale Abgaben	34 000	11,00
Aufw. für die Altersversorgung	3 450	1,12
Abschreibungen	10 000	3,23
Leasingraten	3 900	1,26
Mietaufwand	2 100	0,68
Kosten des Geldverkehrs	800	0,26
Rechtsberatungskosten	1 200	0,39
Büromaterial	700	0,23
Zeitungen, Fachliteratur	500	0,16
Portokosten	300	0,10
Reisekosten	550	0,18
Bewirtungskosten	490	0,15
Werbekosten	2 500	0,81
Versicherungsbeiträge	10 000	3,23
Beiträge zu Verbänden/IHK	900	0,29
Bankzinsen	3 200	1,04
Kfz-Kosten	4 000	1,29
Gesamt	**309 140**	**100,00**

Nach Darstellung der prozentualen Beteiligung der einzelnen Kostenarten an den Gesamtkosten werden diese bezogen auf ihren prozentualen Anteil in absteigender Reihenfolge sortiert:

Kostenarten in Ihrer Buchführung	Zahlen der Buchhaltung	prozentualer Anteil	kumulierter prozentualer Anteil
Gehälter	90 000	29,11	29,11
Fertigungslöhne	80 000	25,88	54,99
soziale Abgaben	34 000	11,00	65,99
Rohstoffe/Fertigungsmaterial	30 000	9,70	75,69
Abschreibungen	10 000	3,23	78,92
Versicherungsbeiträge	10 000	3,23	82,15
Hilfsstoffe	8 000	2,59	84,74
Energiekosten	6 700	2,17	86,91
Reparatur-/Instandhaltungsmaterial	5 000	1,62	88,53
Verpackungsmaterial	4 550	1,47	90,00
Kfz-Kosten	4 000	1,29	91,29
Leasingraten	3 900	1,26	92,55
Betriebsstoffe	3 500	1,13	93,68
Aufwand für die Altersversorgung	3 450	1,12	94,80
Bankzinsen	3 200	1,04	95,84
Vertriebsprovisionen	2 800	0,91	96,75
Werbekosten	2 500	0,81	97,56
Mietaufwand	2 100	0,68	98,24
Rechtsberatungskosten	1 200	0,39	98,63
Beiträge zu Verbänden/IHK	900	0,29	98,92
Kosten des Geldverkehrs	800	0,26	99,18
Büromaterial	700	0,23	99,41
Reisekosten	550	0,18	99,59
Zeitungen, Fachliteratur	500	0,16	99,75
Bewirtungskosten	490	0,15	99,90
Portokosten	300	0,10	100,00
Gesamt	**309 140**	**100,00**	

Von den insgesamt 26 Konten der Buchhaltung erreichen bereits drei Konten ein Kostenaufkommen von über 65 % der Gesamtkosten. Anders ausgedrückt: 65 % der Gesamtkosten entfallen auf 11,53 % der Konten. 38,46 % der Konten weisen ein Kostenvolumen von 90 % auf. Dies läßt sich auch grafisch sehr gut veranschaulichen:

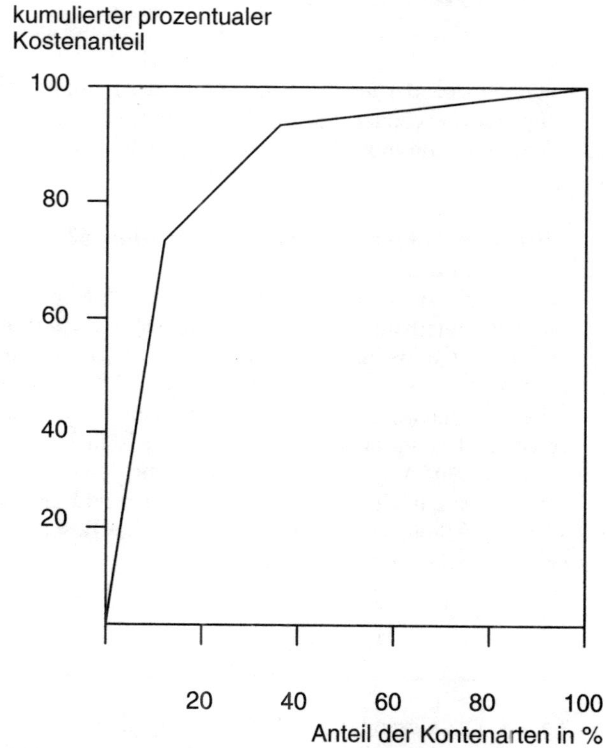

Möchten Sie z.B. ein Kostensenkungsprogramm einleiten, so sollten Sie sich auf die ersten 10 Konten (= 38,46 % der gesamten Konten) mit einem Kostenanteil von 90 % konzentrieren (A- und B-Kostengruppe). Die restlichen 16 Konten belasten das Unternehmen nur mit 10 % der Gesamtkosten, so daß sich in der sogenannten C-Kostengruppe eine ausführliche Analyse nicht lohnen würde. Eine Reduzierung der Versicherungssumme oder der Abschreibungen wäre effizient und fiele stärker ins Gewicht, als wenn Sie die ohnehin bereits niedrigen Portokosten genauer unter die Lupe nehmen.

Das hier vorgestellte Beispiel der ABC-Analyse können Sie nicht nur auf die Kosten Ihres gesamten Unternehmens anwenden, sondern auch auf einzelne Kostenstellen, auf Kostenstellengruppen oder auf Einzel- bzw. Gemeinkosten beziehen. Durch die tabellarische Aufbereitung und anschließende grafische Darstellung erkennen Sie Ihre Schwachpunkte schnell und sicher und können rechtzeitig entsprechende Gegenmaßnahmen ergreifen.

3.3 Hurra, der erste Gewinn

Nachdem Sie sich nun eingehender mit der Unterteilung der Kosten in fixe und variable Anteile beschäftigt haben, können Sie mit Hilfe der zuvor getroffenen Unterteilung sehr schnell und einfach Ihren kritischen Beschäftigungsgrad oder „Break-even-Punkt“ bestimmen.

Kennen Sie den „Break-even-Point“ in Ihrem Unternehmen? Wenn nein, sollten Sie sich das folgende sehr aufmerksam durchlesen.

Der „Break-even-Punkt“ ist die Produktionsmenge, die Sie innerhalb Ihres Abrechnungszeitraums (z.B. innerhalb eines Kalenderjahres) erreichen müssen, damit der von Ihnen erzielte Umsatzerlös Ihre sämtlichen variablen und fixen Kosten deckt.

Wie Sie gesehen haben, setzen sich Ihre Gesamtkosten bei einer bestimmten Produktionsmenge (= Beschäftigung) aus variablen und fixen Kostenbestandteilen zusammen. Bei jeder Beschäftigungsänderung verändern sich auch Ihre Kosten. Über das Ausmaß der Kostenveränderung können Sie aber nur dann genauere Aussagen machen, wenn Sie wissen, wie hoch der Anteil der variablen und der fixen Kosten an den Gesamtkosten ist. Diese Abhängigkeit der Kosten von der Beschäftigung läßt sich in einer *linearen Kostenfunktion* zum Ausdruck bringen:

$$K(x) = K_f + K_v$$

Diese Gleichung besagt: Die Gesamtkosten K in Abhängigkeit von der Produktionsmenge x setzen sich zusammen aus den fixen Kosten K_f und den variablen Kosten K_v. Daraus läßt sich wiederum folgende Gleichung ableiten:

$$K(x) = K_f + k_v \cdot x$$

Bei der zweiten Gleichung ist K_v lediglich ersetzt worden durch das Produkt aus $k_v \cdot x$, denn die variablen Kosten errechnen sich immer aus den variablen Stückkosten k_v multipliziert mit der Produktionsmenge x.

Aus Ihrer Buchführung entnehmen Sie für folgende Kostenarten nachstehende Werte:

Rohstoffaufwendungen	342 000 DM
Hilfsstoffaufwendungen	98 000 DM
Betriebsstoffaufwendungen	15 000 DM
Löhne und Gehälter	400 000 DM
Arbeitgeberanteil Sozialversicherung	80 000 DM
Abschreibungen	200 000 DM
Büromaterial	11 000 DM
Versicherungen	18 000 DM
Steuern	70 000 DM

Aufgrund von Erfahrungswerten und Vergleichen mit dem Vorjahr entscheiden Sie sich bei den Mischkosten für folgende Aufteilung in fixe und variable Kostenbestandteile:

		davon fix	**davon variabel**
Löhne und Gehälter	400 000 DM	45 %	55 %
Arbeitgeberanteil Sozialversicherung	80 000 DM	45 %	55 %
Büromaterial	11 000 DM	20 %	80 %
Steuern	70 000 DM	30 %	70 %

Demzufolge ergibt sich für die exakte Aufteilung in fixe und variable Kosten folgende Tabelle:

	gesamt	**davon fix**	**davon variabel**
Rohstoffaufwendungen	342 000 DM		342 000 DM
Hilfsstoffaufwendungen	98 000 DM		98 000 DM
Betriebsstoffaufwendungen	15 000 DM		15 000 DM
Löhne und Gehälter	400 000 DM	180 000 DM	220 000 DM
Arbeitgeberanteil Sozialversicherung	80 000 DM	36 000 DM	44 000 DM
Abschreibungen	200 000 DM	200 000 DM	
Büromaterial	11 000 DM	2 200 DM	8 800 DM
Versicherungen	18 000 DM	18 000 DM	
Steuern	70 000 DM	21 000 DM	49 000 DM
Summe:	**1 234 000 DM**	**457 200 DM**	**776 800 DM**

In der betrachteten zurückliegenden Abrechnungsperiode haben Sie mit diesen Kosten 194 200 Produkte fertigen können und planen diese Stückzahl auch für die kommende Periode.

Das bedeutet, daß Ihnen variable Stückkosten von 4,00 DM entstanden sind (776 800 DM : 194 200 Stück). Ihre Kostenfunktion lautet demnach:
$K(x) = 457\,200 + 4 \cdot x$

Erläuterung: Als Kosten für die Betriebsbereitschaft fällt unabhängig von der Beschäftigung ein Betrag von insgesamt 457 200 DM an. Für jedes produzierte Stück sind zusätzlich nochmals 4,00 DM aufzuwenden.

Der praktische Nutzen zur Bestimmung dieser Kostengleichung wird Ihnen anhand der nachfolgenden Beispiele verdeutlicht.

Angenommen, Sie beabsichtigen Ihre Produktion von 194 200 Stück auf 250 000 Stück zu erhöhen und möchten gerne wissen, wie hoch Ihre Kosten sein werden. Dazu brauchen Sie nur für das x in Ihrer Kostenfunktion den Wert 250 000 einzusetzen, und schon kennen Sie Ihre genauen Gesamtkosten in Höhe von 1 457 200 DM.
Sie möchten Ihre durchschnittlichen gesamten Stückkosten auf 6,00 DM senken. Wie viele Produkte müßten von Ihnen gefertigt werden, um das von Ihnen angestrebte Ziel zu erreichen? Dazu müssen Sie folgende Gleichung aufstellen:

$$457\,200 + 4 \cdot x = 6 \cdot x \Leftrightarrow 457\,200 = 2 \cdot x \Leftrightarrow x = 228\,600 \text{ Stück}$$

Ihr gefertigtes Produkt läßt sich am Markt für 7,00 DM pro Stück verkaufen. Wieviel Stück müssen Sie mindestens produzieren und verkaufen, damit Sie keinen Verlust erleiden? Die Gleichung hierfür muß lauten:

$$457\,200 + 4 \cdot x = 7 \cdot x \Leftrightarrow 457\,200 = 3 \cdot x \Leftrightarrow x = 152\,400 \text{ Stück}$$

Sie sehen also, mit der Kenntnis der Kostenfunktion in Ihrem Unternehmen läßt sich nicht nur sehr viel genauer und variationsreicher planen, sondern vor allen Dingen auch entscheiden.

Im folgenden soll die Kostenfunktion grafisch dargestellt werden, um Ihnen den Break-even-Point anhand des zuvor genannten Beispiels näher zu erläutern.

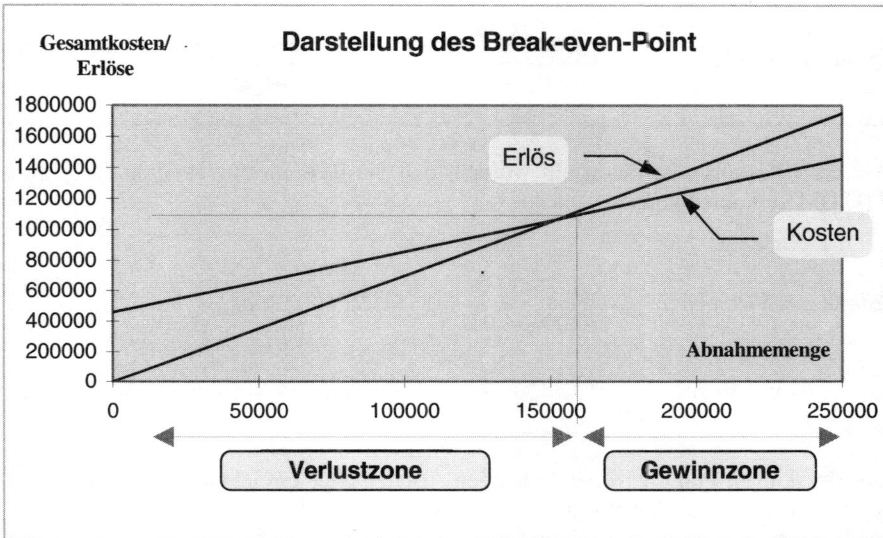

Die **variable Kostenkurve** beginnt in der zeichnerischen Darstellung an der linken Y-Achse nicht im Nullpunkt, sondern an dem Punkt, der die Höhe der fixen Kosten darstellt. Produzieren Sie beispielsweise 50 000 Stück, dann entstehen Ihnen 200 000 DM variable Kosten und zusätzlich 457 200 DM Fixkosten, so daß bei einer Ausbringungsmenge von z.B. 50 000 Stück die Gesamtkostenkurve bei 657 200 DM liegen muß. Für jedes produzierte Stück beträgt der Kostenzuwachs 4,00 DM an variablen Kosten. Die Kostenfunktion verläuft also linear bis zur Kapazitätsgrenze (= 250 000 Stück) mit der Steigung 4.

Die **Umsatzfunktion** verläuft konstant mit einer Steigung von 7 vom Koordinatenursprung bis zur Kapazitätsgrenze. Diese beginnt an der Stelle x = 0 mit E = 0. Jeder verkaufte Artikel bringt Ihnen einen Erlöszuwachs von 7,00 DM (= Steigerung der Erlösfunktion).

Vor dem **Break-even-Point** übersteigen Ihre Kosten die Erlöse, so daß Sie mit Verlust arbeiten (= Verlustzone). Der Verlust beträgt maximal die Höhe der gesamten fixen Kosten in Höhe von 457 200 DM, nämlich dann, wenn Sie kein Stück produzieren und verkaufen. Wie aus der Zeichnung sehr schön zu erkennen ist, sind am Break-even-Point (auch Nutzenschwelle, Gewinnschwelle, Kostenausgleichspunkt genannt) die Gesamtkosten und Gesamterlöse gleich hoch. Wird die Stückzahl über diesen Punkt hinaus gesteigert, erwirtschaften Sie in diesem Beispiel einen Gewinn, der maximal auf 292 800 DM gesteigert werden kann, wenn Sie einen Beschäftigungsgrad von 100 % erreichen (und damit an Ihrer Kapazitätsgrenze arbeiten).

Den Break-even-Point Ihres Unternehmens können Sie mit Hilfe folgender Formel individuell berechnen:

$$\text{Break-even-Point} = \frac{\text{gesamte Fixkosten Ihres Unternehmens}}{(\text{Verkaufspreis pro Stück} - \text{variable Stückkosten})}$$

Bei der Erlöskurve ist unterstellt worden, daß Sie das einzelne Produkt für jeweils 7,00 DM verkaufen können.

$$\text{Break-even-Point} = \frac{457\,200 \text{ DM}}{(7{,}00 - 4{,}00)} = 152\,400 \text{ Stück}$$

$$\text{Break-even-Umsatz} = 152\,400 \cdot 7 = 1\,066\,800 \text{ DM}$$

Der Break-even-Point wird bei derjenigen Absatzmenge erreicht, bei der Umsatzerlöse und Gesamtkosten identisch sind. Erst wenn die Umsatzerlöse größer als die Gesamtkosten sind, liegen Sie in der Gewinnzone. Der Gewinn kann bei linearem Verlauf der Kosten- und Umsatzfunktion bis zur Kapazitätsgrenze auf das Maximum gesteigert werden.

Sie können die Break-even-Analyse nicht nur in Produktionsbetrieben einsetzen, sondern auch im Dienstleistungssektor. Die Frage: „Wieviel zusätzlicher Umsatz muß erwirtschaftet werden, damit sich die Einstellung eines neuen Mitarbeiters lohnt?" beantwortet die Break-even-Analyse ebenso wie die nach der Höhe des zusätzlichen Mindestumsatzes für einen neuen Außendienstmitarbeiter im Einzel- oder Großhandel.

Ausgehend von den obigen Zahlen möchten Sie einen neuen Mitarbeiter einstellen, dem Sie ein Jahresgehalt von 70 000 DM brutto bezahlen.

	gesamt	**davon fix**	**davon variabel**
Rohstoffaufwendungen	342 000 DM		342 000 DM
Hilfsstoffaufwendungen	98 000 DM		98 000 DM
Betriebsstoffaufwendungen	15 000 DM		15 000 DM
Löhne und Gehälter	400 000 DM	180 000 DM	220 000 DM
Arbeitgeberanteil Sozialversicherung	80 000 DM	36 000 DM	44 000 DM
Abschreibungen	200 000 DM	200 000 DM	
Büromaterial	11 000 DM	2 200 DM	8 800 DM
Versicherungen	18 000 DM	18 000 DM	
Steuern	70 000 DM	21 000 DM	49 000 DM
Summe:	**1 234 000 DM**	**457 200 DM**	**776 800 DM**

Sie schätzen, daß Sie von Ihrem Produkt zu einem Stückpreis von 7,00 DM insgesamt 194 200 Stück verkaufen werden. Um wieviel muß der Umsatz nach der Einstellung des neuen Mitarbeiters steigen, um den gleichen Gewinn wie vorher zu erzielen?

Berechnung:

Vor der Neueinstellung beläuft sich der Gewinn auf:
$7 \cdot 194\,200 - (457\,200 + 4 \cdot 194\,200) = 125\,400$ DM
Der Gewinn in Höhe von 125 400 DM muß auch nach der Einstellung des neuen Mitarbeiters erzielt werden.

Mit der Einstellung des neuen Mitarbeiters steigen die fixen Kosten um insgesamt 84 000 DM (70 000 + 20 % Arbeitgeberanteil zur Sozialversicherung) auf 541 200 DM an. Die neue Kostenfunktion lautet demnach:

$7 \cdot x - (541\,200 + 4 \cdot x) = 125\,400 \text{ DM} \Leftrightarrow$
$3 \cdot x = 666\,600 \Leftrightarrow x = 222\,200$ Stück

Der Absatz muß um 28 000 Stück à 7,00 DM oder 14,42 % gesteigert werden, damit nach der Einstellung des Mitarbeiters derselbe Gewinn wie vorher erzielt wird.

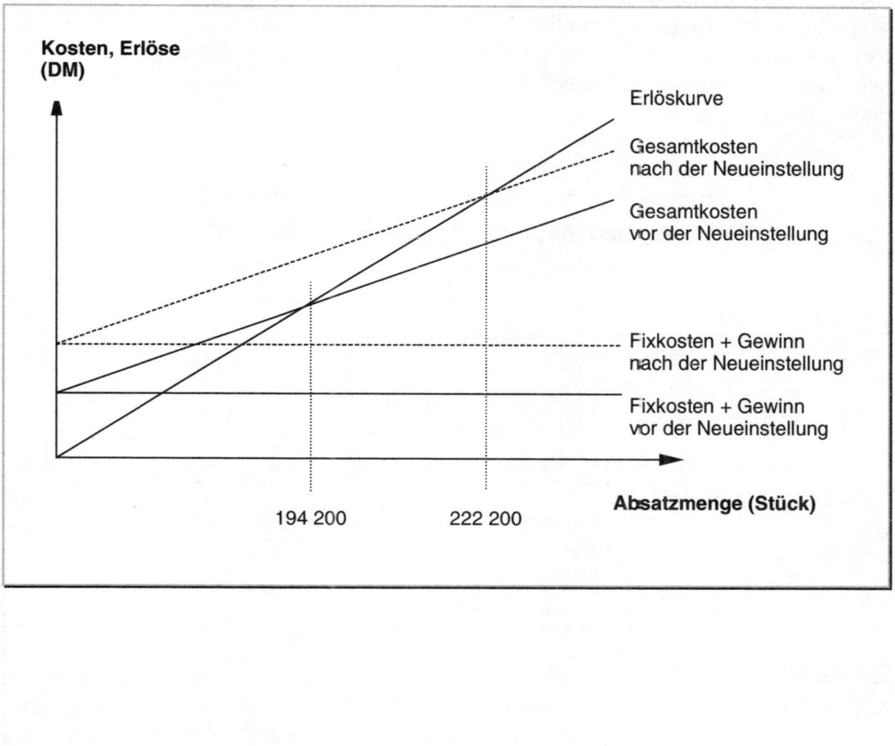

3.4 Ort der Kostenentstehung – die Kostenstelle

Wie Sie aus Ihrer Buchführung bereits wissen, fallen in Ihrem Unternehmen unterschiedliche Kosten für die verschiedenen Zwecke an, z.B. Versicherungsbeiträge, Löhne und Gehälter oder Reparaturmaterial. Sämtliche Kosten lassen sich u.a. in Einzel- und Gemeinkosten unterteilen. Einzelkosten können direkt und unmittelbar einem Erzeugnis oder Produkt zugeordnet werden, z.B. Fertigungsmaterial, Fertigungslöhne und Sondereinzelkosten der Fertigung. Gemeinkosten hingegen fallen für eine Vielzahl von Produkten an, die sich meistens auf mehrere Produkte gleichzeitig und einen längeren Zeitraum beziehen, z.B. Energiekosten, Betriebsstoffe, Abschreibungen. Für Ihre spätere Kalkulation der Verkaufspreise müssen Sie annähernd genau wissen, wieviel ein fertiges Erzeugnis, das Sie Ihrem Kunden anbieten, Sie bereits gekostet hat. Denn nur dann, wenn Sie einen höheren Preis beim Kunden erzielen, als Sie selbst dafür ausgegeben haben, handeln Sie wirtschaftlich und können mit Ihrem Unternehmen auf Dauer überleben. Damit Sie sich einen besseren Überblick über Ihre Kosten verschaffen können, bietet es sich an, die Kosten außerhalb der Buchführung nochmals nach dem Kriterium: „Wo und wofür sind meine Kosten angefallen?“, zu sortieren. Um aber die Frage nach dem Ort der Kostenentstehung richtig beantworten zu können, wird das gesamte Unternehmen zuerst einmal in kleine und überschaubare Einheiten, die sogenannten Kostenstellen, aufgeteilt. Mit Hilfe der Kostenstellen wird versucht, sämtliche nicht unmittelbar einem bestimmten Produkt zurechenbare Gemeinkosten auf das einzelne zu verkaufende Erzeugnis anteilmäßig umzulegen. Daneben kann eine einzelne Kostenstelle auch noch weitere Aufgaben und Funktionen übernehmen (siehe Grafik).

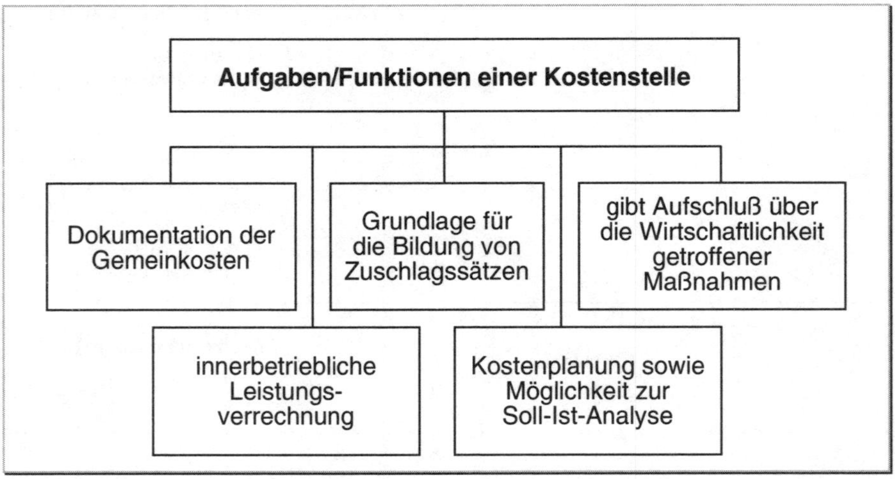

Eine Kostenstelle sollte innerhalb des Unternehmens einen in sich abgegrenzten Bereich darstellen. Dazu bietet es sich an, Ihr gesamtes Unternehmen zunächst in wenige, aber wichtige Kostenbereiche zu unterteilen. Als erste vorläufige Abgrenzung

bietet es sich an, sämtliche Kosten danach zu unterscheiden, ob sie für die Kostenstelle „Material/Einkauf/Vorratslager", „Produktion", „Verwaltung" oder „Vertrieb" anfallen. Relativ einfach lassen sich z.B. die Löhne und Gehälter einschließlich der gesetzlichen oder freiwilligen Sozialkosten einteilen, indem Sie jeden Mitarbeiter mit seinem Lohn oder Gehalt einer dieser vier Kostenstellen zuordnen.
Lagerarbeiter, Einkäufer sowie die Sekretärin für den Einkaufsleiter gehören zur Kostenstelle „Material/Einkauf/Vorratslager", das Meistergehalt sowie die Gehälter für in der Produktion tätige Mitarbeiter zählen zur Kostenstelle „Produktion", Handelsvertreter, Handlungsreisende, Verkäufer sowie Sachbearbeiter in der Verkaufsabteilung werden in der Kostenstelle „Vertrieb" erfaßt. Alles, was Sie nicht auf diese drei Bereiche aufteilen können, gehört in die Kostenstelle „Verwaltung", so z.B. die Gehälter von Chefsekretärin, Direktor, Chef, Personalsachbearbeiter, Buchhalter, aber auch das Gehalt des Pförtners oder die Gehälter der Betriebsratsmitglieder. Es kann durchaus sinnvoll sein, bei Bedarf die vier Kostenstellen noch weiter zu unterteilen, z.B. die Kostenstelle „Vertrieb" in die Unter-Kostenstellen „Vertrieb Süd- und Westdeutschland" sowie „Vertrieb Nord- und Ostdeutschland", um noch genauere Aussagen hinsichtlich der Kostenverursachung und der Wirtschaftlichkeitskontrolle zu erhalten.

Für kleine oder erst kürzlich gegründete Unternehmen werden Sie in der Regel mit wenigen Kostenstellen auskommen. Bilden Sie immer so viele Kostenstellen wie nötig, damit Sie jederzeit den Überblick über Ihren Kostenapparat behalten. Je kleiner das Unternehmen, desto verheerender wirken sich Unwirtschaftlichkeiten und überhöhte Kosten auf den gesamten Unternehmensfortbestand aus.

Da jedes Unternehmen in seiner Struktur unterschiedlich aufgebaut ist, andere Prioritäten setzt und unterschiedliche Ziele verfolgt, kommen für die Kostenstellengliederung mehrere mögliche Kriterien in Frage:

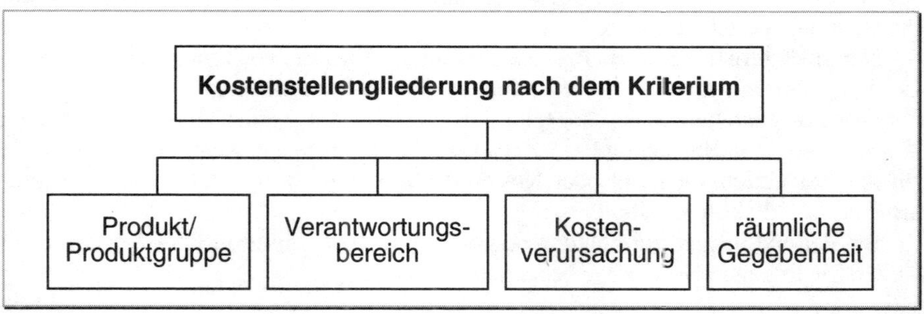

Speziell im Groß- und Einzelhandel ist es sinnvoll, Kostenstellen nach **Produkten** oder **Produktgruppen** einzurichten, weil es dadurch leichter wird, auch damit verwandte Tätigkeiten, wie z.B. benötigter Platzbedarf der Waren oder Warengruppen, für die Umrechnung der Versicherung und Abschreibung auf das Gebäude oder Einstellung von Personal für die Kundenberatung von hochwertigen Gütern, z.B. Elektrogeräten, Pkw, usw. direkt den jeweiligen Produkten zuzuordnen.

Eine andere Möglichkeit bietet die Einteilung nach **Verantwortungsbereichen**. Kostenstellen können somit entsprechend dem betrieblichen Organigramm gebildet werden. Jede Kostenstelle erhält einen Kostenstellenverantwortlichen, der nicht nur in die Kostenplanung einbezogen wird, sondern auch für deren Umsetzung in seinem Bereich Sorge zu tragen hat. Außerdem ist er für die entstandenen Kosten verantwortlich und muß Kostenabweichungen gegenüber seinem Vorgesetzten vertreten und erklären.

Kostenstellen können sich auch an **räumlichen Gegebenheiten** orientieren. Im Handel ist es z.B. üblich, für jeweils eine Filiale eine Kostenstelle einzurichten. Im Fertigungsunternehmen richtet man zweckmäßigerweise z.B. für die Abteilung „Werkstatt" eine separate Kostenstelle ein.

Bei der Einteilung nach der **Kostenverursachung** sollten Sie darauf achten, daß immer die gleichen Bezugsgrößen verwendet werden, wie z.B. Maschinenstunden oder Lohnarbeitsstunden in der Fertigung, gefahrene Kilometer bei Firmenfahrzeugen usw. Die Kostenstellen, die Sie nach der Kostenverursachung bilden, sollten Sie so auswählen, daß jede Kostenstelle eine klare Abgrenzung zu anderen besitzt. Teilen Sie lieber eine Kostenstelle in zwei oder drei kleinere auf, wenn sie sich dadurch besser voneinander abgrenzen lassen.

Bei der Kostenstellenbildung sollten Sie ebenfalls von Beginn an berücksichtigen, daß nicht alle Kostenstellen Leistungen für den Absatzmarkt erbringen werden und können. Denken Sie beispielsweise an eine eigene Reparaturwerkstatt, die innerhalb des Unternehmens eigene Maschinen wartet und repariert. Die Kosten für die Kostenstelle „Reparaturwerkstatt" können nicht sofort auf einzelne Endprodukte umgelegt werden. Dazu ist es notwendig, neben den **Hauptkostenstellen** (Material/Einkauf, Produktion, Verwaltung und Vertrieb in der Fertigungsindustrie oder Filialen, Verkaufsgebiete, Außendienstbezirke im Handel) noch weitere Hilfs- und Nebenkostenstellen einzurichten.

Hilfs- und Nebenkostenstellen erbringen ihre Leistungen nicht für den Absatzmarkt, sondern für andere Kostenstellen im eigenen Unternehmen. Im Ergebnis muß also eine Weiterbelastung der Kosten sämtlicher Hilfs- und Nebenkostenstellen auf die Hauptkostenstellen erfolgen.

Nebenkostenstellen (z.B. Reparaturabteilung, Energieversorgung) erbringen ihre Leistungen für alle anderen Kostenstellen im eigenen Unternehmen.

Hilfskostenstellen stellen dagegen ihre Leistungen nur ganz bestimmten anderen Kostenstellen zur Verfügung, wie z.B. die Produktionsplanung als Hilfskostenstelle für die Produktionsabteilung oder Kosten der Firmenfahrzeuge der Außendienstmitarbeiter als Hilfskostenstelle für den Vertrieb.

Bei der erstmaligen Einrichtung oder späteren Reorganisation Ihrer Kostenstellen sollten Sie folgende Grundsätze beachten:

- Teilen Sie Ihr Unternehmen in klar voneinander abgegrenzte Bereiche auf, damit eine Kostenzuordnung zweifelsfrei und eindeutig vorgenommen werden kann.
- Die Aufteilung sollte sinnvoll und praktikabel sein; Sie sollten nicht zu spitzfindig sein, die Übersichtlichkeit sollte jederzeit gewahrt bleiben.
- Sie sollten für jede Kostenstelle einen Verantwortlichen benennen, der bei der Kostenplanung mit einbezogen wird und für die Einhaltung und Umsetzung der Kostenplanung verantwortlich ist.
- Sie sollten für jede Kostenstelle geeignete Bezugsgrößen für die Kostenverursachung festlegen, um später aussagefähige kostenstellenbezogene Verrechnungssätze bilden zu können.

- Alle gebildeten Kostenstellen sollten Sie in einem Kostenstellenplan zusammenfassen und mit Kostenstellen-Kontonummern versehen, die jedem Mitarbeiter bekanntzugeben sind.

Überlegen Sie sich vorher, wie hoch die für die Erfassung und Verrechnung der Kosten angestrebte Genauigkeit sein muß oder soll und vor allem, wieviel Arbeitszeit Sie für die Erfassung und Verrechnung der Kosten aufwenden können bzw. wollen.

Nachdem Sie in einem ersten Schritt die Kostenstellen gebildet haben, geht es nun an die richtige Erfassung sämtlicher Kosten auf den Kostenstellen. Wichtig ist auch hier die exakte Erfassung und Zuordnung sämtlicher Kosten, denn nur so ist eine aussagekräftige Planung und spätere Abweichungsanalyse möglich.

Wie Sie bereits wissen, lassen sich die Kosten in variable und fixe Kosten einteilen. Die variablen Kosten fallen nur dann an, wenn etwas produziert wird. Wird etwas produziert, ist Ihnen auch bekannt, wo es produziert wird. Über diesen Umweg finden Sie schnell heraus, welcher Kostenstelle Sie die entstandenen variablen Kosten zurechnen müssen. Als einfaches Beispiel seien die Fertigungslöhne zu nennen. Fertigungslöhne fallen in der Produktion an. Sie fallen aber nur dann an, wenn ein Produkt oder Erzeugnis hergestellt wird. Wenn Sie bei der Kostenstellenplanung die zuvor beschriebenen fünf Grundsätze beachtet haben und als Bezugsgröße z.B. die geleisteten Arbeitsstunden gewählt haben, ist es für Sie ein leichtes, für jeden in der Produktion tätigen Arbeiter durch Multiplikation des Stundenlohns mit den tatsächlich gearbeiteten Stunden die entstandenen Kosten (Fertigungslöhne) der entsprechenden Kostenstelle zuzuordnen.

In Ihrer Produktion arbeiten fünf Mitarbeiter: Mayer, Schmitz, Müller, Schulze und Becker. Mayer und Schmitz arbeiten in der Kostenstelle 1 und die drei übrigen in Kostenstelle 2 der Produktion. Die Stundenlöhne und die gearbeiteten Stunden betrugen für den letzten Monat:

	Mayer	**Schmitz**	**Müller**	**Schulze**	**Becker**
Stundenlohn	20,60	18,90	19,75	17,20	20,30
gearbeitete Stunden	180	185	200	170	197
entstandene Kosten	**3 708**	**3 496,50**	**3 950**	**2 924**	**3 999,10**

Der Kostenstelle 1 werden insgesamt 7 204,50 DM an Kosten belastet, der Kostenstelle 2 insgesamt 10 873,10. Bei variablen Kosten können Sie in der Regel die Kosten immer direkt der Kostenstelle zuordnen, in der sie verursacht worden sind. Fallen z.B. aufgrund hoher Auftragseingänge Überstunden an, lassen sich diese ebenfalls betragsmäßig beziffern und entsprechend zuordnen.

TIP!

Fertigungslöhne lassen sich mit Hilfe von Lohnlisten monatlich auf die einzelnen Kostenstellen verteilen; Fertigungsmaterial, das aus dem Warenlager für die Produktion entnommen wird, kann durch sogenannte Materialentnahmescheine, auf der die verbrauchende Kostenstelle notiert wird, sicher und problemlos zugerechnet werden.

Neben den variablen Kosten gibt es noch die fixen Kosten. Fixe Kosten zeichnen sich dadurch aus, daß sie auch dann anfallen, wenn die Produktion ruht. Sie bleiben in der Regel für ein ganzes Jahr konstant, z.B. Abschreibungen auf das Gebäude und die Betriebs- und Geschäftsausstattung, Versicherungsprämien, Zahlungen für geleaste PKWs, Gehälter usw.

Gehälter können relativ problemlos über die in den einzelnen Kostenstellen arbeitenden Mitarbeiter umgelegt werden. Abschreibungen und Zinsen können entsprechend der Inanspruchnahme den einzelnen Kostenstellen belastet werden. Leasingfahrzeuge werden nach der tatsächlichen Inanspruchnahme abgerechnet, Versicherungsprämien lassen sich über einen Umlageschlüssel abrechnen.

BEISPIEL

Neben den oben erwähnten fünf Produktionsarbeitern haben Sie noch einen Meister beschäftigt, der beide Produktionskostenstellen je zur Hälfte überwacht. Sein monatliches Gehalt beträgt 5 600 DM. Weiterhin haben Sie für die Kostenstelle 1 eine Maschine angeschafft, die jährliche kalkulatorische Abschreibungen und kalkulatorische Zinsen von 30 000 DM verursacht. Die Gebäudeversicherung (jährlich zu zahlende Prämie von 15 000 DM) und -abschreibung (20 000 DM pro Jahr) wird über den Umlageschlüssel „qm" auf die Kostenstellen 1 und 2 verteilt. Die Gesamtquadratmeterzahl Ihres Unternehmens beträgt 200, wovon auf Kostenstelle 1 35 qm und auf Kostenstelle 2 insgesamt 40 qm entfallen. Eine entsprechende Kostenstellenverrechnung für einen Monat könnte dann folgendermaßen aussehen:

	Umlage-schlüssel	**insgesamt**	**davon Kostenstelle 1**	**davon Kostenstelle 2**
Meistergehalt	je zur Hälfte	5 600	2 800,00	2 800,00
Kapitaldienst für Maschine	je Monat	2 500	2 500,00	--
Gebäudevers.	qm	1 250	218,75	250,00
Gebäude-abschreibung	qm	1 667	291,73	333,40
Summe			**5 810,48**	**3 383,40**

Erläuterungen: Der Kapitaldienst (= kalkulatorische Abschreibung und kalkulatorische Zinsen) für die Maschine für Kostenstelle 1 stellt einen Jahreswert dar und muß zuerst auf einen Monat umgerechnet werden (30 000/12 = 2 500). Das gleiche gilt für die Gebäudeversicherung und die Gebäudeabschreibung.

Zusammenfassung

- In der Regel sollten Sie Ihr Unternehmen in mindestens vier verschiedene Kostenbereiche einteilen (Material-, Fertigungs-, Verwaltungs- und Vertriebsbereich).
- Wahlweise kann jeder Kostenbereich nochmals in verschiedene Abteilungen unterteilt werden, z.B.:
  - Material ➔ Materialeinkauf, -lagerung, -verwaltung
  - Fertigung ➔ Vorfertigung, Fertigung, Endkontrolle, Konstruktionsabteilung, Arbeitsvorbereitung
  - Verwaltung ➔ Unternehmensleitung, Buchhaltung, Personalbüro
  - Vertrieb ➔ Werbung, Marketing, PR-Abteilung, Verkauf, Versandabteilung
- Die Kostenbereiche sollten sinnvollerweise nach Verantwortungsbereichen entsprechend einem Organigramm unterteilt werden, um zukünftig eine bessere Kontrolle der Wirtschaftlichkeit zu ermöglichen.
- Bei genauester Aufschlüsselung der Kosten kann sogar ein einzelner Arbeits- oder Maschinenplatz als Kostenbereich eingerichtet werden.

TIP!

Bei der **Festlegung** der Kostenbereiche sollten Sie **so genau wie möglich** und **so tief wie nötig** unterteilen. Denn jeder zusätzliche Kostenbereich schlüsselt Ihre Kosten noch genauer auf, ist aber auf der anderen Seite mit zusätzlichem Dokumentations- und Abstimmungsbedarf verbunden.

3.5 Die Schaltzentrale einer jeden Kostenrechnung – der BAB

Der Betriebsabrechnungsbogen – kurz BAB – ist das zentrale Schlüsselelement einer jeden Kostenrechnung. Hier werden die aus der Finanzbuchhaltung aufgezeichneten Daten und Zahlen für kostenrechnerische Zwecke aufbereitet. Ausgangspunkt der folgenden Ausführungen ist die Überlegung, welche Kosten Einzel- und welche Gemeinkosten darstellen.

Die einzelnen Kostenarten ergeben sich bereits aus der vom Gesetzgeber vorgeschriebenen Finanzbuchführung. In der Kostenrechnung geht es in erster Linie darum, Einzel- und Gemeinkosten sowie variable und fixe Kosten möglichst genau zu differenzieren sowie produkt- oder auftragsbezogen zu bestimmen. Um Ihnen das „Fachchinesisch“ etwas verständlicher zu machen, folgendes Beispiel:

BEISPIEL

Sie haben für eine jährliche Miete von 1 200 DM eine Garage angemietet, in der Sie neben dem Auto auch noch den Rasenmäher, Werkzeug, Gartenstühle und -tisch sowie den Grill untergebracht haben. Für Ihren privaten Pkw bezahlen Sie einmal im Jahr 300 DM Kfz-Steuer. Sie fahren mit Ihrem Auto durchschnittlich 30 000 km pro Jahr. Ihr Wagen verbraucht 5 l pro 100 km zu einem durchschnittlichen Preis von 1,55 DM pro Liter Benzin.

Die 300 DM Kfz-Steuer fallen jährlich immer an, selbst dann, wenn Sie keinen einzigen Kilometer mit Ihrem Auto zurücklegen. Die 300 DM sind demnach **fix**, d.h. feststehend und unabhängig von der tatsächlichen Nutzung. **Variable** Kosten entstehen dagegen immer erst dann, wenn etwas be- oder genutzt wird. Lassen Sie Ihren Pkw das ganze Jahr über in der Garage stehen, fallen außer den 300 DM Kfz-Steuer keine weiteren Kosten für Sie an. Fahren Sie aber auch nur einen Kilometer, müssen Sie zusätzlich noch einen Geldbetrag für Benzin aufbringen. In unserem Beispielfall benötigen Sie für eine durchschnittliche Fahrleistung von 30 000 km pro Jahr insgesamt noch 2 325 DM an Spritgeld.

Einzelkosten sind einem Produkt oder Gegenstand direkt und unmittelbar zurechenbar. Die jährlich zu zahlende Steuer läßt sich direkt dem Pkw zuordnen, denn wenn Sie Ihren Pkw verkaufen oder abmelden, entfällt diese. Die Spritkosten sind ebenfalls Einzelkosten, weil sie ebenfalls mit dem Pkw in direktem Zusammenhang stehen.

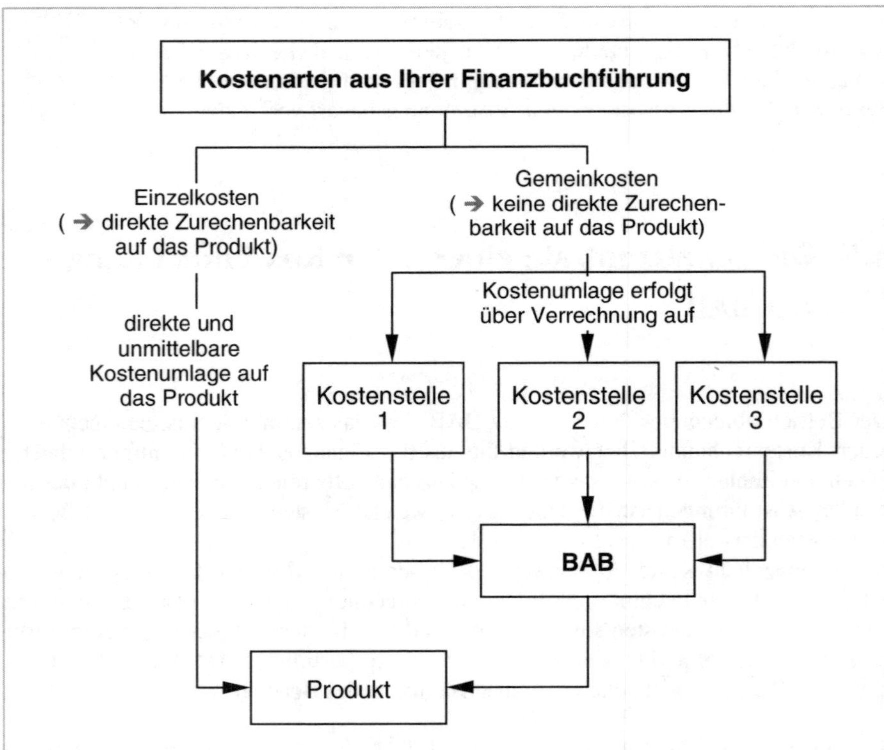

Gemeinkosten sind Kosten, die sich nicht direkt einem Produkt oder einem Gegenstand zuordnen lassen. Gemeinkosten fallen in der Regel für mehrere Gegenstände gleichzeitig an. Sie lassen sich nur mittels eines Verteilungsschlüssels über sogenannte Kostenstellen umrechnen. So entfällt der Betrag für die Garagenmiete sowohl auf den Pkw als auch auf den Rasenmäher, das Werkzeug, den Grill und die Gartenstühle inkl. Tisch. Man kann nicht ohne weiteres sagen, welcher Betrag von den 1 200 DM exakt vom Pkw oder vom Rasenmäher in Anspruch genommen wird. So könnte beispielsweise als Verteilungsschlüssel der benötigte Platzbedarf an qm herangezogen werden, die Verteilung könnte genausogut durch Schätzung vorgenommen werden.

Wenn sämtliche in Ihrem Unternehmen anfallenden **Kosten** unmittelbar einem einzigen Produkt zuzuordnen wären, könnten Sie sich nicht nur glücklich schätzen, sondern auch ganz auf Kostenstellen und deren Kostenverrechnung verzichten. In den meisten Fällen ist dies aber nur bei den Einzelkosten der Fall. Einzelkosten stellen in der Regel nur Kosten für das Material und für die Arbeitsstunden (=Löhne), in Ausnahmefällen auch Sondereinzelkosten (z.B. Werkzeugkosten für ein spezielles Produkt, Modellkosten, Versuchskosten, Ausgangsfrachten oder Vertreterprovisionen) dar und können dem zu verkaufenden Produkt unmittelbar zugerechnet werden.

Wie sieht es aber mit den anderen Kosten (z.B. Hilfslöhne, Gehälter, soziale Abgaben, Steuern, Gebühren, Miete, Versicherungen, Büromaterial, usw.) aus, die sich nicht unmittelbar einem Produkt zuordnen lassen, sondern für eine Vielzahl von Produkten anfallen?

Sämtliche Kosten, die sich nicht unmittelbar, direkt und eindeutig einem Auftrag oder Produkt zuordnen lassen, werden mit Hilfe von Kostenstellen soweit wie möglich verursachungsgerecht umgelegt, was Sie ja bereits im letzten Kapitel erfahren haben.

Der Betriebsabrechnungsbogen setzt eine Aufteilung aller Kosten in Einzel- und Gemeinkosten voraus und hat die Aufgabe der:

- verursachungsgerechten Verteilung der Gemeinkosten auf die Kostenstellen,
- Ermittlung eines Zuschlagsprozentsatzes für jeden Kostenstellenbereich durch Gegenüberstellung der Gemein- und Einzelkosten im BAB,
- Überwachung des Kostenverbrauchs in den einzelnen Kostenstellen.

In seiner einfachsten Form ist der Betriebsabrechnungsbogen genau wie eine Tabelle aufgebaut, in der Zeilen und Spalten fest vorgegeben sind. In der ersten Spalte werden die (Gemein)-Kostenarten in aufsteigender Reihenfolge der Kontennummern aus Ihrer Finanzbuchführung untereinander aufgeführt, die Spalten werden von links nach rechts mit den von Ihnen ausgewählten Kostenstellen belegt. Im mittleren Bereich des Betriebsabrechnungsbogens werden anschließend die (Gesamt-)Zahlen der Buchführung spaltenweise auf die einzelnen Kostenstellen verteilt. Sie können sich das so vorstellen, daß Sie eine getrennte Buchführung für jede Kostenstelle einrichten, die in der Gesamtsumme wieder die Zahl aus Ihrer Finanzbuchführung ergeben muß. Der Betriebsabrechnungsbogen ist ein flexibel zu handhabendes Instrument, das sich an nahezu jedes Erfordernis in Ihrem Betrieb individuell anpassen läßt.

Gemeinkosten	Zahlen der Buchhaltung	Grundlage der Verteilung	Kostenstellen			
			Material	Fertigung	Verwaltung	Vertrieb
Summe:						

Entsprechend Ihren persönlichen Erfordernissen können Sie Berechnungen, Auswertungen und Analysen im BAB beliebig oft ausführen, allerdings bietet es sich aus Zeitgründen an, sich vorerst auf monatliche oder quartalsweise Auswertungen und Analysen zu beschränken. Als erstes Beispiel soll hier ein BAB in seiner einfachsten Ausprägung mit nur vier Hauptkostenstellen vorgestellt werden.

In der ersten Spalte tragen Sie einfach die entsprechenden Zahlen aus Ihrer Finanzbuchführung ein. Um einen allgemeinen Überblick zu erhalten, reicht das in aller Regel aus. Später können Sie den BAB immer weiter verfeinern, indem Sie z.B. kalkulatorische Kosten mit in Ihre Berechnungen einbeziehen, mit Hilfskostenstellen oder allgemeinen Kostenstellen arbeiten oder innerhalb des BABs sämtliche Kosten nochmals in fixe und variable Kostenbestandteile zerlegen.

Arbeiten Sie mit dem BAB, ist die Vorgehensweise immer die gleiche:

- Aufteilung der Zahlen aus Ihrer Finanzbuchhaltung in Einzel- und Gemeinkosten,
- Übernahme der **Gemeinkosten** in den BAB,
- Gemeinkosten, die sich direkt einer bestimmten Kostenstelle zuordnen lassen (sog. Kostenstellen-Einzelkosten), werden in die Spalte der entsprechenden Kostenstelle eingetragen,
- Verteilung der restlichen Gemeinkosten mittels Schlüsselung oder Schätzung.

Die für Sie schwierigste Aufgabe besteht eigentlich darin, die richtige Schlüsselung für die Verteilung der Gemeinkosten auf die verschiedenen Kostenstellen zu finden. Als Verteilungsschlüssel können verschiedene Möglichkeiten in Betracht gezogen werden, so z.B. Quadratmeter, Anlagewert, Rauminhalt, verbrauchte Kilowattstunden, Anzahl der Steckdosen, Aufzeichnungen durch Materialentnahmescheine usw.

Ihr (theoretisches) Ziel sollte sein, die Schlüsselung so vorzunehmen, daß sie möglichst zu 100 % mit der tatsächlichen Inanspruchnahme der Kosten übereinstimmt. Dieses Ziel werden Sie aber in der Regel nicht exakt erreichen; deshalb gilt es, möglichst nahe an die „Optimal"-Verteilung heranzukommen. Zugegeben, das macht am Anfang einige Arbeit und erfordert eine Menge Überlegung, aber diese Arbeit lohnt sich und zahlt sich später doppelt und dreifach für Sie aus. Steht nämlich einmal die Verteilungsgrundlage fest, brauchen Sie in der Folgezeit nur die Änderungen zu berücksichtigen, was wesentlich weniger Zeit in Anspruch nimmt.

BEISPIEL

Ihrer Buchführung entnehmen Sie für den Monat Mai folgendes Zahlenmaterial:

Fertigungsmaterial	450 000
Fertigungslöhne	430 000
Hilfsstoffaufwendungen	42 500
Betriebsstoffaufwendungen	3 200
Gehälter	80 000
Arbeitgeberanteil zur Sozialversicherung	102 000
Abschreibungen	180 000
Bürokosten, Miete	32 700
Kosten für Werbung, Marketing	68 000
Steuern	55 000
Versicherungen	10 950

Die Verteilung der Zahlen aus unserem Beispielfall entnehmen Sie bitte der Tabelle auf der folgenden Seite.

Bei der Verteilung der Gemeinkosten sollten Sie noch unterscheiden zwischen:

1. Gemeinkosten, die zugleich Kostenstellen-Einzelkosten darstellen, und
2. Gemeinkosten, die auch bezogen auf die Kostenstelle Gemeinkosten bleiben.

Unter Punkt (1) fallen die Gemeinkosten, die Sie aufgrund genauer Aufzeichnungen exakt einer Kostenstelle zuordnen können. Hiervon betroffen sind z.B. Gehälter, Sozialversicherung, Hilfs- und Betriebsstoffe, Fremdreparaturen, aber auch die kalkulatorische Abschreibung. Sie wissen genau, welche Mitarbeiter welchen Kostenstellen zugeordnet sind. Damit können Sie auch das entsprechende Gehalt eines jeden Mitarbeiters einschl. des Sozialversicherungsanteils jeder Kostenstelle einzeln zuordnen. Hilfs- und Betriebsstoffe können aufgrund vollständig ausgefüllter Materialentnahmescheine mit Angabe der Kostenstelle entsprechend zugeordnet werden. Bei Fremdreparaturen kann bereits bei Auftragsvergabe die Zugehörigkeit zu einer Kostenstelle hergestellt werden.

Gemeinkosten	Zahlen der Buchhaltung	Grundlage der Verteilung	Kostenstellen			
			Material	Fertigung	Verwaltung	Vertrieb
Hilfsstoffaufwand	42 500	Entnahme-scheine	2 500	40 000	---	---
Betriebsstoff-aufwand	3 200	Entnahme-scheine	400	2 800	---	---
Gehälter	80 000	Gehaltsliste	15 000	20 000	35 000	10 000
AG-Anteil SV	102 000	Lohn-/Ge-haltsliste	3 000	90 000	7 000	2 000
Abschreibungen	180 000	Anlagekartei	7 100	145 000	15 200	12 700
Bürokosten, Miete	32 700	Schätzung	2 700	7 800	20 000	2 200
Werbung, Marketing	68 000	Schätzung	---	---	25 000	43 000
Steuern	55 000	Anlagewerte	5 000	15 000	28 000	7 000
Versicherungen	10 950	Anlagewerte	2 280	3 350	2 850	2 470
Summe:	**574 350**	**aufgeteilt auf:**	**37 980**	**323 950**	**133 050**	**79 370**

Die aufgrund gesetzlicher Vorschriften zu führende Anlagenbuchhaltung können Sie sich auch für kostenrechnerische Zwecke nutzbar machen, indem Sie jeder aufgeführten Anlagevermögens-Position eine Kostenstelle zuordnen und „belasten" diese dann mit den hochgerechneten kalkulatorischen Abschreibungen.

So sind als Verteilungsgrundlage auch in unserem Beispiel für die Hilfs- und Betriebsstoffaufwendungen Materialentnahmescheine herangezogen worden, da sich anhand dieser Aufzeichnungen am besten feststellen läßt, welches Material für welche Kostenstelle verbraucht worden ist. Die Gehälter einschließlich des Sozialversicherungsanteils wurden anhand der Lohn- und Gehaltslisten entsprechend zugeordnet, die Abschreibung für die einzelne Kostenstelle ergibt sich aus der gesetzlich vorgeschriebenen Anlagenbuchhaltung mit den für kostenrechnerische Zwecke hochgerechneten kalkulatorischen Abschreibungswerten.

Bei den übrigen Kosten (Bürokosten, Miete, Werbung, Marketing) ist die Zuordnung auf die Kostenstellen etwas problematischer. Hier müssen für die Umlage geeignete Verteilungsschlüssel gefunden werden, weil entweder eine direkte Kostenzuordnung nicht möglich ist (z.B. Werbungskosten) oder eine individuelle Erfassung nur mit hohem Arbeits- und Abstimmungsaufwand zu bewältigen und damit unwirtschaftlich wäre. So können Sie sich sicherlich vorstellen, daß der Aufwand für eine genaue Erfassung der verbrauchten Energie anhand der Rippenanzahl bei den einzelnen Heizkörpern oder anhand der verwendeten Glühbirnen mit unterschiedlichen Wattzahlen in den verschiedenen Lampen in keinem vernünftigen Verhältnis zu dem steht, was mit den Ergebnissen bezweckt wird. Bei den Steuern und Versicherungen könnten die Anlagewerte als Verteilungsgrundlage herangezogen werden. Alle anderen Kosten sind durch Schätzungen aufgeteilt worden, die auf Erfahrungen und Stichproben der Vergangenheit beruhen.

Sie haben nun die Gemeinkosten Ihres Betriebes auf die vier Kostenstellenbereiche aufgeteilt und jeweils eine Gesamtsumme gebildet. Die Summe für den Materialbereich bezeichnet man auch als Materialgemeinkosten (MGK), die der Fertigung Fertigungsgemeinkosten (FGK), die der Verwaltung Verwaltungsgemeinkosten (VwGK) und die Gemeinkostensumme des Bereichs Vertrieb entsprechend Vertriebsgemeinkosten (VtGK).

Im zweiten Schritt werden sog. Zuschlagssätze für jeden Kostenbereich ermittelt: Sowohl in der Kostenstelle Material als auch in der Kostenstelle Fertigung liegen genaue Aufzeichnungen darüber vor, welche Summe in jeder Kostenstelle jeweils an Einzelkosten angefallen ist. Für den Materialbereich mußten an Einzelkosten (= Fertigungsmaterial) insgesamt 450 000 DM aufgewendet werden. Dazu kommen nochmals insgesamt 37 980 DM an Gemeinkosten, die sich aus der Umlage aus dem BAB ergeben. Sie können jetzt auch sagen, daß auf 1 DM Fertigungsmaterial genau 8,44 Pfennig (= 37 980/450 000) Gemeinkosten für den Materialbereich entfallen. In Prozenten ausgedrückt hieße das: Auf jede Mark Einzelkosten (= Fertigungsmaterial) entfallen nochmals 8,44 % an Gemeinkosten. Der Materialgemeinkostenzuschlagssatz beträgt demnach 8,44 %.

So können Sie grundsätzlich auch für den Fertigungsbereich die Gemeinkosten in Höhe von insgesamt 323 950 DM den Einzelkosten in diesem Bereich, nämlich den Fertigungslöhnen, in Höhe von 430 000 DM gegenüberstellen und daraus einen Prozentsatz ermitteln, der in unserem Beispiel 75,34 % beträgt.

Gemeinkosten	Zahlen der Buchhaltung	Grundlage der Verteilung	Kostenstellen			
			Material	Fertigung	Verwaltung	Vertrieb
Summe:	574 350	aufgeteilt auf:	37 980	323 950	133 050	79 370
Zuschlags-grundlage:						
Fertigungsmaterial			450 000			
Fertigungslöhne				430 000		
Herstellkosten der Fertigung					1 241 930	

Der Verwaltungs- bzw. Vertriebsgemeinkostenzuschlagssatz wird jeweils ermittelt, indem die Gemeinkosten des Verwaltungs- bzw. Vertriebsbereichs zu den Herstellungskosten der Fertigung ins Verhältnis gesetzt werden. Mit den Herstellkosten der Fertigung sind die gesamten bisher angefallenen Kosten (Materialgemeinkosten, Fertigungsmaterial, Fertigungsgemeinkosten, Fertigungslöhne) gemeint.

Zuschlagsgrundlage für die Verwaltungsgemeinkosten ist die Gesamtsumme aller Kosten für Material und Fertigung von insgesamt 1 241 930 DM (450 000 + 37 980 + 430 000 + 323 950). Der Verwaltungsgemeinkostenzuschlagssatz beträgt demnach:

133 050 / 1 241 930 · 100 = 10,71 %

Der entsprechende für den Vertriebsbereich beträgt

79 370 / 1 241 930 · 100 = 6,39 %.

Mit der Bestimmung der verschiedenen Zuschlagssätze haben Sie ein einfaches und schnelles Instrumentarium vor allem für die Preiskalkulation Ihrer Produkte in der Hand, das Ihr Kostengefüge etwas anders als in der Buchführung abbildet.

So haben Sie eine einfache und praktische Möglichkeit, die Gemeinkosten den einzelnen Produkten anteilig über prozentuale Zuschlagssätze zuzuschlagen und die Selbstkosten hinreichend genau zu berechnen.

Benötigen Sie für einen bestimmten Auftrag Fertigungsmaterial in Höhe von 100,00 DM und fallen zur weiteren Bearbeitung zusätzlich Fertigungslöhne von 160,00 DM an, so können Sie den Auftrag unter Einbezug der oben errechneten Gemeinkosten-Zuschlagssätze folgendermaßen kalkulieren:

Fertigungsmaterial	100,00	
+ MGK 8,44 %	8,44	
= Materialkosten		108,44
Fertigungslöhne	160,00	
+ FGK 75,34 %	120,54	
= Fertigungskosten		280,54
= Herstellkosten der Fertigung		388,98
+ VwGK 10,71 %		41,66
+ VtGK 6,39 %		24,86
= Selbstkosten		**455,50**

Neben der Ermittlung der Gemeinkostenzuschlagssätze für die Angebotskalkulation können Sie die Kostenstellenrechnung auch noch sehr wirksam zur Überwachung der Wirtschaftlichkeit einsetzen. Neben der Verfolgung der Kostenentwicklung direkt am Ort der Entstehung können Sie innerbetriebliche Zeitvergleiche und Soll-Ist-Vergleiche durchführen. Bei Soll-Ist-Vergleichen stellen Sie den tatsächen Ist-Kosten die geplanten Kosten gegenüber.

Haben Sie für den zuvor genannten Auftrag vor Auftragserteilung ein Angebot abgegeben und dabei mit MGK von 8,5 %, FGK von 76 %, VwGK von 10,5 % und VtGK von 6,3 % bei einem geplanten Verbrauch von Fertigungsmaterial von 110 DM gerechnet, wobei Sie an Fertigungslöhnen insgesamt 170 DM veranschlagt haben, so ergibt sich nach Fertigstellung des Auftrages folgende (Nach)kalkulation:

	Entsprechend dem abgegebenen Angebot wurde „vorkalkuliert“		Auftrag wurde tatsächlich abgerechnet zu	Abweichung
Fertigungsmaterial	110,00		100,00	
+ MGK 8,50 %	9,35	(8,44 %)	8,44	
= Materialkosten	119,35		108,44	+ 10,91
Fertigungslöhne	170,00		160,00	
+ FGK 76,00 %	129,20	(75,34 %)	120,54	
= Fertigungskosten	299,20		280,54	+ 18,66
= Herstellkosten der Fertigung	418,55		388,98	
+ VwGK 10,50 %	43,95	(10,71 %)	41,66	+ 2,29
+ VtGK 6,30 %	26,37	(6,39 %)	24,86	+ 1,51
= Selbstkosten	**488,87**		**455,50**	

Ein Abweichungs*plus* signalisiert, daß Sie mehr geplant als tatsächlich verbraucht haben. Wenn Sie für diesen Auftrag 488,87 DM erzielen konnten, haben Sie gegenüber Ihrer ursprünglichen Kalkulation einen zusätzlichen Gewinn von insgesamt 33,37 DM erzielt.

Sie werden sich jetzt sicher fragen, wie es zu dieser Abweichung kommen konnte. Dafür ist es sinnvoll, sich die Vor- und Nachkalkulationszeitpunkte an der nachfolgenden Zeitachse zu verdeutlichen:

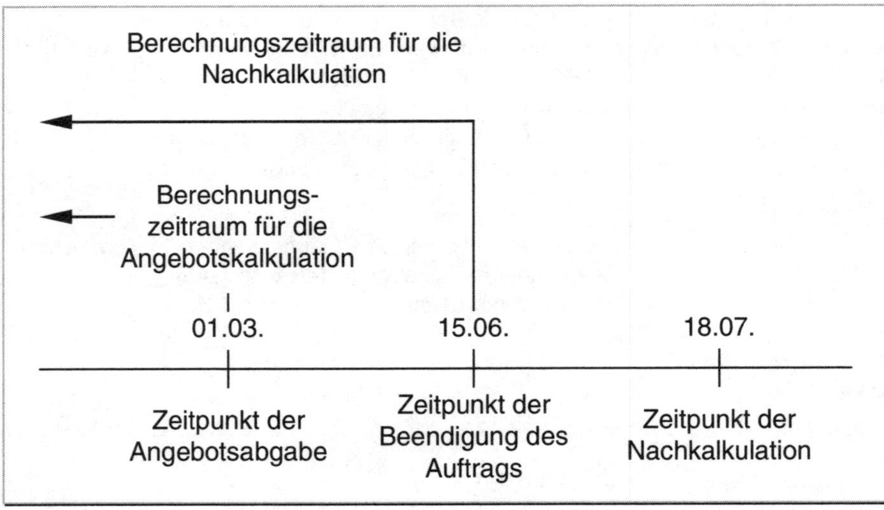

Für die Angebotsabgabe lagen Ihnen Werte zugrunde, die sich auf die Zeit vor dem 01.03. bezogen. Beispielsweise haben Sie die prozentualen Zuschlagssätze auf der Grundlage der durchschnittlichen Istwerte der vorangegangenen zwei Monate Januar und Februar im BAB ermittelt. Nachdem Sie den Zuschlag für den Auftrag bekommen und diesen fertiggestellt haben, in unserem Beispiel zum Zeitpunkt 15.6., liegen Ihnen bereits Istzahlen von 5,5 Monaten vor. Sie können sich sicherlich vorstellen, daß die Beschäftigungslage nicht jeden Monat konstant ist, daß Sie in dem einen Monat mehr Fertigungsmaterial benötigen als in einem anderen Monat usw. Aufgrund des nachträglich festgestellten tatsächlichen Verbrauchs ergeben sich in der Regel andere prozentuale Zuschlagssätze als in der Vorkalkulation. Warum? Dies soll anhand eines Beispiels verdeutlicht werden:

Aufgrund der im Laufe des Jahres mit mehreren Lieferanten ausgehandelten Vertragskonditionen erhalten Sie das Fertigungsmaterial zukünftig durchschnittlich 3,5 % billiger als noch ein Jahr zuvor. Sie haben durch Wirtschaftlichkeitsanalysen festgestellt, daß Ihr Ausschuß durch unsachgemäße Behandlung der verwendeten Materialien und durch den Einsatz veralteter Maschinen in der Produktion bei knapp 5 % liegt. Deshalb planen Sie, Ihren Maschinenpark so schnell wie möglich zu modernisieren, was wiederum höhere zu berücksichtigende Abschreibungen für die Zukunft nach sich ziehen wird. Außerdem sind Sie in Ihren Planungen Anfang des Jahres davon ausgegangen, daß in diesem Jahr eine durchschnittliche Lohn- und Gehaltserhöhung von 2,7 % stattfindet. Tatsächlich sind die Löhne und Gehälter aber um durchschnittlich 3,0 % gestiegen.

Gliederungskriterium	unterteilt nach	Erläuterung
Kostenart	Materialkosten Personalkosten Abschreibungen Prämien und Beiträge Steuern und Abgaben	Roh-, Hilfs- und Betriebsstoffe Lohn, Gehälter, Sozialversicherung Abschreibungen auf Anlagen, Gebäude, Forderungen für Versicherungen, Mitgliedsbeiträge für IHK und Handwerkskammer Steuern, Zölle .....
mögliche Zurechenbarkeit zu einzelnen Aufträgen, Produkten usw. (nennt man in der Fachsprache „Kostenträger“)	Einzelkosten Gemeinkosten Sondereinzelkosten	z.B. Materialkosten und Löhne z.B. Abschreibungen, Steuern z.B. Lizenzen, Modellkosten
Kostenverhalten bei Änderung der Beschäftigung	variable Kosten fixe Kosten	abhängig von der Beschäftigung unabhängig von der Beschäftigung

Alle diese beispielhaft angeführten Punkte fließen über den BAB in die Kalkulation ein. Entweder wirken sie sich direkt auf die Einzelkosten (z.B. verbilligter Materialeinkauf) oder auf die Gemeinkosten (z.B. Gehaltssteigerungen, höhere Abschreibungsbeträge) aus. Die Abweichungen in der Nachkalkulation gegenüber dem ursprünglich abgegebenen Angebot resultieren aus solchen Preis- und Mengenveränderungen im Zeitablauf.

Um sich einen umfassenden Überblick über Ihre Kosten zu verschaffen, ist es am besten, wenn Sie diese nach den Gesichtspunkten der obigen Tabelle gliedern.

Im folgenden wird das Beispiel nochmals in Form eines Betriebsabrechnungsbogens (BAB) dargestellt:

Verteilungsgrundlage für den Betriebsabrechnungsbogen (BAB):

Gemeinkosten	Zahlen aus der Buchhaltung:	Verteilungsschlüssel:	Kostenstellen Material	Fertigung	Verwaltung	Vertrieb
Hilfsstoffaufwendungen	42.500,00 DM	Entnahmescheine	5,88%	94,12%	0,00%	0,00%
Betriebsstoffaufwendungen	3.200,00 DM	Entnahmescheine	12,50%	87,50%	0,00%	0,00%
Gehälter	80.000,00 DM	Gehaltsliste	18,75%	25,00%	43,75%	12,50%
AG-Anteil zur Sozialvers.	102.000,00 DM	Lohn-/Gehaltsliste	2,94%	88,24%	6,86%	1,96%
Abschreibungen	180.000,00 DM	Anlagekartei	3,94%	80,55%	8,45%	7,06%
Bürokosten, Miete	32.700,00 DM	Quadratmeter	5,28%	23,85%	61,16%	6,73%
Werbung, Marketing	68.000,00 DM	Schätzung	0,00%	0,00%	36,76%	63,24%
Steuern	55.000,00 DM	Anlagewerte	9,09%	27,27%	50,91%	12,73%
Versicherungen	10.950,00 DM	Anlagewerte	20,82%	30,59%	26,03%	22,56%
Summe	574.350,00 DM					

Mit Gemeinkosten ausgefüllter Betriebsabrechnungsbogen (BAB):

Gemeinkosten	Zahlen aus der Buchhaltung:	Verteilungsschlüssel:	Kostenstellen			
			Material	Fertigung	Verwaltung	Vertrieb
Hilfsstoffaufwendungen	42.500,00 DM	Entnahmescheine	2.500,00 DM	40.000,00 DM	- DM	- DM
Betriebsstoffaufwendungen	3.200,00 DM	Entnahmescheine	400,00 DM	2.800,00 DM	- DM	- DM
Gehälter	80.000,00 DM	Gehaltsliste	15.000,00 DM	20.000,00 DM	35.000,00 DM	10.000,00 DM
AG-Anteil zur Sozialvers.	102.000,00 DM	Lohn-/Gehaltsliste	3.000,00 DM	90.000,00 DM	7.000,00 DM	2.000,00 DM
Abschreibungen	180.000,00 DM	Anlagekartei	7.100,00 DM	145.000,00 DM	15.200,00 DM	12.700,00 DM
Bürokosten, Miete	32.700,00 DM	Quadratmeter	2.700,00 DM	7.800,00 DM	20.000,00 DM	2.200,00 DM
Werbung, Marketing	68.000,00 DM	Schätzung	- DM	- DM	25.000,00 DM	43.000,00 DM
Steuern	55.000,00 DM	Anlagewerte	5.000,00 DM	15.000,00 DM	28.000,00 DM	7.000,00 DM
Versicherungen	10.950,00 DM	Anlagewerte	2.280,00 DM	3.350,00 DM	2.850,00 DM	2.470,00 DM
Summe	574.350,00 DM		37.980,00 DM	323.950,00 DM	133.050,00 DM	79.370,00 DM

Erweiterter Betriebsabrechnungsbogen (BAB):

Gemeinkosten	Zahlen aus der Buchhaltung:	Verteilungsschlüssel:	Kostenstellen Material	Fertigung	Verwaltung	Vertrieb
Hilfsstoffaufwendungen	42.500,00 DM	Entnahmescheine	2.500,00 DM	40.000,00 DM	- DM	- DM
Betriebsstoffaufwendungen	3.200,00 DM	Entnahmescheine	400,00 DM	2.800,00 DM	- DM	- DM
Gehälter	80.000,00 DM	Gehaltsliste	15.000,00 DM	20.000,00 DM	35.000,00 DM	10.000,00 DM
AG-Anteil zur Sozialvers.	102.000,00 DM	Lohn-/Gehaltsliste	3.000,00 DM	90.000,00 DM	7.000,00 DM	2.000,00 DM
Abschreibungen	180.000,00 DM	Anlagekartei	7.100,00 DM	145.000,00 DM	15.200,00 DM	12.700,00 DM
Bürokosten, Miete	32.700,00 DM	Quadratmeter	2.700,00 DM	7.800,00 DM	20.000,00 DM	2.200,00 DM
Werbung, Marketing	68.000,00 DM	Schätzung	- DM	- DM	25.000,00 DM	43.000,00 DM
Steuern	55.000,00 DM	Anlagewerte	5.000,00 DM	15.000,00 DM	28.000,00 DM	7.000,00 DM
Versicherungen	10.950,00 DM	Anlagewerte	2.280,00 DM	3.350,00 DM	2.850,00 DM	2.470,00 DM
Summe	574.350,00 DM		37.980,00 DM	323.950,00 DM	133.050,00 DM	79.370,00 DM
Zuschlagsgrundlage						
Fertigungsmaterial	450.000,00 DM		450.000,00 DM			
Fertigungslöhne	430.000,00 DM			430.000,00 DM		
Herstellkosten der Fertigung	1.241.930,00 DM				1.241.930,00 DM	1.241.930,00 DM
Ermittlung der Zuschlagssätze:						
Materialgemeinkostensatz			=37980/450000·100 8,44%			
Fertigungsgemeinkostensatz				=323950/430000·100 75,34%		
Verwaltungsgemeinkostensatz					=133050/1241930·100 10,71%	
Vertriebsgemeinkostensatz						=79370/1241930·100 6,39%

Erweiterter Betriebsabrechnungsbogen (BAB):

Gemeinkosten	Zahlen aus der Buchhaltung:	Verteilungsschlüssel:	Kostenstellen Material	Fertigung	Verwaltung	Vertrieb
Hilfsstoffaufwendungen	42.500,00 DM	Entnahmescheine	2.500,00 DM	40.000,00 DM	- DM	- DM
Betriebsstoffaufwendungen	3.200,00 DM	Entnahmescheine	400,00 DM	2.800,00 DM	- DM	- DM
Gehälter	80.000,00 DM	Gehaltsliste	15.000,00 DM	20.000,00 DM	35.000,00 DM	10.000,00 DM
AG-Anteil zur Sozialvers.	102.000,00 DM	Lohn-/Gehaltsliste	3.000,00 DM	90.000,00 DM	7.000,00 DM	2.000,00 DM
Abschreibungen	180.000,00 DM	Anlagekartei	7.100,00 DM	145.000,00 DM	15.200,00 DM	12.700,00 DM
Bürokosten, Miete	32.700,00 DM	Quadratmeter	2.700,00 DM	7.800,00 DM	20.000,00 DM	2.200,00 DM
Werbung, Marketing	68.000,00 DM	Schätzung	- DM	- DM	25.000,00 DM	43.000,00 DM
Steuern	55.000,00 DM	Anlagewerte	5.000,00 DM	15.000,00 DM	28.000,00 DM	7.000,00 DM
Versicherungen	10.950,00 DM	Anlagewerte	2.280,00 DM	3.350,00 DM	2.850,00 DM	2.470,00 DM
Summe	574.350,00 DM		37.980,00 DM	323.950,00 DM	133.050,00 DM	79.370,00 DM
Zuschlagsgrundlage						
Fertigungsmaterial	450.000,00 DM		450.000,00 DM			
Fertigungslöhne	430.000,00 DM			430.000,00 DM		
Herstellkosten der Fertigung	1.241.930,00 DM				1.241.930,00 DM	1.241.930,00 DM
Ermittlung der tatsächlichen Zuschlagssätze:						
Materialgemeinkostensatz			=37980/450000·100 8,44%			
Fertigungsgemeinkostensatz				=323950/430000·100 75,34%		
Verwaltungsgemeinkostensatz					=133050/1241930·100 10,71%	
Vertriebsgemeinkostensatz						=79370/1241930·100 6,39%
kalkulierte Zuschlagssätze:						
Materialgemeinkostensatz	9,35%		=450000·9,35/100 42.075,00 DM			
Fertigungsgemeinkostensatz	76,00%			=430000·76/100 326.800,00 DM		
Verwaltungsgemeinkostensatz	10,50%				=1248875·10,5/100 131.131,88 DM	
Vertriebsgemeinkostensatz	6,30%					=1248875·6,3/100 78.679,13 DM
Abweichungen:			=42075-37980 4.095,00 DM	=326800-323950 2.850,00 DM	=131131,88-133050 - 1.918,12 DM	=78679,13-79370 - 690,87 DM

Besonderheit: Die innerbetriebliche Leistungsverrechnung

Sie können sich sicherlich vorstellen, daß sich in einem Unternehmen nicht alle Kosten den oben vorgestellten vier Hauptkostenstellenbereichen zuordnen lassen. Zu denken ist beispielsweise an intern durchgeführte Reparaturen an eigenen Maschinen, Kosten für den innerbetrieblichen Materialtransport von einer Produktionsstätte zur anderen usw. Um diese Kosten ebenfalls in einem BAB erfassen zu können, besteht die Möglichkeit, sogenannte Hilfskostenstellen einzurichten, deren Gesamtkosten innerhalb der Verrechnung im BAB wiederum auf die vier Hauptkostenstellen umgelegt werden. Für die Umlage dieser Kosten stehen in der Praxis mehrere Verfahren zur Auswahl. Eines dieser zahlreichen Verfahren ist das sogenannte „Stufenleiterverfahren", das anhand eines Beispiels vorgestellt werden soll.

BEISPIEL

In Anlehnung an unser obiges Beispiel fallen noch zusätzliche Energiekosten in Höhe von 20 000 DM an, die von allen vier Hauptkostenstellen in unterschiedlichem Ausmaß in Anspruch genommen werden. Der gesamte Energieverbrauch betrug in der untersuchten Periode 50 000 kWh. Für die vorzunehmende Verrechnung wird der BAB einfach um eine weitere Kostenstelle mit dem Namen „Energieversorgung" erweitert. In der Kostenstelle „Energieversorgung" werden genau wie bei allen anderen Kostenstellen auch sämtliche Gemeinkosten gesammelt und zum Schluß zu einer Summe addiert. In unserem Beispiel sind für den Verbrauch von 50 000 kWh insgesamt 20 000 DM an Kosten entstanden. Aufgrund von geeigneten Meßgeräten, z.B. Stromzählern oder anderen Meßeinrichtungen kann der Verbrauchsanteil einer jeden Hauptkostenstelle ermittelt werden, der auf diese entfällt. In unserem Beispiel sei angenommen, daß folgende Veteilung maßgebend ist:

Material	11 000 kWh	Verbrauch
Fertigung	35 000 kWh	Verbrauch
Verwaltung	2 600 kWh	Verbrauch
Vertrieb	1 400 kWh	Verbrauch

Eine interne Leistungsverrechnung müssen Sie sich folgendermaßen vorstellen: Das „Unternehmen - Energieversorgung" „liefert" seine Leistung (hier Energie) an die vier Hauptkostenstellen, die wiederum unterschiedlich viel abnehmen. Die Menge an kWh muß aber auch bewertet und in DM ausgedrückt werden. Dazu ist es notwenig, auszurechnen, wieviel eine kWh kostet: 20 000 DM / 50 000 kWh = 0,40 DM je kWh. Eine kWh, die das „Unternehmen – Energieversorgung" an seine „Kunden" abgibt, hat somit einen Wert von 0,40 DM. Aufgrund der Abnahmemengen für jeden Abnehmer (= Hauptkostenstellen) kann demzufolge auch der in DM ausgedrückte Wert berechnet werden.

Material	11 000 kWh	Verbrauch =	4 400 DM	(11 000 · 0,40)
Fertigung	35 000 kWh	Verbrauch =	14 000 DM	(35 000 · 0,40)
Verwaltung	2 600 kWh	Verbrauch =	1 040 DM	(2 600 · 0,40)
Vertrieb	1 400 kWh	Verbrauch =	560 DM	(1 400 · 0,40)
Summe	50 000 kWh	Verbrauch =	20 000 DM	

Sind Hilfskostenstellen eingerichtet worden, müssen diese zuerst auf die abnehmenden Hauptkostenstellen verteilt werden, bevor der jeweilige Verrechnungssatz (ausgedrückt in %) gebildet wird.

Der zuvor vorgestellte BAB hat unter Berücksichtigung einer zusätzlich eingerichteten Hilfskostenstelle nunmehr folgendes Aussehen:

mit Gemeinkosten ausgefüllter Betriebsabrechnungsbogen (BAB) mit einer Hilfskostenstelle:

Gemeinkosten	Zahlen aus der Buchhaltung:	Verteilungsschlüssel:	Hilfskostenstelle Energieversorgung	Haupt-Kostenstellen Material	Fertigung	Verwaltung	Vertrieb
Hilfsstoffaufwendungen	42.500,00 DM	Entnahmescheine	1.000,00 DM	2.201,50 DM	39.298,50 DM	- DM	- DM
Betriebsstoffaufwendungen	3.200,00 DM	Entnahmescheine	99,84 DM	400,00 DM	2.700,16 DM	- DM	- DM
Gehälter	80.000,00 DM	Gehaltsliste	4.480,00 DM	13.400,00 DM	17.120,00 DM	35.000,00 DM	10.000,00 DM
AG-Anteil zur Sozialvers.	102.000,00 DM	Lohn-/Gehaltsliste	896,00 DM	3.000,00 DM	90.000,00 DM	6.104,00 DM	2.000,00 DM
Abschreibungen	180.000,00 DM	Anlagekartei	7.981,00 DM	7.406,50 DM	136.530,00 DM	15.194,00 DM	12.888,50 DM
Bürokosten, Miete	32.700,00 DM	Quadratmeter	543,16 DM	2.500,00 DM	7.500,00 DM	19.956,84 DM	2.200,00 DM
Werbung, Marketing	68.000,00 DM	Schätzung	- DM	- DM	- DM	25.000,00 DM	43.000,00 DM
Steuern	55.000,00 DM	Anlagewerte	3.800,00 DM	5.000,00 DM	13.800,00 DM	25.400,00 DM	7.000,00 DM
Versicherungen	10.950,00 DM	Anlagewerte	1.200,00 DM	1.680,00 DM	2.750,00 DM	2.850,00 DM	2.470,00 DM
Summe	574.350,00 DM		20.000,00 DM	35.588,00 DM	309.698,66 DM	129.504,84 DM	79.558,50 DM

erweiterter Betriebsabrechnungsbogen (BAB) mit einer Hilfskostenstelle:

Gemeinkosten	Zahlen aus der Buchhaltung:	Verteilungsschlüssel:		Haupt-Kostenstellen Material	Fertigung	Verwaltung	Vertrieb
Hilfsstoffaufwendungen	42.500,00 DM	Entnahmescheine	1.000,00 DM	2.201,50 DM	39.298,50 DM	- DM	- DM
Betriebsstoffaufwendungen	3.200,00 DM	Entnahmescheine	99,84 DM	400,00 DM	2.700,16 DM	- DM	- DM
Gehälter	80.000,00 DM	Gehaltsliste	4.480,00 DM	13.400,00 DM	17.120,00 DM	35.000,00 DM	10.000,00 DM
AG-Anteil zur Sozialvers.	102.000,00 DM	Lohn-/Gehaltsliste	896,00 DM	3.000,00 DM	90.000,00 DM	6.104,00 DM	2.000,00 DM
Abschreibungen	180.000,00 DM	Anlagekartei	7.981,00 DM	7.406,50 DM	136.530,00 DM	15.194,00 DM	12.888,50 DM
Bürokosten, Miete	32.700,00 DM	Quadratmeter	543,16 DM	2.500,00 DM	7.500,00 DM	19.956,84 DM	2.200,00 DM
Werbung, Marketing	68.000,00 DM	Schätzung	- DM	- DM	- DM	25.000,00 DM	43.000,00 DM
Steuern	55.000,00 DM	Anlagewerte	3.800,00 DM	5.000,00 DM	13.800,00 DM	25.400,00 DM	7.000,00 DM
Versicherungen	10.950,00 DM	Anlagewerte	1.200,00 DM	1.680,00 DM	2.750,00 DM	2.850,00 DM	2.470,00 DM
Summe vor der Umlage	574.350,00 DM		20.000,00 DM	35.588,00 DM	309.698,66 DM	129.504,84 DM	79.558,50 DM
Umlage der Energiekosten:		bewerteter Verzehr der Inanspruchnahme	→	4.400,00 DM	14.000,00 DM	1.040,00 DM	560,00 DM
Summe nach der Umlage	574.350,00 DM		- DM	39.988,00 DM	323.698,66 DM	130.544,84 DM	80.118,50 DM
Zuschlagsgrundlage							
Fertigungsmaterial	450.000,00 DM			450.000,00 DM			
Fertigungslöhne	430.000,00 DM				430.000,00 DM		
Herstellkosten der Fertigung	1.243.686,66 DM					1.243.686,66 DM	1.243.686,66 DM
Ermittlung der Zuschlagssätze:							
Materialgemeinkostensatz				=39988/450000*100 8,89%			
Fertigungsgemeinkostensatz					=323698,66/430000*100 75,28%		
Verwaltungsgemeinkostensatz						=133544,84/1243686,66*100 10,50%	
Vertriebsgemeinkostensatz							=80118,50/1243686,66*100 6,44%

Probleme können sich immer dann ergeben, wenn Sie mehrere Hilfskostenstellen eingerichtet haben, diese aber nicht nur Leistungen ausschließlich an die Hauptkostenstellen abgeben, sondern sich auch untereinander bedienen.

Sie haben neben der Kostenstelle „Energieversorgung“ auch noch die Hilfskostenstellen „Instandhaltung/Reparatur“ und „Fuhrpark“ eingerichtet. Unter anderem wird die Kostenstelle „Fuhrpark“ mit sämtlichen Kfz-Kosten belastet. Eine Verrechnung innerhalb der Hilfskostenstellen liegt z.B. dann vor, wenn ein Handwerker aus der Kostenstelle „Instandhaltung/Reparatur“ den firmeneigenen Pkw repariert. Die Abteilung „Fuhrpark“ holt mit ihrem Lkw für die Abteilung „Energieversorgung“ das für die Produktion benötigte Öl.

Haben Sie mehrere Hilfskostenstellen, die auf die Hauptkostenstellen umzulegen sind, müssen Sie sich vor der Umlage im BAB genau überlegen, welche Hilfskostenstelle an welche was abgibt. In unserem Beispiel erhält die Hilfskostenstelle „Energieversorgung“ Leistungen von der Hilfskostenstelle „Fuhrpark“ und diese wiederum Leistungen von der Hilfskostenstelle „Instandhaltung/Reparatur“. In diesem Fall müssen Sie mit der Kostenumlage bei der Hilfskostenstelle beginnen, die von keiner anderen Kostenstelle Leistungen erhält, hier also mit der Kostenstelle „Instandhaltung/Reparatur“.

Die Kostenumlage erfolgt also im sogenannten Stufenleiterverfahren, siehe Tabelle auf der nächsten Seite.

Das Stufenleiterverfahren stellt eine einigermaßen genaue Verteilung der Kosten von den Hilfskosten- zu den Hauptkostenstellen dar. Darüber hinaus ist das Verfahren sehr übersichtlich und einfach anzuwenden und deshalb für denjenigen, der sich zum ersten Mal mit der Kostenrechnung und dem BAB auseinandersetzt, das ideale Kostenumlageverfahren.

Hilfskostenstellen			Hauptkostenstellen			
Instandhaltung/ Reparatur	Fuhrpark	Energie- versorgung	Material	Fertigung	Verwal- tung	Vertrieb
....	....	....	....	....	....	....
....	....	....	....	....	....	....
....	....	....	....	....	....	....
....	....	....	....	....	....	....
....	....	....	....	....	....	....
....	....	....	....	....	....	....
Summe	....	....	....	....	....	....
→	+........	+........	+........	+........	+........	+........
	Summe					
		+........	+........	+........	+........	+........
	→	+........	+........	+........	+........	+........
		Summe				
		→	+........	+........	+........	+........
Kosten der Hauptkostenstellen			Σ	Σ	Σ	Σ

Ein weiteres Beispiel zur innerbetrieblichen Leistungsverrechnung wird im Kapitel 5.1 behandelt.

3.6 Notwendigkeit einer genauen Umsatzerfassung

Stellen Sie sich folgenden Fall vor: Mit einem Gesamtumsatz von 500 000 DM erwirtschaften Sie nach Abzug der Kosten 70 000 DM Gewinn. Das sieht auf den ersten Blick sehr gut aus, denn Sie erwirtschaften eine Umsatzrendite von 14 %. Diese vordergründig gut erscheinende Nachricht kann aber sehr schnell verblassen, wenn Sie den Gesamtumsatz in einzelne Umsatz- oder Produktbereiche aufteilen und dabei feststellen, daß der Umsatz beim Produkt A mit 250 000 DM und einem Gewinn von 80 000 DM außerordentlich hoch ist, bei Produkt B mit einem Umsatz von 50 000 DM ein Gewinn von 3 000 DM erwirtschaftet wird und bei Produkt C der Umsatz zwar bei 200 000 liegt, aber nach Abzug der Kosten ein Verlust von 13 000 DM verbleibt. Sie sehen bereits an diesem kleinen Einführungsbeispiel, wie wichtig es ist, nicht nur den Gesamtumsatz zu kennen, sondern darüber hinaus auch dessen Zusammensetzung.

Als strategisch denkender Unternehmer muß Ihre Devise „Gewinnerhöhung und Gewinnmaximierung" heißen.

Der folgende Abschnitt wird Ihnen Möglichkeiten aufzeigen, den Umsatz bereits bei der Rechnungsstellung und späteren Verbuchung so zu erfassen, daß Sie mit relativ wenig Aufwand einen sehr genauen Überblick über Ihre einzelnen Umsatz- und Tätigkeitsfelder haben.

Sie sollten sich immer vor Augen führen, daß nur die Erwirtschaftung eines Gewinns Sie auf lange Zeit „über Wasser halten“ wird. Ein Gewinn stellt sich aber immer nur dann ein, wenn Ihre Kosten unter den erzielten Verkaufspreisen liegen. Durch eine exakte Aufteilung Ihres Umsatzes in seine einzelnen Teilbereiche können Sie sehr schnell erkennen, wo Sie Geld verdienen und Ihre Aktivitäten verstärken sollten und welche Umsatzbereiche ein Defizit erwirtschaften, von denen Sie lieber die Finger lassen sollten.

Die differenzierte Umsatzerfassung soll anhand des folgenden Beispiels erläutert werden:

BEISPIEL

Sie fertigen drei Artikel A, B und C, die Sie bundesweit verkaufen. In diesem Fall bietet es sich an, bereits bei der Verbuchung in Ihrer Buchführung für jeden Artikel ein eigenes Erlöskonto einzurichten.

Konto 8410	„Erlöse Artikel A mit 16 % Umsatzsteuer“
Konto 8411	„Erlöse Artikel B mit 16 % Umsatzsteuer“
Konto 8412	„Erlöse Artikel C mit 16 % Umsatzsteuer“

TIP!

Die Einrichtung einer eigenen Kontonummer für jeden Artikel bietet sich immer dann an, wenn Ihre Produktpalette relativ übersichtlich ist. Sie können Ihre Erlöskonten nicht nur nach Artikeln, sondern ebenso nach Verkaufsbezirken, Absatzgebieten, Filialen oder Produktgruppen gliedern, je nachdem, welche Auswertungen und Informationen Ihnen wichtig erscheinen.

Führen Sie z.B. mehr als 10 verschiedene Artikel im Programm, empfiehlt sich für die Kontierung der Erlöse eine Zusammenfassung zu einzelnen Artikelgruppen, wobei einem Konto dann durchaus mehrere Artikel zugeordnet sein können.

Diese differenzierte Umsatzaufteilung auf verschiedene Konten hat einen entscheidenden Vorteil: Sie schauen sich von Zeit zu Zeit die verschiedenen Umsatzerlöskonten in Ihrer Buchführung an und können sofort erkennen, wieviel Umsatz Sie mit einem bestimmten Artikel in einem bestimmten Verkaufsgebiet oder einer Filiale getätigt haben, und können die Entwicklung während des Jahres leicht, schnell und sehr genau verfolgen.

Durch Übertragung der Umsatzzahlen (auch Jahresverkehrszahlen genannt) eines jeden Erlöskontos aus Ihrer Buchführung in ein geeignetes Tabellenkalkulationsprogramm (z.B. Excel) können Sie sich schnell und einfach die entsprechenden Erlöskonten prozentual zum Gesamtumsatz anzeigen lassen und einen Überblick über die Gewichtung der einzelnen Konten verschaffen.

Für unser oben genanntes Beispiel könnte das dann beispielsweise folgendes Aussehen haben:

Konten-bezeichnung	Konto-Nr.:	SOLL	HABEN	Saldo
Erlöse Artikel A	8410	12 175,68	262 175,68	250 000,00
Erlöse Artikel B	8411	8 612,50	58 612,50	50 000,00
Erlöse Artikel C	8412	11 234,00	211 234,00	200 000,00
Gesamt		**32 022,18**	**532 022,18**	**500 000,00**

Obwohl in der Regel in der laufenden Buchführung auf den Erlöskonten nur im Haben gebucht wird, gibt es doch einige Fälle, in denen auch im Soll eine Kontierung vorgenommen wird, so z.B. bei Rücksendungen von Kunden oder nachträglich eingeräumten Preisnachlässen. Wenn die Zahl im Soll auf dem Erlöskonto zu hoch wird, deutet das darauf hin, daß die Qualität Ihrer Produkte zu wünschen übrig läßt oder Sie zu hohe nachträgliche Preisnachlässe einräumen. Diesem Umstand sollten Sie auf jeden Fall nachgehen.

Aus der obigen Zusammenstellung wird deutlich, daß der Artikel A 50 % des Gesamtumsatzes ausmacht, der Artikel B aber nur 10 % zum Gesamtumsatz beisteuert. Durch Gegenüberstellung von Erlösen und Kosten je Artikelgruppe ist in einem zweiten Schritt zu überlegen, welcher Artikel durch entsprechende Absatzförderungsmaßnahmen noch mehr unterstützt werden sollte oder welcher Artikel z.B. aufgrund seiner defizitären Entwicklung aus der Produktpalette herausgenommen werden sollte. In unserem Beispiel sollte durch entsprechende Marketingmaßnahmen der Absatz von Artikel A noch weiter verstärkt werden, beim Artikel B sollte durch gezielte Werbemaßnahmen der Umsatz gesteigert werden, und bei Artikel C wäre zu überlegen, ob durch entsprechende Kostensenkungsprogramme (z.B. durch kostengünstigeren Bezug der benötigten Materialien) die Gewinnschwelle in absehbarer Zeit erreicht werden kann.

Weiterhin kann durch Beibehaltung derselben Kontonummern in der Buchführung ein Mehr-Jahres-Vergleich oder ein Plan-Ist-Vergleich angestellt werden. So läßt sich durch die oben aufgeführte Überführung des Zahlenwerks in ein Tabellenkalkulationsprogramm ein Mehr-Jahres-Vergleich sehr schnell und einfach durchführen. Dabei werden die einzelnen Konten mit ihren Werten über mehrere Jahre miteinander verglichen mit dem Ziel, die Umsatzentwicklung in den letzten Jahren zu verfolgen. Aus dieser Gegenüberstellung lassen sich ebenfalls wichtige Erkenntnisse für die Zukunft ableiten. So lassen Umsatzanstiege z.B. darauf schließen, daß die Akzeptanz für das Produkt bei der Kundschaft vorhanden ist. Rückläufige Umsätze sind meistens ein Zeichen dafür, daß neuere Produkte (von der Konkurrenz) auf dem Markt sind oder der Preis des eigenen Produkts zu hoch ist.

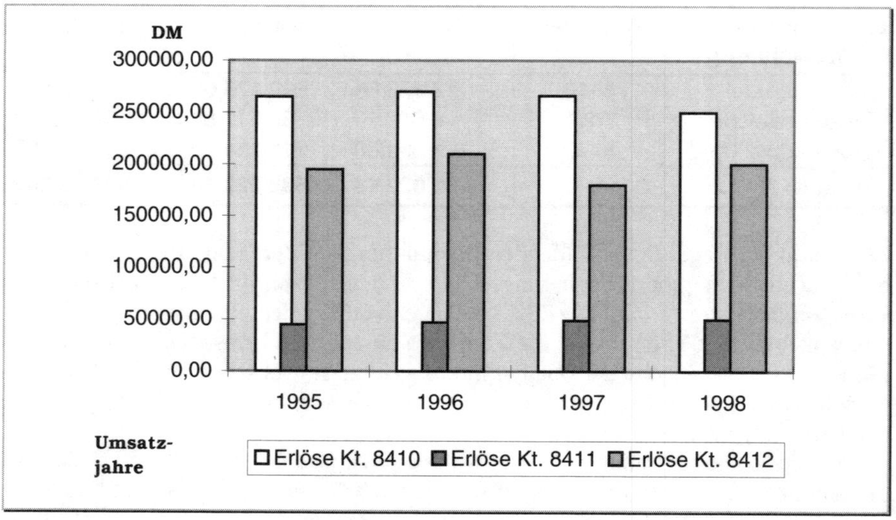

Aus kostenrechnerischer Sicht hat auch der Plan-Ist-Vergleich einen großen Aussagewert. Haben Sie z.B. im Rahmen der Jahresplanung für das kommende Geschäftsjahr für jeden Artikel ein Umsatzsoll festgelegt, können Sie monatliche, quartalsweise oder halbjährliche Soll-Ist-Vergleiche anstellen, wenn Sie zuvor die Jahresplanzahl auf die verschiedenen Monate verteilt haben.

Ende des vergangenen Jahres haben Sie festgelegt, daß der Artikel A in diesem Jahr einen Mindestumsatz von 500 000 DM bringen soll. Bei der Verteilung auf die einzelnen Umsatzmonate haben Sie z.B. branchenübliche Absatzschwankungen, das alljährliche „Sommerloch" im Juli und August sowie das umsatzstärkste Geschäft vor Weihnachten berücksichtigt und dabei folgende Plan-Einteilung für die einzelnen Monate vorgenommen:

Umsatzplan	pro Monat	pro Quartal	kumulierte Quartale
Januar	35 000 DM		
Februar	37 500 DM		
März	60 000 DM	132 500 DM	132 500 DM
April	84 000 DM		
Mai	28 500 DM		
Juni	55 000 DM	167 500 DM	300 000 DM
Juli	6 500 DM		
August	8 000 DM		
September	35 000 DM	49 500 DM	349 500 DM
Oktober	37 500 DM		
November	50 000 DM		
Dezember	63 000 DM	150 500 DM	500 000 DM
Jahresplanzahl:	**500 000 DM**		

Ist der tatsächliche Umsatz von Artikel A z.B. in den ersten neun Monaten des Planungszeitraums erwirtschaftet worden, sieht das zuerst hochgelobte gute Ergebnis mit 250 000 DM jetzt eher schlecht aus, weil der Umsatz hinter dem eigentlichen Plan zurückgeblieben ist und es im vierten Quartal trotz des bevorstehenden Weihnachtsgeschäfts schwerfallen wird, die Planungslücke von 99 500 DM (Plan bis Ende September 349 500 DM abzüglich tatsächlichem Umsatz in diesem Zeitraum von „nur“ 250 000 DM) noch bis zum Jahresende auszugleichen.

Die meisten Buchhaltungsprogramme lassen neben der Angabe einer Kontonummer auch noch die Eingabe einer oder mehrerer Kostenstellen zu. Mit Kostenstellen sind hier allerdings nicht die Stellen der Kostenverursachung im Unternehmen gemeint. Vielmehr kann man die Kostenstellen auch noch dafür „mißbrauchen“, daß man jedem Kunden, einzelnen Verkaufsregionen oder Filialen eine eigene „Kostenstellen-Nummer“ zuordnet. Damit erreicht man im Ergebnis eine Umsatzaufteilung nach den Konten in der Buchführung und eine nach den individuellen Gegebenheiten.

Der Umsatz von Artikel A setzt sich wie folgt zusammen:

Konto 8410 „Erlöse Artikel A“:

Fakturierungsdatum	Rechnungsbetrag	Kostenstelle
15.01.	25 678,00	100
17.02.	27 841,00	101
25.02.	18 123,10	102
07.04.	68 327,68	101
09.05.	40 510,41	102
15.05.	26 007,00	100
17.06.	13 512,81	100
29.09.	30 000,00	101
Gesamt	**250 000,00**	

Die Kostenstellen 100, 101 und 102 könnten z.B. stellvertretend für verschiedene Absatzgebiete stehen. Im Absatzgebiet 100 (Nordrhein-Westfalen) ist mit dem Artikel A ein Umsatz von 65 197,81 DM erzielt worden, im Absatzgebiet 101 (Bayern) einer von 126 168,68 DM und im Absatzgebeit 102 (Thüringen) einer von 58 633,51 DM.

Sie sehen also, daß Sie in der Buchführung durch eine zusätzliche Nutzung von Kostenstellennummern zusätzliche Wege beschreiten können, Ihren Gesamtumsatz nach verschiedenen Kriterien weiter aufzuschlüsseln und damit wesentlich transparenter zu gestalten, um wichtige Erkenntnisse für unternehmerische Entscheidungen herauszufiltern.

Kapitel

4 Steuerung und Verbesserung des gesamten Betriebserfolgs

Wie Sie gesehen haben, sollte die Aufteilung Ihres Gesamtkostengefüges in die verschiedensten Kostenklassifizierungen einen hohen Stellenwert einnehmen, sie kommt letztendlich auch der täglichen Verkaufstätigkeit zugute. Dies gilt um so mehr in Zeiten rückläufiger Beschäftigung, in denen mit allen Mitteln um jeden Auftrag gekämpft werden muß, um überhaupt am Markt bestehen zu können. Wenn Sie in einer solchen konjunkturellen Phase mit hohen Fixkosten zu kämpfen haben, werden Ihre Stückkosten zwangsläufig eine steigende Tendenz aufweisen. Um aber langfristig am Markt präsent zu bleiben, müssen Sie die Preise anheben, um wenigstens keinen Verlust zu erwirtschaften, was sich in konjunkturell angespannten Zeiten allerdings nur äußerst schwer realisieren läßt, da infolge des immer härter werdenden Konkurrenzkampfes die Angebotspreise auf dem Absatzmarkt eher stagnieren oder sogar leicht fallende Tendenzen aufweisen werden.

Ihre gegenwärtige Situation ist zum einen durch steigende Stückkosten und zum anderen durch fallende Angebotspreise bedingt und durch wachsenden Konkurrenzdruck gekennzeichnet. Gerade in derartig bedrohlichen Zeiten sollten Sie sich mit der Frage auseinandersetzen, ob ein (zusätzlicher) Auftrag, der für Sie aus der Sicht der Beschäftigung durchaus reizvoll sein könnte, jedoch aufgrund eines fallenden Angebotspreises nicht Ihre vollen Kosten abdecken kann, angenommen werden soll oder nicht.

Durch Heranziehen einer entsprechend ausgestalteten Kostenrechnung sind Sie durchaus in der Lage, diese Frage richtig zu beantworten. Dazu müssen Sie sich nur vergegenwärtigen, daß langfristig für Ihr Weiterbestehen der Erlös größer sein muß als Ihre Kosten, es kurzfristig aber lohnend und sinnvoll sein kann, Aufträge zu Erlösen unter Ihrem derzeitigen Kostenniveau anzunehmen oder durch Senkung der Angebotspreise unter die Selbstkosten zusätzliche Aufträge hereinzuholen.

Wichtig dabei ist nur, zu wissen, auf welchen Teil der Kosten Sie kurzfristig verzichten können.

4.1 Warum die Bestimmung von Preisuntergrenzen so wichtig ist

Allgemein symbolisiert die Preisuntergrenze denjenigen Nettoverkaufspreis, zu dem Sie als Unternehmer Ihr Produkt auf dem Absatzmarkt mindestens anbieten müssen, um sowohl kurz- als auch langfristig bestehen zu können. In den meisten Wirtschaftsbereichen sieht es allerdings eher so aus, daß der Preis für ein Produkt durch das Kräfteverhältnis von Angebot und Nachfrage zustande kommt. Ist die Nachfrage größer als das Angebot, steigt der Preis, im umgekehrten Fall sinkt er. Speziell in Zeiten einer Absatzflaute oder Rezession mit einhergehenden Umsatzeinbußen sind Sie gezwungen, Ihre Verkaufspreise zu senken, um wenigstens einigermaßen dem drohenden Absatzrückgang entgegenzuwirken. Wissen Sie aber, wie weit Sie Ihre Preise senken können, um Ihr Geschäftsjahr nicht mit Verlust abzuschließen?

Durch die Ermittlung von Preisuntergrenzen gewinnen Sie wichtige Informationen über mögliche Spielräume, die Sie im Hinblick auf die Preisfestsetzung der Produkte von der Kostenseite her besitzen. Neben einer kurzfistigen und langfristigen Preisuntergrenze gibt es noch eine sogenannte liquiditätsorientierte Preisuntergrenze.

4.1.1 Die langfristige Preisuntergrenze

Mit der Festlegung der langfristigen Preisuntergrenze bestimmen Sie zugleich den Preis, den Sie mindestens am Absatzmarkt erzielen müssen, um langfristig auf dem Markt existieren zu können. Diesen Preis sollten Sie auf jeden Fall versuchen zu erreichen, auch im Hinblick auf die langfristige Erhaltung von Arbeitsplätzen, die optimale Auslastung Ihrer Maschinenkapazität und eine ausgewogene Absatzpolititk. Die langfristige Preisuntergrenze setzt sich aus zwei Bestandteilen zusammen: den variablen und fixen Stückkosten. Die variablen Stückkosten bleiben unverändert und sind unabhängig von der Produktions- und Absatzmenge. Die fixen Stückkosten allerdings ändern sich mit der Höhe der Produktionsmenge. Nehmen wir an, Ihre fixen Gesamtkosten betragen 100 000 DM pro Jahr. Bei einer Produktionsmenge von 50 000 Stück ergeben sich doppelt so hohe fixe Stückkosten wie bei einer Fertigung von 100 000 Stück. Das bedeutet, je höher die Auslastung, d.h. je mehr Stück produziert werden, desto kleiner wird die langfristige Preisuntergrenze sein.

BEISPIEL

Ausgangstabelle	Artikel 1	Artikel 2	Artikel 3
Umsatzerlöse pro Stück	4,20	3,65	2,45
variable Stückkosten	2,85	2,18	1,35
erzeugnisfixe Kosten	11 502,00	25 650,00	18 900,00
erzeugnisgruppenfixe Kosten	---	15 890,00	
absetzbare Stück	10 000	26 000	30 000

Außerdem fallen unternehmensfixe Kosten in Höhe von 10 650,00 DM an, die sich keinem Produkt direkt zuordnen lassen.

Stellen Sie mehrere Produkte her, so ergeben sich für Sie zahlreiche Gestaltungsspielräume hinsichtlich der Deckung der fixen Kosten. Dazu nehmen wir an, daß für Artikel 3 aufgrund eines sehr starken Wettbewerbsdrucks der Verkaufspreis gesenkt werden muß, um die geplanten 30 000 Stück noch absetzen zu können.

Um wieviel DM darf der Verkaufspreis für Artikel 3 höchstens gesenkt werden, damit Sie langfristig bei:

a) Artikel 3 und
b) insgesamt im keinen Verlust erleiden?

a) Bevor Sie eine Entscheidung treffen, ist es sinnvoll, das ursprüngliche Zahlenwerk aufzuarbeiten und anders zusammenzustellen:

<table>
<tr><th></th><th>Artikel 1</th><th>Artikel 2</th><th>Artikel 3</th><th>gesamt</th></tr>
<tr><td>Umsatzerlöse
– variable Kosten</td><td>42 000,00
28 500,00</td><td>94 900,00
56 680,00</td><td>73 500,00
40 500,00</td><td>210 400,00
125 680,00</td></tr>
<tr><td>= Deckungsbeitrag I
– erzeugnis-
fixe Kosten</td><td>13 500,00
11 502,00</td><td>38 220,00
25 650,00</td><td>33 000,00
18 900,00</td><td>84 720,00
56 052,00</td></tr>
<tr><td>= Deckungsbeitrag II
– erzeugnisgruppen-
fixe Kosten</td><td>1 998,00
---</td><td colspan="2">12 570,00   14 100,00
15 890,00</td><td>28 668,00
15 890,00</td></tr>
<tr><td>= Deckungsbeitrag III
– unternehmens-
fixe Kosten</td><td>1 998,00</td><td colspan="2">10 780,00</td><td>12 778,00
10 650,00</td></tr>
<tr><td>Betriebsgewinn</td><td></td><td></td><td></td><td>2 128,00</td></tr>
</table>

Um bei Artikel 3 keinen Verlust zu erleiden, können Sie bei unveränderten Absatzzahlen den Verkaufspreis für Artikel 3 so weit senken, daß nach Ihrer obigen Rechnung der Deckungsbeitrag II Null wird. Dazu müssen Sie von „unten nach oben" rückrechnen.

	Artikel 3
Umsatzerlöse	59 400,00
– variable Kosten	40 500,00
Deckungsbeitrag I	18 900,00
– erzeugnisfixe Kosten	18 900,00
Deckungsbeitrag II	0,00

Erläuterung:

Nur bei einem Deckungsbeitrag I von genau 18 900,00 DM ergibt sich beim Deckungsbeitrag II null DM. Um aber einen Deckungsbeitrag I von 18 900,00 DM zu erwirtschaften, muß bei unveränderter Stückzahl von 30 000 und unveränderten variablen Stückkosten von 1,35 DM/Stück mindestens ein Umsatzerlös in Höhe von 59 400,00 DM (=18 900,00 DM + 40 500,00 DM) erzielt werden, was einem Verkaufspreis von 1,98 DM pro Stück oder einer ca. 19%igen Preissenkung zum ursprünglichen Preis von 2,45 DM gleichkommt.

Der Preis pro Stück des Artikels 3 kann von 2,45 DM um 0,47 DM auf maximal 1,98 DM gesenkt werden, damit Sie bei Artikel 3 ein ausgeglichenes Ergebnis erzielen. Unter Einbezug sämtlicher Artikel werden Sie allerdings auf einen Betriebsverlust von 11 972,00 DM zusteuern.

	Artikel 1	**Artikel 2**	**Artikel 3**	**Gesamt**
Umsatzerlöse	42 000,00	94 900,00	59 400,00	196 300,00
– variable Kosten	28 500,00	56 680,00	40 500,00	125 680,00
= Deckungsbeitrag I	13 500,00	38 220,00	18 900,00	70 620,00
– erzeugnis-fixe Kosten	11 502,00	25 650,00	18 900,00	56 052,00
= Deckungsbeitrag II	1 998,00	12 570,00	0,00	14 568,00
– erzeugnisgruppen-fixe Kosten	---	15 890,00		15 890,00
= Deckungsbeitrag III	1 998,00	-3 320,00		–1 322,00
– unternehmens-fixe Kosten				10 650,00
Betriebsgewinn				–11 972,00

b) Bei der Überlegung, welchen Preis Sie für Artikel 3 verlangen müssen, damit auf das gesamte Unternehmen bezogen kein Verlust entsteht, müssen weitere Informationen mit in die Überlegung einbezogen werden:
Der Ausgangspunkt der Überlegung ist jetzt der, daß der Betriebsgewinn Null sein soll.

	Artikel 1	**Artikel 2**	**Artikel 3**	**Gesamt**
Umsatzerlöse	42 000,00	94 900,00		
– variable Kosten	28 500,00	56 680,00		
= Deckungsbeitrag I	13 500,00	38 220,00		
– erzeugnis-fixe Kosten	11 502,00	25 650,00		
= Deckungsbeitrag II	1 998,00	12 570,00	11 972,00	26 540,00
– erzeugnisgruppen-fixe Kosten	---	15 890,00		15 890,00
= Deckungsbeitrag III	1 998,00	8 652,00		10 650,00
– unternehmens-fixe Kosten				10 650,00
Betriebsgewinn				0,00

Um mit einem Betriebsergebnis von 0,00 DM abzuschließen, muß der Deckungsbeitrag III die unternehmensfixen Kosten von 10 650,00 DM decken. Da zum Deckungsbeitrag III der Artikel 1 einen Beitrag von 1 998,00 DM leistet, müssen die Artikel 2 und 3 somit den verbleibenden Rest von 8 652,00 DM beisteuern. Bei der Gruppe des Artikels 2 und 3 fallen zusätzlich noch erzeugnisgruppenfixe Kosten von 15 890,00 DM an, so daß beide Artikel mindestens einen Deckungsbeitrag II von zusammen 24 542,00 DM (8 652 + 15 890) einbringen müssen, wovon alleine dem Artikel 2 ein Betrag von 12 570,00 DM zugerechnet werden kann, so daß für Artikel 3 ein Deckungsbeitrag II von 11 972,00 DM übrig bleibt, den es zu erwirtschaften gilt.

Mit dieser Erkenntnis können Sie wie unter Punkt a) angeführt weiterrechnen. Bei richtiger Rechnung werden Sie feststellen, daß der Preis für Artikel 3 von 2,45 DM auf höchstens 2,38 DM (= 71 372,00 / 30 000 Stück) gesenkt werden darf.

	Artikel 3
Umsatzerlöse	71 372,00
– variable Kosten	40 500,00
Deckungsbeitrag I	30 872,00
– erzeugnisfixe Kosten	18 900,00
Deckungsbeitrag II	11 972,00

4.1.2 Die kurzfristige Preisuntergrenze

Die kurzfristige Preisuntergrenze stellt zugleich die absolute Preisuntergrenze dar. Der Preis ist gerade so hoch, daß Sie dadurch die bei der Herstellung anfallenden variablen Stückkosten gedeckt bekommen. Die Kosten der Betriebsbereitschaft (= fixe Kosten) können Sie nicht über den Absatzpreis erwirtschaften und erleiden somit genau in dieser Höhe einen Unternehmensverlust. Die dahinterstehende Überlegung bei Ermittlung der kurzfristigen Preisuntergrenze ist die, daß Sie kurzfristig einen Verlust in Höhe Ihrer fixen Kosten erleiden, wenn Sie die gesamte Produktion einstellen. Denselben Verlust erleiden Sie aber auch, wenn Ihr Verkaufspreis gerade die variablen Stückkosten bei Aufrechterhaltung der Produktion abdeckt. Um am Markt präsent zu bleiben, ist es insofern auf kurze Sicht gesehen häufig sinnvoller, selbst zu einem variablen Stückkostenpreis weiterzuproduzieren, als die Produktion ganz einzustellen.

TiP! Jeden Auftrag, dessen Preis über der kurzfristen Preisuntergrenze liegt, sollten Sie auf jeden Fall annehmen, denn er erhöht Ihren Periodenerfolg.

4.1.3 Die liquiditätsorientierte Preisuntergrenze

Bei der liquiditätsorientierten Preisuntergrenze wird zu Recht gefordert, daß die kurzfristige Preisuntergrenze nicht nur die stückvariablen Kosten, sondern auch die kurzfristigen ausgabewirksamen fixen Kosten abdecken muß. Ist das nämlich nicht der Fall, wird Ihr Unternehmen nach sehr kurzer Zeit in ernsthafte Liquiditätsschwierigkeiten geraten.

Die liquiditätsorientierte Preisuntergrenze geht von folgender Überlegung aus: Neben den variablen Kosten fallen in Ihrem Unternehmen auch fixe Kosten an, die unabhängig von der Beschäftigung sind. Fixe Kosten, z.B. Mietzahlungen, Gehälter, soziale Abgaben, Steuern, Darlehenszinsen, Versicherungsbeiträge, Abschreibungen, fallen in zeitlich mehr oder minder großen Abständen regelmäßig an. Deshalb lassen sich die fixen Kosten nach ihrem zeitlichen Ausgabebezug nochmals unterteilen in Fixkosten, die kurzfristig zu Auszahlungen führen, Fixkosten, die auf langfristige Sicht erst zu Auszahlungen führen werden, und Fixkosten, die für die Zukunft nicht ausgabewirksam sind:

	ausgabewirksame fixe Kosten von kurz- und langfristiger Natur		nicht ausgabewirksame Fixkosten
Mietzahlungen		X	
Gehälter	X		
soziale Abgaben	X		
Steuern	X	X	
Darlehenszinsen		X	
Versicherungsbeiträge		X	
Abschreibungen			X

	Artikel 1	Artikel 2	Artikel 3
Umsatzerlöse pro Stück	2,85	2,18	1,35
variable Stückkosten	2,85	2,18	1,35
absetzbare Stück	10 000	26 000	30 000

BEISPIEL

Außerdem fallen unternehmensfixe Kosten in Höhe von 24 291,00 DM für Miete, Versicherungsbeiträge, Gehälter, soziale Abgaben, Steuern und Abschreibungen an, wovon 65 % kurzfristig ausgabewirksame Fixkosten darstellen.

Bei Umsatzerlösen in genau der Höhe Ihrer variablen Kosten bleibt nichts mehr zur Deckung Ihrer ebenfalls anfallenden unternehmensfixen Kosten übrig. Da Sie aber gezwungen sind, die Kosten von mtl. 24 291,00 DM trotz der geringen Umsatzerlöse zu bezahlen, müssen Sie Ihrem Unternehmen weitere Liquidität in Form von aufzunehmenden Bankkrediten oder Privateinlagen zuführen, was allerdings nur für eine gewisse, knapp begrenzte Zeitspanne möglich sein dürfte.

Deshalb sollten Sie versuchen, für alle Artikel einen etwas höheren Preis am Markt durchzusetzen. Kurzfristig denkbar wäre z.B. die gleichmäßige Verteilung der kurzfristigen ausgabewirksamen fixen Kosten in Höhe von 15 789,00 DM (= 65 % von 24 291,00 DM) auf alle drei angebotenen Artikelgruppen zu je einem Drittel.

Danach ergäbe sich folgender kurzfristig mindestens zu erzielender Preis pro Artikel:

	Artikel 1	Artikel 2	Artikel 3
variable Stückkosten	2,85	2,18	1,35
+ proportionalisierte ausgabewirksame fixe Kosten	$\frac{5\,263,00}{10\,000}$ = 0,53	$\frac{5\,263,00}{26\,000}$ = 0,21	$\frac{5\,263,00}{30\,000}$ = 0,18
= Preis pro Stück	3,38	2,39	1,53

Eine andere Möglichkeit wäre darin zu sehen, die ausgabewirksamen fixen Kosten von 15 789,00 DM gleichmäßig auf sämtliche produzierten Stücke umzulegen. Pro produziertes Stück ergäbe sich dann ein Aufschlag von 0,24 DM. Folglich ergäbe sich ein Stückpreis pro Artikel in Höhe von:

	Artikel 1	Artikel 2	Artikel 3
variable Stückkosten	2,85	2,18	1,35
+ proportionalisierte ausgabewirksame fixe Kosten	0,24	0,24	0,24
= Preis pro Stück	3,09	2,42	1,59

TiP!

In der Angebotskalkulation und Preisbildung sollten Sie in Zeiten schlechter Beschäftigung neben den variablen Stückkosten auch die kurzfristigen ausgabenfixen Kosten einbeziehen und kurzfristig sämtliche Aufträge annehmen, die mehr bringen als diese Summe, selbst wenn sie absolut gesehen zu Verlusten führen. Würden Sie in ungünstigen Zeiten auf die Hereinnahme solcher Aufträge verzichten, wäre Ihr Verlust noch höher.

4.2 Optimaler Einsatz der Deckungsbeitragsrechnung

Die bisher betrachtete Vollkostenrechnung legt sämtliche durch die Kostenarten erfaßten Kosten auf die entsprechenden Produkte um. Diese Art der Vorgehensweise beinhaltet jedoch zwei gravierende Nachteile:

- Es besteht keine unmittelbare Abhängigkeit der umgelegten Gemeinkosten zur Beschäftigung. Wie Sie gesehen haben, verhalten sich die Gemeinkosten bei Änderung der Beschäftigung teils fix, teils variabel, was bei fixen Kosten bezüglich ihrer Zurechnung letztendlich zur Proportionalisierung über die Gemeinkostenzuschlagssätze führt.

- Außerdem besteht nicht immer eine direkte Abhängigkeit zwischen den im Betriebsabrechnungsbogen ermittelten Zuschlagssätzen und ihrer Zuschlagsgrundlage.

Die in der Vollkostenrechnung zu verteilenden Gemeinkosten werden mit Hilfe plausibel erscheinender Bezugsgrundlagen willkürlich auf die einzelnen Produkte umgelegt oder geschlüsselt, was letztendlich das Jahresergebnis mehr oder minder stark verzerrt. Somit kann die Vollkostenrechnung nur den langfristigen Weg angeben, welche Kostensumme gedeckt werden muß, um auf lange Sicht Bestand zu haben. Sie eignet sich ebenfalls für die Kostenkontrolle und die Betriebsergebnisrechnung. Für kurzfristige Unternehmensziele unter marktpolitischen Gesichtspunkten versagt sie allerdings kläglich.

Deshalb müssen geeignete Methoden gefunden werden, um sich in bezug auf allgemeines Marktpreisniveau, Absatzmenge und Warensortiment dem häufig wechselnden Markttrend anzupassen und dabei gleichzeitig auf Erzielung von Gewinnen, Erhaltung von Arbeitsplätzen sowie auf bestmögliche Auslastung der vorhandenen Maschinenkapazitäten zu achten.

In Zeiten eines Nachfrageüberhangs (Nachfrage > Angebot) bilden die bei Ihnen anfallenden Kosten einschließlich eines Gewinnaufschlags die Grundlage der Produktpreisfestsetzung. In Zeiten eines stetig steigenden Angebotsüberhangs (Angebot > Nachfrage) mit zunehmender Marktsättigung stellt der Marktpreis allerdings die absolute Obergrenze dar, mit dem sowohl sämtliche Kosten als auch noch ein „kleiner" Gewinn zu decken sind. Eine Möglichkeit, sich den ständig ändernden Gegebenheiten flexibel anzupassen, bietet die Deckungsbeitragsrechnung. Die gesamte Deckungsbeitragsrechnung baut auf folgendem Grundsatz auf:

Umsatzerlöse
– variable Kosten
= Deckungsbeitrag
– fixe Kosten
= Gewinn/Verlust

Unter Umsatzerlösen werden hier die Nettoverkaufspreise ohne gesetzliche Mehrwertsteuer unter Abzug von Rabatten, Preisnachlässen und Skonti verstanden.

Die variablen Kosten setzen sich aus den unmittelbar zurechenbaren Einzelkosten und den leistungsabhängigen Gemeinkosten (z.B. variable Verwaltungs- und Vertriebsgemeinkosten) zusammen.

Im Gegensatz zur Vollkostenrechnung werden in der Deckungsbeitragsrechnung den Umsatzerlösen nur diejenigen Kosten gegenübergestellt, die ihnen eindeutig zugerechnet werden können, während die übrigen Kosten – sehr vereinfacht ausgedrückt – zunächst „en bloc" gesammelt und anschließend der jeweils verbleibenden Differenz aus Umsatzerlös und direkt abgezogenen (variablen) Kosten, dem sogenannten Deckungsbeitrag, gegenübergestellt werden. Das Hauptproblem der Deckungsbeitragsrechnung besteht darin, daß jener unverrechnete Fixkostenblock im Zeitalter zunehmender Automatisierung und in einer Zeit, in der die Bereitstellung von Dienstleistungen zu immer größerer Bedeutung avanciert, ständig ansteigt, mit der Folge, daß ein immer größer werdender Anteil der Gesamtkosten, bedingt durch den hohen Fixkostencharakter, unverrechnet bleibt.

Mit Hilfe des Deckungsbeitrags können Sie für jedes Ihrer Produkte feststellen, wie hoch der jeweilige Betrag ist, den das einzelne Produkt zum Betriebserfolg beisteuert.

Erzeugnisse mit negativem Deckungsbeitrag sollten, ausschließlich nach Kostengesichtspunkten beurteilt, sofort aus dem Produktionsprogramm gestrichen werden, da sie nichts zum Betriebserfolg beitragen, sondern ihr „Verlust" bei der Deckung der fixen Kosten durch andere Produkte zusätzlich aufgefangen werden muß.

Ihr Unternehmen stellt zwei Produkte her. Mit dem Produkt 1 erzielen Sie einen Umsatz von 100 000 DM bei verkauften 20 000 Stück. Die variablen Stückkosten belaufen sich auf 3,25 DM. Das Produkt 2 weist einen Umsatz von 35 000 DM mit 5 000 verkauften Stück auf. Die variablen Kosten für Produkt 2 betragen insgesamt 8,00 DM pro Stück. An unternehmensfixen Kosten fallen insgesamt 10 000 DM an.

	Produkt 1	**Produkt 2**	**Summe**
Erlöse	100 000 DM	35 000 DM	135 000 DM
– variable Kosten	65 000 DM	40 000 DM	105 000 DM
= Deckungsbeitrag I	35 000 DM	– 5 000 DM	30 000 DM
– fixe Kosten			10 000 DM
Betriebsgewinn			20 000 DM

Würden Sie das Produkt 2 aus Ihrem Sortiment streichen, so ergäbe sich folgendes Bild:

	Produkt 1	**Produkt 2**	**Summe**
Erlöse	100 000 DM	---	105 000 DM
– variable Kosten	65 000 DM	---	65 000 DM
= Deckungsbeitrag I	35 000 DM	---	35 000 DM
– fixe Kosten			10 000 DM
Betriebsgewinn			25 000 DM

Ihr Gewinn steigt absolut gesehen genau in der Höhe, in der der negative Deckungsbeitrag des Produktes 2 verschwindet.

An das obige Beispiel anknüpfend können Sie den Deckungsbeitrag auch pro Stück errechnen, was beispielhaft an Produkt 1 demonstriert wird:

Umsatzerlös je Stück	(= p) 5,00	(100 000 DM : 20 000 Stück)
– variable Stückkosten	(= kv) 3,25	
= Deckungsbeitrag je Stk.	(= db) 1,75	

In einem Modell, das von drei Faktoren geprägt ist, nämlich dem Erlös, den variablen und den fixen Kosten, bekommen Sie mit der Deckungsbeitragsrechnung ein einfach zu handhabendes Instrumentarium, das die jeweiligen Auswirkungen aufzeigt, wenn sich ein, zwei oder auch alle drei Determinaten ändern sollten:

	Analyse bei Veränderung von:
• Beurteilung der Veränderungen bei unterschiedlichen variablen Kosten	variablen Kosten
• Auswirkungen bei unterschiedlichen Absatzpreisen	Erlösen
• Aufzeigen von Veränderungen bei einer geplanten Erweiterungsinvestition	fixen Kosten

Beurteilung der Veränderungen bei unterschiedlichen variablen Kosten

Was ist, wenn sich aufgrund einer nicht vorhersehbaren Tariferhöhung die Fertigungslöne um 3 % erhöhen oder Preiserhöhungen für Fertigungsmaterial seitens Ihres Rohstofflieferanten hingenommen werden müssen? Welche Auswirkungen hat eine solche Erhöhung auf Ihr Betriebsergebnis, und vor allen Dingen, inwieweit verschiebt sich dadurch der Beginn Ihrer Gewinnzone? Dies soll an folgendem Beispiel verdeutlicht werden:

Sie erzielen beim Verkauf von 20 000 Stück eines Produkts einen Gesamtumsatz von 100 000 DM. Die variablen Stückkosten belaufen sich zur Zeit auf 3,25 DM. An unternehmensfixen Kosten fallen insgesamt 10 000 DM an. Durch eine unerwartete Preiserhöhung Ihres Rohstofflieferanten steigen Ihre variablen Stückkosten um 0,25 DM auf 3,50 DM an.

	vor Kostenerhöhung	**nach Kostenerhöhung**
Verkaufserlöse	100 000 DM	100 000 DM
– variable Kosten	65 000 DM	70 000 DM
= Deckungsbeitrag I	35 000 DM	30 000 DM
– fixe Kosten	10 000 DM	10 000 DM
Betriebsgewinn	25 000 DM	20 000 DM

Ihr Betriebsgewinn sinkt aufgrund der Weiterverrechnung der Kostenerhöhung um 5 000 DM.

Wieviel Produkte müßten Sie bei sonst unveränderten Bedingungen mehr absetzen, um auch nach der Erhöhung der variablen Kosten einen Gewinn von 25 000 DM zu erwirtschaften? Dazu betrachten Sie die nachfolgende Grafik, die die Verschiebung der Break-even-Menge aufgrund der Anhebung der variablen Kosten (K_v) deutlich macht:

Stück	K f	K v (alt)	K v (neu)	K g (alt)	K g (neu)	E
0	10000,00	0,00	0,00	10000,00	10000,00	0,00
1.000	10000,00	3250,00	3500,00	13250,00	13500,00	5000,00
2.000	10000,00	6500,00	7000,00	16500,00	17000,00	10000,00
3.000	10000,00	9750,00	10500,00	19750,00	20500,00	15000,00
4.000	10000,00	13000,00	14000,00	23000,00	24000,00	20000,00
5.000	10000,00	16250,00	17500,00	26250,00	27500,00	25000,00
6.000	10000,00	19500,00	21000,00	29500,00	31000,00	30000,00
7.000	10000,00	22750,00	24500,00	32750,00	34500,00	35000,00
8.000	10000,00	26000,00	28000,00	36000,00	38000,00	40000,00
9.000	10000,00	29250,00	31500,00	39250,00	41500,00	45000,00
10.000	10000,00	32500,00	35000,00	42500,00	45000,00	50000,00

Darstellung der Auswirkungen einer Änderung der variablen Kosten auf die Break-even-Menge

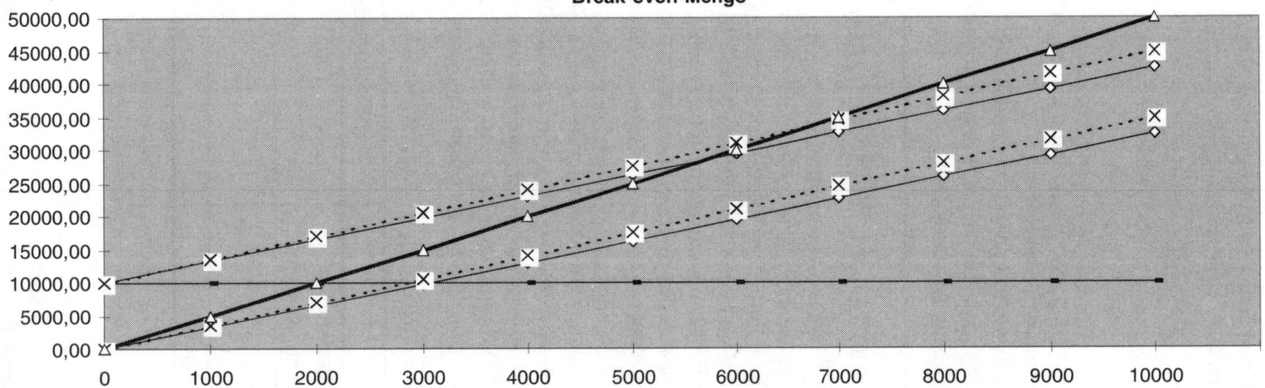

Möchten Sie wissen, wieviele Produkte Sie bei sonst unveränderten Bedingung mehr absetzen müßten, um auch nach der Kostenerhöhung Ihren in der Ausgangsrechnung veranschlagten Gewinn von 25 000 DM zu halten, dann sollten Sie wie folgt kalkulieren:

Ihr Deckungsbeitrag I muß nach der Kostenerhöhung genau 35 000 DM (25 000 DM Gewinn und 10 000 DM Fixkosten) betragen. Bei einem Stückpreis von 5,00 DM und variablen Stückkosten von 3,50 bleibt ein Stückdeckungsbeitrag von 1,50 DM übrig, der zur Deckung der Fixkosten herangezogen werden kann. Dividieren Sie 35 000 DM durch 1,50 DM, so kommt als Ergebnis 23 334 Stück heraus. Nur bei dieser Stückzahl erwirtschaften Sie einen Betriebsgewinn von 25 000 DM unter den veränderten Bedingungen (= Preiserhöhung der variablen Stückkosten). Im Ursprungsbeispiel reichte der Absatz von 20 000 Stück aus, um einen Betriebsgewinn von 25 000 DM zu erzielen.

In diesem Zusammenhang sollten Sie unbedingt folgenden Vergleich beachten: Eine 7,7%ige Kostenerhöhung führt in unserem Beispiel zu einer 16,67%igen Mengenausweitung. Wieso?

	vorher	**nachher**	**Differenz**	
			absolut	in %
variable Stückkosten (DM)	3,25	3,50	0,25	7,70
Absatzmenge (Stück)	20 000	23 334	3 334	16,67

Wenn sich Ihre variablen Stückkosten erhöhen, vermindert sich Ihr Stückdeckungsbeitrag entsprechend. Einen Ausgleich können Sie u.a. durch eine Erhöhung des Absatzes herbeiführen, wobei die prozentuale Mengenausweitung im Verhältnis zur prozentualen Preissteigerung überproportional ausfällt.

Auswirkungen bei unterschiedlichen Absatzpreisen

Statt einer Erhöhung der variablen Kosten wäre es auch denkbar, daß Sie sich der Situation eines langsam fortschreitenden Preisverfalls ausgesetzt sehen, weil die Technik ständig verbessert wird und veraltete Produkte nur noch mit erheblichen Preisnachlässen an den Mann zu bringen sind.

Sie möchten auch weiterhin 20 000 Stück Ihres Produkts verkaufen. Da höherwertige Konkurrenzprodukte mit wesentlich verbesserter Technik und mehr Komfort zum Preis von 5,10 DM je Stück angeboten werden, lassen sich Ihre Produkte nur noch zu einem Stückpreis von 4,50 DM verkaufen. Die variablen Kosten pro Stück belaufen sich unverändert auf 3,25 DM. An unternehmensfixen Kosten fallen insgesamt 10 000 DM an.

	vor Preissenkung	**nach Preissenkung**
Verkaufserlöse	100 000 DM	90 000 DM
– variable Kosten	65 000 DM	65 000 DM
= Deckungsbeitrag I	35 000 DM	25 000 DM
– fixe Kosten	10 000 DM	10 000 DM
Betriebsgewinn	25 000 DM	15 000 DM

Ihr Betriebsgewinn sinkt aufgrund der Preissenkung von 25 000 DM um 10 000 DM auf 15 000 DM.

Dazu die Grafik auf der nächsten Seite, die zunächst die Verschiebung der Gewinnschwelle (Break-even-Point) darstellt.

Hier stellt sich ebenfalls wieder die Frage: Wieviel Stück müßten Sie zusätzlich zu den 20 000 Stück verkaufen, um einen unveränderten Betriebsgewinn von 25 000 DM zu erzielen?

Um einen unveränderten Betriebsgewinn von 25 000 DM zu erzielen, muß ein Gesamtdeckungsbeitrag von insgesamt 35 000 DM erzielt werden. Daraus ergibt sich bei einem Stückverkaufspreis von 4,50 DM und einem variablen Stückkostenfaktor von 3,25 DM ein rechnerischer Stückdeckungsbeitrag von 1,25 DM, was einer Absatzmenge von 28 000 Stück gleichkommt.

Einer Erlösschmälerung von 10 % (0,50 / 5,00 · 100) steht eine Mengenausweitung von 40 % (8 000 / 20 000 · 100) gegenüber.

Stück	K f	K v	K g	E (alt)	E (neu)
0	10000,00	0,00	10000,00	0,00	0,00
1.000	10000,00	3250,00	13250,00	5000,00	4500,00
2.000	10000,00	6500,00	16500,00	10000,00	9000,00
3.000	10000,00	9750,00	19750,00	15000,00	13500,00
4.000	10000,00	13000,00	23000,00	20000,00	18000,00
5.000	10000,00	16250,00	26250,00	25000,00	22500,00
6.000	10000,00	19500,00	29500,00	30000,00	27000,00
7.000	10000,00	22750,00	32750,00	35000,00	31500,00
8.000	10000,00	26000,00	36000,00	40000,00	36000,00
9.000	10000,00	29250,00	39250,00	45000,00	40500,00
10.000	10000,00	32500,00	42500,00	50000,00	45000,00

Darstellung der Auswirkungen eines Erlösrückganges auf die Break-even-Menge

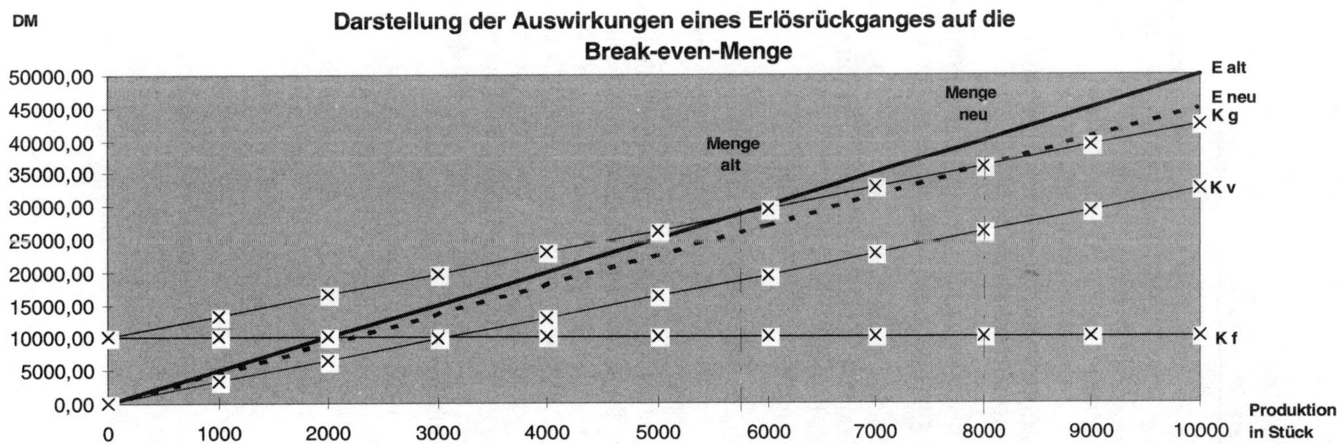

	vorher	**nachher**	**Differenz**	
			absolut	in %
Erlöse (DM)	5,00	4,50	0,50	10,00
Absatzmenge (Stück)	20 000	28 000	8 000	40,00

Durch eine Preiseinbuße (auch z.B. durch zusätzliche Rabattgewährung) wird die Gewinnschwellenmenge erhöht, eine Preiserhöhung hat eine entgegengesetzte Wirkung, nämlich die Verminderung der Gewinnschwellenmenge zur Folge.

Aufzeigen von Veränderungen bei einer geplanten Erweiterungsinvestition

Eine Erweiterungsinvestition ist gleichbedeutend mit einer Erhöhung der fixen Kosten unter gleichzeitiger Anhebung des gesamten Kostengefüges Ihres Unternehmens.

Ihr Unternehmen erzielt mit einem Produkt 1 einen Umsatz von 100 000 DM, wenn 20 000 Stück verkauft werden. Die variablen Stückkosten belaufen zur Zeit auf 3,25 DM. An unternehmensfixen Kosten fallen insgesamt 10 000 DM an.

Durch eine unumgängliche Erweiterungsinvestition von insgesamt 5 000 DM steigen Ihre fixen Kosten in derselben Höhe an, mit der Folge, daß Ihr Betriebsgewinn auf 20 000 DM sinkt.

Grafisch betrachtet verschiebt sich die Fixkostenkurve (K_f) entlang der Y-Achse um 5 000 Einheiten nach oben, von wo dann wiederum die Gesamtkostenkurve (K_g) startet, mit der Folge, daß die Erlöskurve (E) erst bei einer größeren Verkaufsmenge (M_2) als der ursprünglich geplanten (M_1) geschnitten wird. Die Stückzahl-Differenz zwischen M_2 und M_1 zeigt Ihnen, wieviel Stück Sie aufgrund der Erweiterungsinvestition mehr produzieren und auch verkaufen müssen, um wieder dorthin zu gelangen, wo sich die Kosten und Erlöse die Waage halten (d.h., ab hier wird mit jeder weiteren verkauften Einheit ein Gewinn erzielt).

Stück	K f	K f (neu)	K g	K g (neu)	E
0	10000,00	15000,00	10000,00	15000,00	0,00
5.000	10000,00	15000,00	26250,00	31250,00	25000,00
10.000	10000,00	15000,00	42500,00	47500,00	50000,00
15.000	10000,00	15000,00	58750,00	63750,00	75000,00
20.000	10000,00	15000,00	75000,00	80000,00	100000,00

Darstellung der Auswirkungen einer Fixkostenerhöhung auf die Break-even-Menge

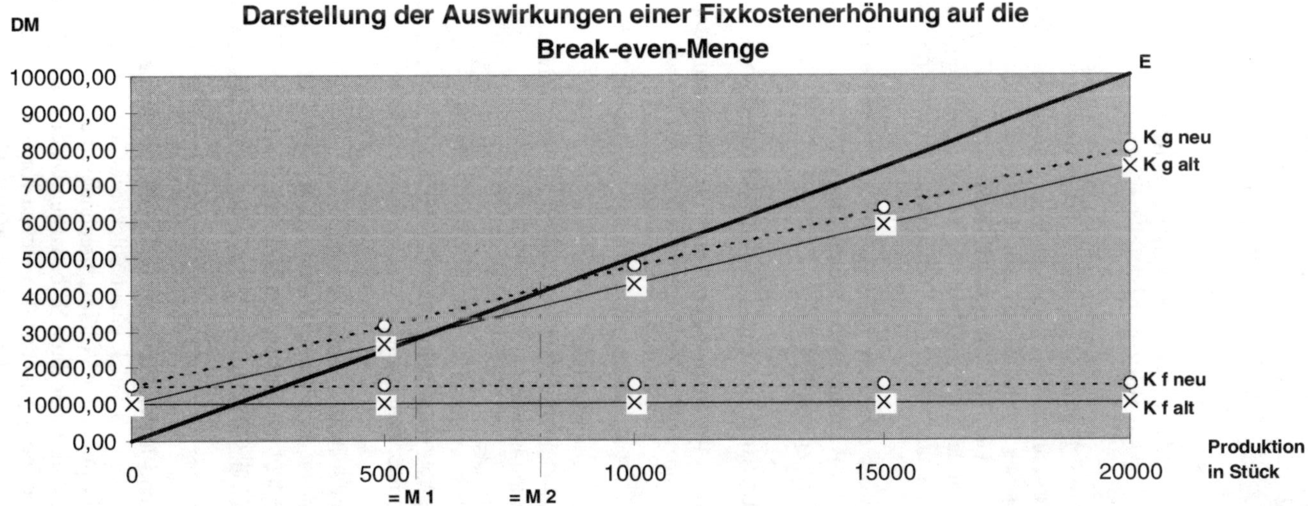

TIP! Die Erhöhung der fixen Kosten hat unter sonst gleichen Bedingungen immer auch eine Erhöhung der Gewinnschwellenmenge zur Folge.

4.2.1 Mit dem Deckungsbeitrag gegen Fehlentscheidungen abgesichert?

In diesem Beitrag sollen die Vorzüge der Deckungsbeitragsrechnung gegenüber der Vollkostenrechnung herausgestellt werden. Bei der Vollkostenrechnung wird der Preis eines Produktes aus seinen variablen Stückkosten und den anteiligen Fixkosten ermittelt. Die fixen Stückkosten werden durch Division der gesamten fixen Kosten einer Periode durch die in dieser Zeit hergestellten Produkte ermittelt. Bei der Vollkostenrechnung erfolgt die Preisfindung für ein Produkt immer nach denselben Kriterien:

Ist der erzielbare Preis größer als die auf ein Produkt entfallenden Stückkosten, wird der Auftrag angenommen, ansonsten wird er abgelehnt, oder es wird versucht, den Preis zu erhöhen.

Irreführung bei der Produktkalkulation

Der Preis für einen Auftrag wird bei Ihnen aufgrund von Zuschlagssätzen ermittelt. Für ein abzugebendes Angebot kalkulieren Sie wie folgt:

	Fertigungsmaterial	200,00 DM
+	Materialgemeinkosten (8,44 %)	16,88 DM
=	Materialkosten	216,88 DM
	Fertigungslohn	380,00 DM
+	Fertigungsgemeinkosten (75,34 %)	286,29 DM
=	Fertigungskosten	666,29 DM
=	Herstellkosten der Fertigung	883,17 DM
+	Verwaltungsgemeinkosten (10,71 %)	94,59 DM
+	Vertriebsgemeinkosten (6,39 %)	56,43 DM
=	Selbstkosten	1 034,19 DM

Aufgrund harter Preisverhandlungen mit dem Kunden ist dieser bereit, für die Abnahme von 50 Stück einen Stückpreis von nur 850,00 DM zu bezahlen. Unter dem Gesichtspunkt der Vollkostenrechnung müßten Sie den Auftrag ablehnen, weil Sie zu einem Preis unter Ihren Selbstkosten verkaufen müßten.

Wie Sie bereits aus den letzten Kapiteln wissen, fallen variable Kosten nur dann an, wenn tatsächlich etwas produziert wird, wohingegen die fixen Kosten unabhängig von der Produktion immer anfallen. Das Fertigungsmaterial und der Fertigungslohn stellen eindeutig variable Einzelkosten dar. Die Gemeinkosten werden im Betriebsabrechnungsbogen gesammelt und den Einzelkosten durch einen Zuschlagsprozentsatz zugeschlagen. Dieses Vorgehen haben Sie bereits im Kapitel 3.5 „Die Schaltzentrale jeder Kostenrechnung – der BAB“ kennengelernt. Als weitere Variante können die im Betriebsabrechnungsbogen aufgeführten Gemeinkosten nochmals in fixe und variable Kostenanteile zerlegt werden. So zählen Hilfs- und Betriebsstoffe zwar zu den Gemeinkosten, weil sie nicht unmittelbar einer bestimmten Leistung oder einem einzelnen Produkt zugeordnet werden können, stellen aber gleichzeitig variable Kosten dar, denn sie fallen nur dann an, wenn tatsächlich produziert wird. Im Gegensatz dazu fallen kalkulatorische Abschreibungen und kalkulatorische Zinsen in die Rubrik „fixe Gemeinkosten“, weil sie unabhängig von der Produktions- oder Beschäftigungslage für alle Produkte anfallen. Das gleiche gilt für Reinigungskosten, Kosten für Beleuchtung, Pförtner, Kantine, Betriebsfeuerwehr usw.

Der in Kapitel 3.5 vorgestellte BAB soll hier erweitert werden, indem für sämtliche Gemeinkosten (für jede Kostenstelle getrennt) nochmals in variabel und fix unterschieden wird.

Erweiterter Betriebsabrechnungsbogen (BAB):

- DM -

	Zahlen aus der	Verteilungsschlüssel:	Kostenstellen							
Gemeinkosten	Buchhaltung:		Material		Fertigung		Verwaltung		Vertrieb	
			fix	variabel	fix	variabel	fix	variabel	fix	variabel
Hilfsstoffaufwendungen	42500,00	Entnahmescheine	0,00	2500,00	0,00	40000,00	0,00	0,00	0,00	0,00
Betriebsstoffaufwendungen	3200,00	Entnahmescheine	0,00	400,00	0,00	2800,00	0,00	0,00	0,00	0,00
Gehälter	80000,00	Gehaltsliste	15000,00	0,00	20000,00	0,00	35000,00	0,00	10000,00	0,00
AG-Anteil zur Sozialvers.	102000,00	Lohn-/Gehaltsliste	3000,00	0,00	4000,00	86000,00	7000,00	0,00	2000,00	0,00
Abschreibungen	180000,00	Anlagekartei	7100,00	0,00	145000,00	0,00	15200,00	0,00	12700,00	0,00
Bürokosten, Miete	32700,00	Quadratmeter	2700,00	0,00	7800,00	0,00	20000,00	0,00	2200,00	0,00
Werbung, Marketing	68000,00	Schätzung	0,00	0,00	0,00	0,00	12000,00	13000,00	20000,00	23000,00
Steuern	55000,00	Anlagewerte	2800,00	2200,00	10000,00	5000,00	20000,00	8000,00	4500,00	2500,00
Versicherungen	10950,00	Anlagewerte	1180,00	1100,00	3350,00	0,00	2850,00	0,00	2470,00	0,00
Summe	574350,00		31780,00	6200,00	190150,00	133800,00	112050,00	21000,00	53870,00	25500,00
Zuschlagsgrundlage										
Fertigungsmaterial	450000,00		450000,00							
Fertigungslöhne	430000,00				430000,00					
Herstellkosten der Fertigung	1241930,00						1241930,00		1241930,00	
Ermittlung der Zuschlagssätze:										
Materialgemeinkostensatz				6200/450000·100 =						
fix / variabel			31780/450000·100 = 7,06%	1,38%						
Fertigungsgemeinkostensatz						133800/430000·100 =				
fix / variabel					190150/430000·100 = 44,22%	31,12%				
Verwaltungsgemeinkostensatz								21000/1241930·100=		
fix / variabel							112050/1241930·100 = 9,02%	1,69%		
Vertriebsgemeinkostensatz										25500/1241930·100 =
fix / variabel									53870/1241930·100 = 4,34%	2,05%

Unter Zugrundelegung dieser neuen Erkenntnisse können Sie Ihre Selbstkosten in einen variablen und fixen Kostenbestandteil zerlegen.

		Fix	variabel	gesamt
	Fertigungsmaterial		200,00	200,00
+	Materialgemeinkosten (7,06% / 1,38%)	14,12	2,76	16,88
=	Materialkosten	14,12	202,76	216,88
	Fertigungslohn		380,00	380,00
+	Fertigungsgemeinkosten (44,22% / 31,12%)	168,04	118,25	286,29
=	Fertigungskosten	168,04	498,25	666,29
=	Herstellkosten der Fertigung	182,16	701,01	883,17
+	Verwaltungsgemeinkosten (9,02 % / 1,69 %)	79,66	14,93	94,59
+	Vertriebsgemeinkosten (4,34 % / 2,05 %)	38,33	18,10	56,43
=	Selbstkosten	300,15	734,04	1 034,19
prozentuale Aufteilung der Selbstkosten		29,02%	70,98%	100,00%

Ihre tatsächlichen auftragsbezogenen variablen Kosten betragen nur 734,04 DM. Damit liegen Sie 29,02 % unter Ihren ursprünglich kalkulierten Selbstkosten nach der Vollkostenrechnung. Unter diesem Gesichtspunkt betrachtet erzielen Sie bei einem Verkaufspreis von 850,00 DM einen Deckungsbeitrag von 115,96 DM. Anders ausgedrückt: Bei Nichtannahme des Auftrags können Sie nur die variablen Kosten in Höhe von 734,04 DM einsparen, nicht aber die fixen Kosten von 300,15 DM. Demnach sieht Ihre Gewinn-/Verlustsituation bei Annahme/Ablehnung des Auftrags folgendermaßen aus:

	Annahme	Nichtannahme
Erlöse für 50 Stück	42 500,00 DM	0,00 DM
variable Kosten	36 702,00 DM	0,00 DM
fixe Kosten	15 007,50 DM	15 007,50 DM
Verlust	9 209,50 DM	15 007,50 DM

Sicher werden Sie jetzt erstaunt sein: Ihr Verlust nimmt bei Annahme des Auftrags ab, und zwar um genau 5 798,00 DM. Dieser Betrag entspricht exakt dem Deckungsbeitrag für 50 Stück.

Im Ergebnis ist festzuhalten, daß der typische Fehler der Vollkostenrechnung in willkürlicher Proportionalisierung der fixen Kosten und überwiegend zusammenhanglose Umlage der Gemeinkosten über den BAB durch eine Teilkostenrechnung, insbesondere der Deckungsbeitragsrechnung, weitgehend vermieden werden kann.

4.2.2 Lohnt sich der Fremdbezug, oder rentiert sich eher die Eigenfertigung?

Oberste Prämisse eines jeden Unternehmens sollte sein, daß Produkte oder Leistungen, die andere billiger als man selbst herstellen können, grundsätzlich von anderen eingekauft werden. Das hat zwei entscheidende Vorteile für Sie: Zum einen begibt man sich nicht in die Gefahr, zukünftig durch hohe evtl. erforderlich werdende Investitionsmaßnahmen einen überhöhten Fixkostenblock mit „herumzuschleppen", zum anderen kann man sich aufgrund der freibleibenden Kapazität auf andere Produkte konzentrieren, mit denen mehr Deckungsbeitrag und damit auch mehr Gewinn erwirtschaftet werden kann. Ein weiterer nicht zu unterschätzender Vorteil liegt auch darin, daß aufgrund eines niedrigeren Fixkostenniveaus der Break-even-Umsatz wesentlich schneller erreicht wird und damit die Gewinnzone sehr viel früher beginnt.

Für Herstellung und Fertigung im eigenen Unternehmen müssen entsprechende Betriebsmittel, Maschinen und Personal zur Verfügung stehen, die meistens langfristig an das Unternehmen gebunden werden müssen. Sie können nicht so ohne weiteres heute Personal einstellen und morgen bereits wieder entlassen. Entscheidungen hinsichtlich der Eigenfertigung haben somit auch Auswirkungen auf die langfristige Zukunft. Beim Fremdbezug, d.h. wenn benötigte Produkte nicht selber gefertigt, sondern von externen Lieferanten oder Herstellern bezogen werden, können Sie wesentlich flexibler agieren, denn Sie bestellen immer nur dann Ware, wenn diese tatsächlich in einer absehbaren Zukunft weiterverarbeitet oder weiterverkauft wird. Der Fremdbezug bietet demnach den Vorteil einer wesentlich flexibleren und unabhängigeren Handhabung als die Eigenherstellung. Bei der Entscheidung über eine mögliche Eigenfertigung oder einen Fremdbezug sollten Sie versuchen, bereits im Vorfeld einige wichtige Fragen zu klären:

- Sind die Kosten der Eigenfertigung niedriger als die des Fremdbezugs?
- Zu wieviel Prozent sind derzeit Ihre technischen Anlagen ausgelastet?
- Welche Qualitäten weisen die eigenen und die fremdbezogenen Waren auf?
- Verfügen Sie und Ihr möglicher Zulieferer über das notwendige technische Wissen und Verständnis für die Auslagerung der Produktion?
- In welche Abhängigkeit wollen Sie sich beim Fremdbezug gegenüber Ihren potentiellen Lieferanten begeben?
- Kann Ihr Fremdlieferant immer pünktlich liefern, und ist er zuverlässig?

Sie erkennen bereits anhand dieser einleitenden Sätze, daß die Entscheidung über Eigen- oder Fremdfertigung einer sorgfältigen Planung und Vorbereitung bedarf.

Für eine Eigenproduktion sprechen vor allem folgende Gründe:

- geringerer Kostenaufwand,
- evtl. bessere Qualität,
- weitgehender Ausschluß des Beschaffungsrisikos,
- vorhandene Kapazitäten im eigenen Betrieb können optimaler beansprucht werden,
- weniger Stillstandszeiten und damit geringere Leerkosten,
- Ausnutzung des eigenen Erfahrungspotentials.

Gründe, die für einen Fremdbezug sprechen:

- geringere Kapitalbindung und damit geringere Fixkosten für die Zukunft,
- Zurückgreifen auf das Wissen und die Erfahrung von Spezialisten,
- freigewordene oder freigebliebene Produktionskapazitäten können für andere Zwecke genutzt werden,
- individuelles Vorgehen bei Bestellungen entsprechend dem jeweiligen Bedarf,
- gezieltes Ausspielen von möglichen Preisvorteilen durch die Möglichkeit eines jederzeitigen Lieferantenwechsels.

Neben noch zahlreichen weiteren Punkten soll sich unsere Betrachtungsweise ausschließlich auf den Kosten- und den damit zusammenhängenden Beschäftigungsfaktor konzentrieren.

Es ergeben sich zwei Fallkonstellationen:

- Sie beabsichtigen, bisher fremdbezogene Waren zukünftig selber zu fertigen, um Ihre Kapazitätsauslastung besser zu gewährleisten.
- Aufgrund von Produktionsumstellungen oder zur Schaffung freier Kapazitäten für andere Erzeugnisse beschließen Sie, bisher selbst gefertigte Produkte zukünftig von Fremdlieferanten zu beziehen.

In beiden Fällen werden nur die Kosten in die Untersuchung miteinbezogen, die entscheidungsrelevant sind, d.h. die entweder zusätzlich anfallen, zukünftig wegfallen oder erst gar nicht entstehen. Des weiteren müssen die sogenannten Folgekosten berücksichtigt werden, z.B. Kosten für die Qualitätsprüfung, Lagerhaltungskosten der fremdbezogenen Waren, Abschreibungen, Instandhaltungs- und Reparaturkosten sowie Miet- oder Leasingzahlungen, wenn eigene Maschinen zum Einsatz kommen.

BEISPIEL

Ihr Unternehmen stellt Kochtöpfe mit 19 cm Durchmesser her, wobei die Deckel bis zum heutigen Tag für 6,50 DM/Stück fremdbezogen wurden. In Ihrer Produktionsabteilung werden Überlegungen angestellt, diese Topfdeckel zukünftig selber herzustellen, da noch genügend freie Kapazitätsreserven vorhanden sind. Auf den entsprechenden Maschinen werden zur Zeit Deckel für Kochtöpfe mit einem Durchmesser von 17 cm gefertigt und an ein Konkurrenzunternehmen für 5,25 DM/Stück verkauft.

Aus den Produktionsunterlagen können Sie folgende Zahlen entnehmen:

Benötigte Angaben:

Der Maschinenstundensatz beträgt	27,50 DM	
proportionaler Lohnstundensatz	60,00 DM	
proportionaler Fertigungsgemeinkostenzuschlag	18,5 %	
	Kochtopfdeckel 19 cm ∅:	Kochtopfdeckel 17 cm ∅:
Bearbeitungszeit je Stück und Maschine	1,5 min	1,7 min
Rohstoffverbrauch pro Stück	1,75 DM	1,93 DM
proportionale Materialgemeinkosten	4,2 %	4,2 %

Berechnung

	19 cm Kochtopfdeckel	17 cm Kochtopfdeckel
Rohstoffaufwand	1,75 DM	1,93 DM
Materialgemeinkosten 4,2 %	0,08 DM	0,08 DM
Materialkosten	1,83 DM	2,01 DM
Fertigungslöhne	1,50 DM	1,70 DM
Fertigungsgemeinkosten 18,5 %	0,28 DM	0,32 DM
Fertigungskosten	1,78 DM	2,02 DM
Maschinenstundensatz	0,69 DM	0,78 DM
Herstellkosten	**4,30 DM**	**4,81 DM**

Mit der Betrachtung und Einbeziehung ausschließlich der variablen Kosten werden Sie bei diesem Vergleich zu falschen Schlußfolgerungen kommen.

Da Sie sich für einen der beiden Kochtopfdeckel entscheiden müssen und nicht beide gleichzeitig herstellen können, müssen Sie zusätzlich zu den variablen Kosten für den 19er Kochtopfdeckel noch den entgangenen relativen Deckungsbeitrag für den 17er Deckel bei den Kosten für den 19er Deckel mit in Ihre Betrachtung einbeziehen. Allgemein spricht man in diesem Zusammenhang auch von „Opportunitätskosten“.

angesetzter Verkaufspreis für 17 cm Kochtopfdeckel	5,25 DM
abzüglich variable Herstellkosten je Stück	4,81 DM
Deckungsbeitrag je Stück	0,44 DM
Deckungsbeitrag je Minute (0,44 DM : 1,7 Minuten)	0,26 DM
daraus abgeleitete Opportunitätskosten für 19 cm Kochtopfdeckel (0,26 · 1,5 Minuten)	0,39 DM
mit der Folge:	

	19 cm Kochtopfdeckel	17 cm Kochtopfdeckel
Herstellkosten	4,30 DM	4,81 DM
+ Opportunitätskosten	0,39 DM	
Kosten insgesamt	**4,69 DM**	

Zur richtigen Entscheidungsfindung brauchen Sie jetzt nur noch die gesamten Kosten für den 19er Kochtopfdeckel im Falle der Eigenfertigung mit den Kosten im Falle des Fremdbezugs zu vergleichen.

Kosten für die Selbstfertigung	4,69 DM
Kosten für den Fremdbezug	6,50 DM

Ergebnis: Sie erwirtschaften einen zusätzlichen Gewinn pro Stück in Höhe von 1,81 DM, wenn Sie zukünftig den 19-cm-Kochtopfdeckel in Eigenproduktion fertigen.

Wenn bei ausgelasteten Kapazitäten Entscheidungen über mögliche Produktalternativen getroffen werden sollen, müssen neben den eigentlichen variablen Kosten des einen Produkts noch die Opportunitätskosten des anderen Produkts mit in Ihre Kostenaufstellung einbezogen werden.

Ein Lieferant bietet Ihnen das von Ihnen benötigte Einbauteil XY zu folgenden Konditionen an: Listeneinkaufspreis 40,04 DM abzüglich 15 % Rabatt. Bei Bezahlung innerhalb von 10 Tagen dürfen Sie 3 % Skonto abziehen, ansonsten zahlbar in 30 Tagen ohne Abzug. An Bezugskosten entstehen Ihnen 2 % des Listeneinkaufspreises für den Transportunternehmer.

Dieses Einbauteil ist in der Vergangenheit von Ihnen selbst gefertigt worden, wobei folgende Kosten entstanden: Rohstoffaufwendungen pro Stück 6,25 DM, Lohnkosten für die Fertigung und das Zusammensetzen in Höhe von 19,50 DM je Stück. Über den Betriebsabrechnungsbogen (BAB) haben Sie zusätzlich für Materialgemeinkosten 9 % und an Fertigungsgemeinkosten 175 % veranschlagt, wobei 30 % der jeweiligen Gemeinkosten variable Bestandteile aufwiesen.

Berechnung

Kalkulation bei Eigenfertigung

	auf Vollkostenbasis:	**auf Teilkostenbasis:**	
Rohstoffaufwand	6,25 DM	6,25 DM	
Materialgemeinkosten 9 %	0,56 DM	0,17 DM	x_1
Materialkosten	6,81 DM	6,42 DM	
Fertigungslöhne	19,50 DM	19,50 DM	
Fertigungsgemeinkosten 175 %	34,13 DM	10,24 DM	x_2
Fertigungskosten	53,63 DM	29,74 DM	
Herstellkosten	**60,44 DM**	**36,16 DM**	

Kalkulation bei Fremdbezug

Listeneinkaufspreis	40,04 DM
– 15 % Rabatt	6,01 DM
Rechnungspreis	34,03 DM
– 3 % Skonto	1,02 DM
Bareinkaufspreis	33,01 DM
+ 2 % Bezugskosten	0,80 DM
Einstandspreis je Stück	**33,81 DM**

x_1 = 30 % von 9 % = 2,7%
x_2 = 30% von 175 % = 52,5%

Ergebnis: Die bisherigen Herstellkosten bei Eigenfertigung saldieren sich bei der Vollkostenrechnung auf 60,44 DM und bei Teilkostenrechnung auf 36,16 DM, wohingegen der Fremdbezug nur 33,81 DM kosten würde.

Wofür sollen Sie sich nun entscheiden? In der Preisermittlung mit Hilfe der Vollkostenrechnung sind sämtliche Kosten, auch die fixen, mit Hilfe des Gemeinkostenschlüssels eingerechnet worden. Deshalb darf dieser Preis nicht als Grundlage für Ihre Entscheidung herangezogen werden, weil in ihm auch Kosten angesetzt und verrechnet wurden, die durch die bisherige Beschäftigung bereits in voller Höhe erfaßt sind. Die fixen Kosten dürfen Sie in den Vergleich nicht mit einbeziehen, so daß als Alternative zum Fremdbezug nur noch die Herstellkosten auf Teilkostenbasis herangezogen werden können, die allerdings sichtlich höher ausfallen als die Kosten für den Fremdbezug. Falls Sie keine anderen Gründe als den Kostenfaktor „ins Feld" führen, sollten Sie zukünftig Ihr Einbauteil XY fremdbeziehen.

Bei der Berechnung der Herstellkosten im Falle der Eigenfertigung sollten Sie nur variable Kostenbestandteile den Kosten für den Fremdbezug gegenüberstellen, die zusätzlich anfallen. Fixe Kosten sollten Sie beim Vergleich insgesamt außer acht lassen, sofern sie bei beiden Alternativen gleich hoch sind.

Die hier vorgestellten Beispiele bezogen sich ausschließlich auf die Produktion. Das Problem Eigenfertigung oder Fremdbezug tritt aber auch noch in anderen Unternehmensbereichen auf:

- Eigenherstellung oder Kauf, Miete, Leasing von Maschinen oder Büroausstattung?
- Einrichtung einer eigenen Reparaturwerkstatt oder Vergabe an externe Fremdfirmen?
- Unterhaltung einer eigenen Forschungs- und Entwicklungsabteilung oder Zukauf von Patenten und Lizenzen?
- Aufbau des Vertriebsnetzes durch eine eigene Marketingabteilung oder Einschaltung einer Agentur?
- Unterhaltung einer eigenen Buchhaltung oder Beauftragung eines Steuerberaters?

Mit diesen Beispielen soll Ihnen vor Augen geführt werden, daß sich das Problem Eigenfertigung/Fremdbezug nicht nur auf die Produktion erstreckt, sondern auf nahezu sämtliche Bereiche unternehmerischen Handelns ausgedehnt werden kann.

Die hier vorgestellte Betrachtungsweise konzentriert sich ausschließlich auf Umsatz und Kosten und stellt damit in erster Linie auf eine mögliche Gewinnmehrung ab. Die Entscheidung zwischen Eigenfertigung und Fremdbezug hängt allerdings nicht nur von quantifizierbaren Ergebnissen ab, sondern muß im konkreten Einzelfall auch weitere Gesichtspunkte mit in die Entscheidungsfindung einbeziehen, wie z.B.:

- mögliche Lieferantenabhängigkeit,
- Problem mangelhafter Lieferungen,
- Verringerung der eigenen Unabhängigkeit,
- Preisgabe von geheimen Fertigungsverfahren,
- Wettbewerbsvorteile könnten sich verringern oder ganz verloren gehen,
- Qualitätsunterschiede in der Verarbeitung des Produkts,
- evtl. Liquiditätsbelastungen für notwendige Erweiterungsinvestitionen,
- Stillegung von Betriebsteilen.

Diese nicht oder nur sehr schwer zahlenmäßig darstellbaren Argumente sollten in jedem Fall in die endgültige Entscheidung einfließen. Mit Hilfe der Kostenrechnung können nur die erfolgswirksamen Konsequenzen erfaßt und dargestellt werden. Nur durch eine entsprechende Gegenüberstellung der quantifizierbaren und nicht quantifizierbaren Größen läßt sich konkret der Preis ermitteln, der im Einzelfall zu „bezahlen“ ist.

4.2.3 Wie steht es mit Zusatzaufträgen – Annahme auf jeden Fall?

Der Grenzkostensatz (auch Proportionalkostensatz genannt) ist das am häufigsten zur Anwendung kommende preispolitische Instrument der Kostenrechnung. Er geht von folgenden Annahmen aus:

- Die Gesamtkosten lassen sich nur in fixe und variable Kosten unterteilen.
- Fixe Kosten sind beschäftigungsunabhängig und fallen unabhängig vom Beschäftigungs- oder Auslastungsgrad immer an.
- Variable Kosten ändern sich mit der Beschäftigung und sind auftragsabhängig.

Daraus läßt sich für Sie ableiten, daß Sie bei Ihrer Angebotskalkulation auf jeden Fall Ihre variablen Kosten durch den Verkaufspreis erwirtschaften müssen, wohingegen Sie auf die Deckung der fixen Kosten im ungünstigsten Fall für eine gewisse Zeit verzichten können.

Zur Überbrückung der sogenannten „Durststrecken" in Zeiten schlechter Auftragslage kann es sich für Sie durchaus lohnen, selbst dann noch Aufträge anzunehmen, wenn Sie dadurch neben den variablen Kosten nicht sämtliche fixen Kosten abdecken können.

Sie haben für einen Auftrag im Werte von 150 000 DM freie Kapazitäten zur Verfügung. Ihnen entstehen bei Auftragsannahme variable Kosten von 120 000 DM, außerdem fallen fixe Kosten von insgesamt 70 000 DM an. Nach der herkömmlichen Kalkulationsmethode müßten Sie den Auftrag ablehnen, denn bei einem Erlös von 150 000 DM stehen Ihnen Gesamtkosten von insgesamt 190 000 DM gegenüber.

Betrachten Sie das Angebot unter dem Aspekt des Grenzkostensatzes, so kommen Sie zu folgendem Resultat:

erzielbare Erlöse	150 000 DM
– variable Kosten	120 000 DM
= verbleibender Betrag	30 000 DM
– fixe Kosten	70 000 DM
= Verlust	40 000 DM

Der Preis deckt zwar nicht die vollen Kosten ab, aber immerhin noch mehr als den proportionalen Kostenanteil in Höhe von 120 000 DM. Der Resterlös trägt damit zur teilweisen Deckung der fixen Kosten bei, die auch dann anfallen würden, wenn Sie den Auftrag ablehnen. So gesehen erzielen Sie durch die Auftragsannahme einen „relativen" Gewinn von 30 000 DM. Würde der Auftrag von Ihnen nicht hereingenommen, blieben nicht nur 40 000 DM, sondern insgesamt 70 000 DM fixe Kosten ungedeckt. Absolut gesehen bleibt dieser Auftrag natürlich ein Verlustgeschäft, jedoch fällt er bei Auftragsannahme geringer aus als im Falle der Ausschlagung.

Der Grenzkostensatz ist ein einfach zu handhabendes Kalkulationsinstrument in Zeiten der Unterbeschäftigung, weil er ausgehend von der Unterteilung in fixe und variable Kosten die Behauptung aufstellt, daß kurzfristig nur die proportionalen Kosten kalkuliert und erwirtschaftet werden müssen.

Jeder Auftrag, der in Zeiten der Unterbeschäftigung mehr als die variablen Kosten erwirtschaftet, sollte selbst dann noch angenommen werden, wenn er die vollen Gesamtkosten, d.h. fixe und variable Kosten, nicht abdecken kann.

Wenn Sie Zusatzaufträge annehmen, sollten Sie sich darüber im klaren sein, daß der Verkaufspreis die bei Ihnen anfallenden Kosten nicht vollständig deckt.

Ziel der Annahme von Zusatzaufträgen ist zum einen, nicht (voll) ausgenutzte Produktionskapazitäten optimal einzusetzen, und zum anderen dient sie der Verbesserung des Betriebsergebnisses.

Für Sie ergibt sich folgende Produktions- und Absatzsituation:

	Produkt A	Produkt B	Produkt C
Verkaufspreis	36,37 DM	25,41 DM	29,00 DM
variable Stückkosten	32,15 DM	18,79 DM	18,10 DM
erzeugerfixe Kosten	38 000 DM	86 000 DM	19 000 DM
erzeugnisgruppenfixe Kosten	21 500 DM		---
unternehmensfixe Kosten	300 000 DM		
derzeitige Absatzmenge	10 000 St	30 000 St	25 650 St
derzeitige Kapazität	12 000 St	45 000 St	30 000 St

Für Sie ergibt sich unerwartet die Möglichkeit, einen Zusatzauftrag für das Produkt A zu erhalten, wenn Sie bereit sind, für die Lieferung von 1 000 Stück einen Stückpreis von 34,00 DM zu akzeptieren.

Ergebnis: Auch ohne Durchrechnung sollten Sie bereits zu diesem Zeitpunkt in der Lage sein, über Annahme oder Ablehnung zu entscheiden. Sie sollten den Zusatzauftrag unbedingt annehmen, denn der Zusatzauftrag bringt Ihnen einen positiven Stückdeckungsbeitrag von 34,00 DM – 32,15 DM = 1,85 DM. Anders ausgedrückt: Jedes zusätzlich produzierte und verkaufte Erzeugnis trägt zur Deckung der fixen Kosten bei und erhöht somit den Betriebsgewinn um 1,85 DM. Selbst bei einem derzeitigen Betriebsverlust lohnt sich der Zusatzauftrag, da der zusätzlich erwirtschaftete Deckungsbeitrag zur Verringerung des Verlustes beiträgt.

Ergebnisrechnung **ohne** Zusatzauftrag

	Produkt A	Produkt B	Produkt C	Gesamt
Verkaufspreis	363 700	762 300	743 850	1 869 850
– variable Stückkosten	321 500	563 700	464 265	1 349 465
= Deckungsbeitrag I	42 200	198 600	279 585	520 385
– erzeugnisfixe Kosten	38 000	86 000	19 000	143 000
= Deckungsbeitrag II	4 200	112 600	260 585	377 385
– erzeugnisgruppenfixe Kosten	21 500,00		---	21 500
= Deckungsbeitrag III	95 300		260 585	355 885
– unternehmensfixe Kosten				300 000
Betriebsgewinn				**55 885**

Ergebnisrechnung **mit** Zusatzauftrag

	Produkt A	Produkt B	Produkt C	Gesamt
Verkaufspreis	363 700	762 300	743 850	1 869 850
Verkaufspreis aus Zusatzauftrag	34 000			34 000
– variable Stückkosten	321 500	563 700	464 265	1 349 465
– variable Stückkosten aus Zusatzauftrag	32 150			32 150
= Deckungsbeitrag I	44 050	198 600	279 585	522 235
– erzeugnisfixe Kosten	38 000	86 000	19 000	143 000
= Deckungsbeitrag II	6 050	112 600	260 585	379 235
– erzeugnisgruppenfixe Kosten	21 500		---	21 500
= Deckungsbeitrag III	97 150		260 585	357 735
– unternehmensfixe Kosten				300 000
Betriebsgewinn				**57 735**

TIP! Die Annahme eines Zusatzauftrags lohnt sich immer dann, wenn der Stückverkaufspreis über den variablen Stückkosten liegt. Aus Sicht der Arbeitsplatzerhaltung und besseren Kapazitätsauslastung ist die Annahme eines Zusatzauftrags immer zu befürworten.

4.3 Kosten- und Erfolgskontrolle – sinnvoll oder nur lästig?

Ganz allgemein gesagt bedeutet Kostenkontrolle die Ermittlung von Kostenabweichungen zwischen zwei Kostengrößen sowie eine Analyse der Ursachen, die zur Kostenabweichung geführt haben. Dazu ist es nötig, die geplanten Kosten den tatsächlichen gegenüberzustellen und die Abweichungen zwischen beiden Größen zu ermitteln. In einem zweiten Schritt wird dann danach gefragt, welche Umstände zu dieser Abweichung geführt haben könnten.

Sie müssen jetzt nicht meinen, daß irgendwann im Jahr einmal eine solche Kosten- und Erfolgskontrolle durchgeführt wird. Für eine wirksame Gegensteuerung der auftretenden Abweichungen zum vorgesehen Plan ist es ganz im Gegenteil sogar von außerordentlicher Wichtigkeit, laufend durch Gegenüberstellung der Plan- und Istwerte Abweichungen zu lokalisieren und deren Ursachen zu untersuchen, um in Zukunft möglichst schnell für Abhilfe zu sorgen, damit ständig eine zielkonforme Anpassung zum Plan gewährleistet ist.

Bei der Ergebniskontrolle wird am Ende einer jeden Planperiode der Grad der Planerfüllung durch Gegenüberstellung von Ist- und Sollwerten ermittelt. Die Ursachenanalyse der Abweichung gibt wichtige Erkenntnisse für zukünftige Planperioden. Wie die Kostenkontrolle stellt auch die Erfolgskontrolle einen in mehreren Phasen ablaufenden Prozeß dar, der in den laufenden Betriebsprozeß eingebettet ist und der Bereitstellung von Steuerungsinformationen zur Realisierung der Planwerte dient.

Nach Festlegung der Kontrollobjekte ist das Kontrollverfahren zu bestimmen. Ein Kontrollobjekt kann eine einzelne Kostenstelle, eine Abteilung oder sogar ein ganzer Unternehmensbereich sein. Als Kontrollobjekte bieten sich Objekte an, bei denen zu vermuten ist, daß entweder erhebliche Abweichungen der Ist- zu den Sollwerten zutage treten könnten oder deren Kostenvolumen insgesamt für das Unternehmen von großer Wichtigkeit ist. Bei der Kostenkontrolle kann man verschiedene Verfahren unterscheiden. Neben der Ergebniskontrolle, die Planwerte mit den tatsächlich realisierten Istwerten in der betreffenden Planperiode vergleicht, gibt es noch weitere Arten, z.B. Planfortschrittskontrolle (Soll-Wird-Vergleich), Prämissenkontrolle (Wird-Ist-Vergleich) und die Prognosekontrolle (Wird-Wird-Vergleich), auf die hier jedoch nicht näher eingegangen werden soll. Danach wird die eigentliche Kontrolle durchgeführt, indem die zahlenmäßige Differenz zwischen dem geplanten Soll- und dem tatsächlichen Istzustand ermittelt wird. Je mehr Kontrollobjekte einer Kosten- und Erfolgskontrolle unterzogen werden, desto mehr Abweichungen wird man erhalten. Da aber nicht alle ermittelten Abweichungen von gleicher Wichtigkeit für das Unternehmen sind, muß bereits vor der eigentlichen Analyse eine „Vorauswahl" dahingehend getroffen werden, daß Abweichungen von untergeordneter Bedeutung nicht mehr analysiert werden. Bei dem Begriff „von untergeordneter Bedeutung" treten bereits die ersten Schwierigkeiten auf. Was ist von untergeordneter Bedeutung? Ist eine Abweichung von 500 DM von so großer Bedeutung, daß ihr weiter nachgegangen werden sollte? Sieht der Plan z.B. einen Wert von 500 000 DM vor und der Istwert liegt bei 500 500 DM, so stellt die Abweichung 1 ‰ zum Planwert dar und braucht nicht weiter analysiert zu werden. Resultiert die Abweichung aber aus einer Gegenüberstellung eines Istwertes von 1 000 zu einem Planwert von 500, so stellt die Abweichung bereits 100 % dar und sollte auf jeden Fall einer näheren Untersuchung unterzogen werden. Sie sehen bereits, daß eine allgemeingültige Festlegung von Grenzen, die bei Unter- und Überschreitung bestimmte Konsequenzen nach sich zieht, nicht möglich und auch nicht sinnvoll ist. Bei jeder Abweichung sollten Sie individuell entscheiden, ob diese für Sie bedeutend genug ist, um ihr weiter nachzugehen.

Nach Feststellung der Abweichungshöhe geht es an die Ursachenforschung und eigentliche Abweichungsanalyse. Abweichungen können in vielfältiger Form auftreten. Neben betriebsintern und -extern bedingten Abweichungen (z.B. Preiserhöhung, höherer Mengenverbrauch) können Abweichungen auch noch auf andere mögliche Ursachen zurückgeführt werden. So kann z.B. auch ein einfacher Übertragungs- oder Kontierungsfehler in der Buchhaltung zu einer Differenz zwischen dem Plan- und dem Istwert geführt haben. Sind Analyse und Ursachenforschung abgeschlossen, gilt es jetzt, durch geeigente Maßnahmen dafür zu sorgen, daß in zukünftigen Planperioden die untersuchten negativen Auswirkungen auf die Planerreichung verringert oder sogar vollkommen beseitigt werden.

Stadien, die für eine wirksame Kosten- und Erfolgskontrolle durchlaufen werden:

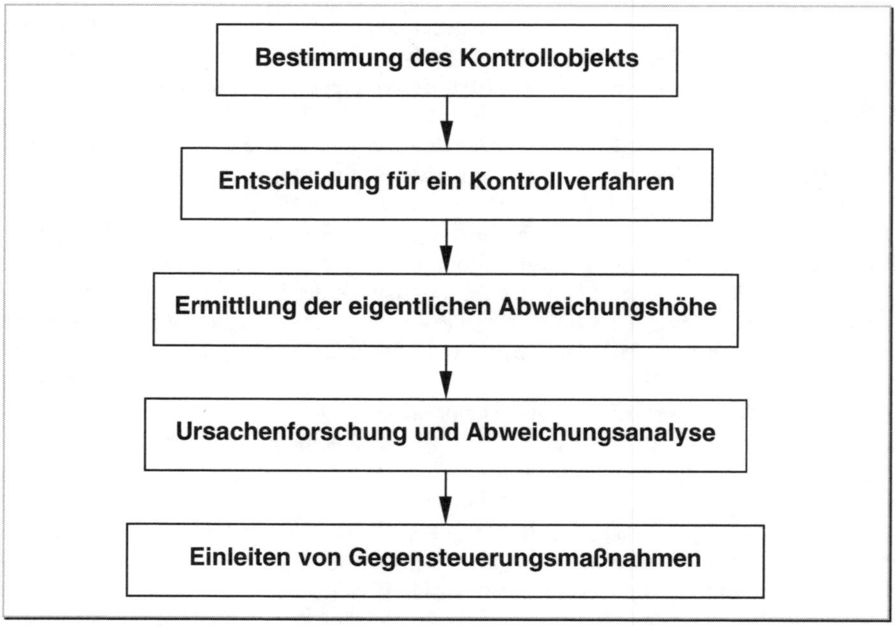

Abweichungen können grundsätzlich sowohl bei den Einzel- wie auch bei den Gemeinkosten auftreten. Hinsichtlich der Abweichungsarten wird in

- Preisabweichungen und
- Mengenabweichungen

unterschieden.

Preisabweichungen sollen, wie der Name bereits vermuten läßt, preisliche Differenzen herauskristalisieren. Dabei werden den erwarteten Istpreisen die tatsächlichen Istpreise gegenübergestellt. Die **Mengenabweichung** kann entweder aus einer Beschäftigungsabweichung, einer Verbrauchsabweichung oder aus beidem resultieren. Mit der Herausarbeitung und Analyse von Preis- und Mengenabweichungen wird versucht, den Umfang der einzelnen Änderung der Kosteneinflußgröße auf die Kostenabweichung zu bestimmen. Das primäre Ziel sollte sein, sämtliche Ursachen für mögliche Kostenabweichungen zu erkennen und für die Zukunft abzustellen. Dabei können die Ursachen vielfältiger Natur sein; sie können durch externe Gegebenheiten, durch interne geschäftspolitische Entscheidungen oder auch durch organisatorische Veränderungen hervorgerufen worden sein.

Zum Aufbau einer aussagefähigen Kostenkontrolle mit anschließender Analyse werden den Planwerten die Istwerte gegenübergestellt. Die Planwerte bestehen im wesentlichen aus geschätzten oder geplanten Preisen für verwendete Materialien und Personal, aus geschätzten oder geplanten Mengen für verwendete Materialien und Personal sowie aus geschätzten oder geplanten Mengen oder Stückzahlen der fertigen und verkaufsfähigen Produkte. Als Richtwert für die Beschäftigung werden meistens die von einem zu untersuchenden Kostenbereich hervorgebrachten Fertigprodukte verwendet; genausogut eignet sich auch die benötigte Fertigungszeit.

Die Kostenkontrolle ist gar nicht so kompliziert, wie das im ersten Moment aussieht. Deshalb soll die Abweichungsanalyse anhand eines ausführlichen Beispiels dargestellt werden, das Sie jederzeit an Ihre individuellen Gegebenheiten anpassen können, indem Sie die entsprechenden Zahlen der Ursprungstabelle gegen Ihre aktuellen austauschen.

Ihr Unternehmen produziert insgesamt die drei Artikel D, E und F. Ihre Kalkulation stützte sich zu Beginn des ersten Geschäftsjahres auf folgende Absatzplanzahlen: Von Artikel D sollten 25 000 Stück, von E 9 800 Stück und von F 20 000 Stück innerhalb des kommenden Geschäftsjahres verkauft werden. Im Rahmen der Planungsaktivitäten wurden folgende Verkaufspreise pro Stück netto für realistisch erachtet: D 3,15 DM, E 4,60 DM und F 3,00 DM. Die Stückdeckungsbeiträge schätzten Sie für jeden Artikel auf: D 1,65 DM, E 2,68 DM und F 2,00 DM. Ihre Kosten für die Betriebsbereitschaft setzten Sie pauschal mit 50 000 DM an.

Nach gutem und erfolgreichem Abschluß des Planjahres möchten Sie nun Ihre damals prognostizierten Werte den tatsächlich angefallenen Beträgen gegenüberstellen, um daraus für die weitere Zukunft Rückschlüsse ziehen zu können.

Aufgrund der Aufzeichnungen in Ihrer Buchführung ermitteln Sie den tatsächlichen Verkauf von jedem Artikel: Von Artikel D wurden 35 000 Stück zu durchschnittlich 2,90 DM pro Stück verkauft, von E 7 200 Stück zu 3,98 DM und von F 20 650 Stück zu 3,15 DM. An variablen Kosten sind für D tatsächlich 1,45 DM, für E tatsächlich 2,35 DM und für F tatsächlich 1,18 DM aufgewendet worden.

Der erste Schritt besteht darin, eine kurzfristige Artikelerfolgsrechnung aufzustellen und das Betriebsergebnis zu ermitteln.

Um einen ersten Überblick zu erhalten, kann bei der kurzfristig aufzustellenden Artikelerfolgsrechnung auf eine rechnerische Bestandsaufnahme der Halb- und Fertigerzeugnisse verzichtet werden. Damit haben Sie keinen (lästigen) Abstimmungsbedarf und können die Erfolgsrechnung ohne großen Aufwand schnell und zügig durchführen. Sie stellen für jeden Artikel getrennt die jeweiligen Nettoerlöse den variablen Kosten gegenüber und ermitteln den Deckungsbeitrag pro Artikelgruppe. Anschließend subtrahieren Sie vom Gesamtdeckungsbeitrag Ihre fixen Kosten und erhalten das Betriebsergebnis.

Artikel	**Absatzmenge**	**Nettoerlöse**		**variable Kosten**		**Deckungsbeitrag**	
	Stück	DM		DM		DM	
		je St.	insgesamt	je St.	insgesamt	je St.	insgesamt
D	35 000	2,90	101 500	1,45	50 750	1,45	50 750
E	7 200	3,98	28 656	2,35	16 920	1,63	11 736
F	20 650	3,15	65 047	1,18	24 367	1,97	40 680
Σ	62 850		195 203		92 037		103 166
– fixe Kosten							50 000
= Betriebsergebnis							**53 166**

In einem zweiten Schritt werden die Ergebnisabweichungen lokalisiert und betragsmäßig genau bestimmt.

Entsprechend den obigen Ausführungen interessieren hier besonders Abweichungen beim Verkaufspreis, im Bereich der Kosten und der Absatzmengen – mit dem Ziel, Auswirkungen auf Änderungen der Nettoerlöse, der variablen Stückkosten sowie der abgesetzten Stückzahlen aufzuzeigen.

Zur besseren Transparenz wird empfohlen, sämtliche Daten in folgende Tabelle einzutragen:

Artikel	D		E		F	
(stückbezogen)	Ist	Plan	Ist	Plan	Ist	Plan
Absatzmenge (Stück)	35 000	25 000	7 200	9 800	20 650	20 000
Nettopreis (DM)	2,90	3,15	3,98	4,60	3,15	3,00
variable Stückkosten(DM)	1,45	1,50	2,35	1,92	1,18	1,00
Deckungsbeitrag (Stück/DM)	1,45	1,65	1,63	2,68	1,97	2,00

Artikel	D			E			F		
(stückbezogen)	Ist	Plan	Soll	Ist	Plan	Soll	Ist	Plan	Soll
Nettoerlöse	101500			28 656			65 047		
(DM)		78 750			45 080			60 000	
			110 250			33 120			61 950
variable	50 750			16 920			24 367		
Kosten		37 500			18 816			20 000	
(DM)			52 500			13 824			20 650
Deckungs-	50 750			11 736			40 680		
beitrag		41 250			26 264			40 000	
(DM)			57 750			19 296			41 300

Die Istzahlen ergeben sich aus der Multiplikation der Istabsatzmengen mit den Istpreisen bzw. Istkosten. Entsprechendes gilt für die Planzahlen (Planabsatzmengen multipliziert mit den Planpreisen bzw. Plankosten). Die Sollzahlen stellen eine kostenrechnerische Besonderheit dar. Der Soll-Nettoerlös gibt die Zahl an, die erzielt worden wäre, wenn die tatsächliche Absatzmenge mit dem jeweils zugrundegelegten (Plan-) Absatzpreis verkauft worden wäre. Sämtliche Sollzahlen sind also immer das Produkt aus Istabsatzmenge multipliziert mit dem jeweiligen Planwert.

Stellt man die Nettoerlöse nach tatsächlicher Abrechnung den Nettoerlösen gegenüber, die sich hätten ergeben sollen, wenn die tatsächlich abgesetzte Menge mit dem in den Planungen zugrundegelegten Preis verkauft worden wäre, so ergibt sich konsequenterweise die

Verkaufspreisabweichung: = Nettoerlöse$_{(Ist)}$ – Nettoerlöse$_{(Soll)}$

Artikel D	– 8 750,00	(= 101 500 – 110 250)
Artikel E	– 4 464,00	(= 28 656 – 33 120)
Artikel F	+ 3 097,00	(= 65 047 – 61 950)
Gesamt	– 10 116,00	(= 195 203 – 205 320)

Eine negative Verkaufspreisabweichung schmälert grundsätzlich den Deckungsbeitrag und beeinflußt damit auch das Betriebsergebnis negativ. Eine negative Verkaufspreisabweichung ist ebenfalls ein Zeichen dafür, daß es nicht gelungen ist, zumindestens einen Nettoverkaufspreis zu erzielen, der den ursprünglichen Planungen zugrunde lag.

Neben der Verkaufspreisabweichung ist auch noch die Kostenabweichung von sehr großem Interesse. Bei der Kostenabweichung werden variable Kosten auf Sollkostenbasis den variablen Kosten auf der Istgrundlage gegenübergestellt:

Kostenabweichung: = variable $\text{Kosten}_{(\text{Soll})}$ – variable $\text{Kosten}_{(\text{Ist})}$

Artikel D	+ 1 750,00	(= 52 500 – 50 750)
Artikel E	– 3 096,00	(= 13 824 – 16 920)
Artikel F	– 3 717,00	(= 20 650 – 24 367)
Gesamt	– 5 063,00	(= 86 974 – 92 037)

Negative Kostenabweichungen führen zu Mehrkosten und belasten damit zugleich den Deckungsbeitrag.

Nachdem die Nettoerlöse und die Kosten miteinander verglichen wurden, kann mit Hilfe einer Gegenüberstellung von Solldeckungsbeitrag und Plandeckungsbeitrag die Absatzmengenabweichung ermittelt werden.

Absatzmengenabweichung: = $\text{Deckungsbeitrag}_{(\text{Soll})}$ – $\text{Deckungsbeitrag}_{(\text{Plan})}$

Artikel D	+ 16 500,00	(= 57 750 – 41 250)
Artikel E	– 6 968,00	(= 19 296 – 26 264)
Artikel F	+ 1 300,00	(= 41 300 – 40 000)
Gesamt	+ 10 832,00	(= 118 346 – 107 514)

Durch eine Ausweitung der Absatzmenge durch zusätzlich verkaufte 8 050 Artikel gegenüber den Planansätzen weist die Absatzmengenabweichung einen positiven Wert auf und trägt somit zu einer Erhöhung des Deckungsbeitrags bei.

Im Rahmen der Gesamtabweichungsbetrachtung wird deutlich, daß bei einer Gesamtabweichung in Höhe von 5 778,50 DM nur die Artikel D und F insgesamt positiv abschneiden, wohingegen der Artikel E das ursprüngliche Planergebnis negativ belastet. Durch Kompensation des positiven Ergebnisses bei F mit dem negativen Ergebnis von E tritt im Ergebnis eine positive Gesamtabweichung in ungefähr der Höhe auf, den Artikel D beisteuert.

	Artikel D	Artikel E	Artikel F	Summe
Ist-Absatzmenge · Verkaufsdifferenz				
	– 8 750	– 4 464	+ 3 097 =	– 10 117
+ Ist-Absatzmenge · Differenz variabler Kosten				
	– 1 750	+ 3 096	+ 3 717 =	5 063
+ Absatzmengendifferenz · Planstückdeckungsbeitrag				
	+ 16 500	– 6 968	+ 1 300 =	+ 10 832
Summe	**+ 6 000**	**– 8 336**	**+ 8 114 =**	**5 778**

Zum Schluß können Sie noch eine Abweichung beim Absatzvolumen und bei der Absatzzusammensetzung ermitteln, die noch genauere Erkenntnisse für zukünftige Planungsaktivitäten liefern können.

Das vorgestellte Beispiel bezieht sich auf einen Analysezeitraum von einem Jahr. Sie können auch unterjährige, kürzere Perioden untersuchen, z.B. ein Halbjahr, ein Quartal oder jeden Monat, jede Woche, jeden Tag. Entsprechend Ihren Bedürfnissen läßt sich dieses Analyseinstrument individuell gestalten und einsetzen.

Kapitel 5 Steuerung und Verbesserung der Wirtschaftlichkeit und Effizienz

5.1 Leistungen und Erlöse – differenzierte Darstellung und Erfassung

Sie können Leistungen erbringen in Form von Umsatzerlösen (durch Verkauf Ihrer Produkte an Kunden), durch Erhöhung Ihres Lagerbestandes an unfertigen und fertigen Erzeugnissen (Lagerbestandsleistung) oder als innerbetriebliche Leistung, wobei innerhalb Ihres eigenen Unternehmens eine Abteilung für eine andere etwas erbringt (Ihre Reparaturwerkstatt erbringt z.B. Reparaturleistungen an Ihren Produktionsmaschinen, oder die zentrale EDV-Anlage wird genutzt zum Schreiben von Angeboten, zum Buchen, zur Rechnungsschreibung und um die allgemeine Korrespondenz zu erledigen).

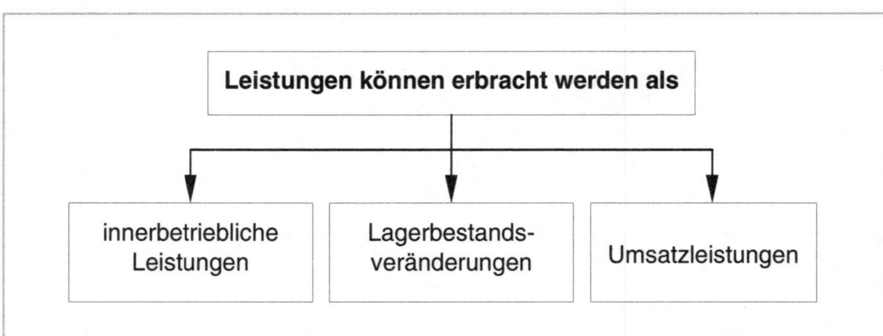

An welcher Stelle und vor allen Dingen wie finden die unterschiedlichen Leistungen in Ihrer Kalkulation Berücksichtigung ?

Vom zeitlichen Ablauf her gesehen werden immer zuerst sämtliche innerbetrieblichen Leistungen miteinander verrechnet, dann wird die Lagerbestandserhöhung bestimmt und zum Schluß die eigentliche Umsatzleistung ermittelt.

5.1.1 Innerbetriebliche Leistungsverrechnung

Sicherlich werden auch in Ihrem Unternehmen Leistungen der verschiedensten Art erbracht, die nicht für den Absatz, sondern nur für interne Zwecke bestimmt sind, wie z.B.:

- Reparatur-, Wartungs- und Instandsetzungsarbeiten, die selbst ausgeführt werden,
- die eigene Herstellung einer Spezialmaschine oder eines Spezialwerkzeuges,
- eigenständige Erzeugung von Strom, Wärme oder sonstiger Energie,
- innerbetriebliche Gütertransporte,
- Werkschutz, Betriebsfeuerwehr usw.

Für eine exakte Kostenzurechnung auf die einzelnen Kostenstellen ist es von größter Wichtigkeit, daß diese Kosten entsprechend ihrer Inanspruchnahme so genau wie möglich den verursachenden Kostenstellen zugerechnet werden.

Das können Sie sich bildlich so vorstellen, als wenn Ihre Abteilung „Reparaturwerkstatt" Ihrer Abteilung „Fertigung" eine Rechnung über erbrachte Reparaturleistungen ausstellt, die die Abteilung „Fertigung" dann bezahlt. Das heißt also, daß der Abteilung „Fertigung" in genau der Höhe Kosten entstehen, um die sich die Kosten der Abteilung „Reparaturwerkstatt" vermindern.

Ihre Reparaturwerkstatt hat für die Fertigungsabteilung eine Maschine repariert, wobei Kosten in Höhe von insgesamt 890,00 DM entstanden sind, mit denen nunmehr die Fertigungsabteilung belastet werden soll.

	Reparatur-werkstatt		Fertigungs-abteilung
Entstandene Kosten	890,00 DM		0,00 DM
Weiterbelastung	- 890,00 DM	→	890,00 DM
Ergebnis nach Verrechnung	0,00 DM		890,00 DM

Im Ergebnis sieht es nun so aus, daß die Kosten, die in der Reparaturwerkstatt für die Reparatur der Maschine entstanden sind, über die Kostenumlage der Abteilung Fertigung weiterbelastet wurden.

In der Praxis ist es sinnvoll und empfehlenswert, den vier „Haupt-Kostenstellen" Material, Fertigung, Verwaltung und Vertrieb eine sogenannte „Allgemeine Kostenstelle" vorzuschalten, die alle die Kosten aufnimmt, die sich keinem dieser vier Hauptkostenbereiche zuordnen lassen, wie z.B. Grundstücks- und Gebäude-, Fuhrpark-, Energie-, Reparaturkosten, Kosten für den Werkschutz, soziale Einrichtungen, Werksarzt usw.

Eine einfache und ausreichend genaue Verrechnung dieser Kosten, die für andere Abteilungen aufgewendet werden müssen, stellt das „Stufenleiterverfahren" in Verbindung mit dem Betriebsabrechnungsbogen (BAB) dar. In der Praxis gibt es noch andere Verfahren zur innerbetrieblichen Leistungsverrechnung, auf die an dieser Stelle aber nicht genauer eingegangen wird.

Vorgehensweise bei der innerbetrieblichen Leistungsverrechnung nach dem „Stufenleiterverfahren“

1. Für sämtliche Leistungsbereiche, die ausschließlich innerbetriebliche Leistungen erbringen, richten Sie zu den eigentlichen vier Hauptkostenstellen (Material, Fertigung, Verwaltung und Vertrieb) eigene Kostenstellen ein. Diese bezeichnet man auch als allgemeine Kostenstellen oder Hilfskostenstellen.
2. Auf allen Kostenstellen, auch auf allgemeinen Kostenstellen oder Hilfskostenstellen, werden die angefallenen Gemeinkosten gesammelt und zum Schluß zu einer Summe addiert.
3. Sie bestimmen einen Verteilungsschlüssel, nach dem die Kosten der allgemeinen Kostenstelle auf die vier Hauptkostenstellen umgelegt oder weiterbelastet werden sollen. Der Verteilungsschlüssel kann sich orientieren an: der Anzahl der Mitarbeiter in den jeweiligen Abteilungen, Kilowattstunden, Inventarwerten, oder es können auch pauschale (geschätzte) Prozentsätze gebildet werden. Die Anzahl der Mitarbeiter pro Abteilung könnte herangezogen werden für die Umlage der Kosten der Betriebsfeuerwehr, des Werksarztes und des Werkschutzes. Kilowattstunden wären eine Verrechnungsgrundlage für den Energieverbrauch, Inventarwerte für Reparaturkosten. Sollten Sie keine geeignete Grundlage finden, so können Sie auch Prozentsätze festlegen, indem Sie beispielsweise sagen, die Kostenstelle Material bekommt von den gesamten Gemeinkosten der allgemeinen Kostenstelle 30 %, die Fertigung 45 %, die Verwaltung 17 % und der Vertrieb 8 % weiterbelastet.
4. Entsprechend dem festgelegten Verteilungsschlüssel werden die Kosten der allgemeinen Kostenstelle oder der Hilfskostenstelle den Hauptkostenstellen angelastet.
5. Nach der Umlage dürfen keine Kosten bei der allgemeinen Kostenstelle oder Hilfskostenstelle mehr vorhanden sein.
6. Errechnung der neuen Gemeinkostensummen in allen vier Hauptkostenstellen (Material, Fertigung, Verwaltung und Vertrieb) nach der erfolgten Kostenumlage.
7. Bildung von Zuschlagssätzen für die Kalkulation in der bereits beschriebenen und bekannten Form.

Um Ihnen die Vorgehensweise anhand eines Beispiels zu demonstrieren, greifen wir wieder das Beispiel aus dem Kapitel 3.5 auf und verfeinern es noch etwas.

Ihrer Buchführung entnehmen Sie folgendes Zahlenmaterial:

Fertigungsmaterial	450 000
Fertigungslöhne	430 000
Hilfsstoffaufwendungen	42 500
Betriebsstoffaufwendungen	3 200
Gehälter	80 000
Arbeitgeberanteil zur Sozialversicherung	102 000
Abschreibungen	180 000
Bürokosten, Miete	32 700
Kosten für Werbung, Marketing	68 000
Steuern	55 000
Versicherungen	10 950

Sie beabsichtigen, eine zusätzliche allgemeine Kostenstelle „Energieversorgung" einzurichten, deren Energiebereitstellung in Kilowattstunden (kWh) gemessen wird und die insgesamt 55 000 kWh an alle anderen Kostenstellen im Jahr abgibt, die allerdings von den einzelnen Kostenstellen (Material, Fertigung, Verwaltung, Vertrieb) in unterschiedlichem Maße in Anspruch genommen werden. Als Verrechnungsgrundlage bieten sich die verbrauchten kWh für jede Hauptkostenstelle an. Aufgrund von internen Unterlagen haben Sie über die Anzahl der Lampen, Steckdosen und elektrischen Geräte errechnet, daß sich der Verbrauch der Hauptkostenstellen in kWh wie folgt verhält:

Material	16 500 kWh
Fertigung	27 500 kWh
Verwaltung	8 250 kWh
Vertrieb	2 750 kWh

Anmerkung: Das hier vorgestellte Beispiel dient nur zur Orientierung und Verdeutlichung der Handhabung einer innerbetrieblichen Leistungsverrechnung. Genausogut können die Kostenstellen auch Filialen, Zweigstellen oder Außenbezirke darstellen, die über den BAB im Rahmen der innerbetrieblichen Leistungsverrechnung Kosten für Transporte (z.B. einer zentralen Bäckerei, die die Backwaren an die jeweiligen Verkaufsfilialen ausliefert) oder allgemeine Verwaltungskosten (z.B. bei einem Versicherungsmakler, der gleichzeitig mehrere Büros an verschiedenen Standorten unterhält) zugeordnet bekommen. Die Einsatzmöglichkeiten der Kostenrechnung sind nahezu unbegrenzt. Die jeweilige Problematik und Verfahrensweise läßt sich jedoch immer nur an einem oder zwei ausgewählten Beispielen verdeutlichen, die Sie individuell an Ihre speziellen Gegebenheiten anpassen und „umformen" können.

Um die Kosten der allgemeinen Kostenstelle auf die vier Hauptkostenstellen umzulegen, richten Sie sich einfach in Ihrem vorgefertigten Betriebsabrechnungsbogen (BAB) eine weitere vorgeschaltete „Allgemeine Kostenstelle" ein, deren Gesamtkosten dann entsprechend den vier Hauptkostenstellen weiterbelastet werden.

Gemeinkosten	Zahlen der Buchhaltung	Grundlage der Verteilung	allg. Hilfskostenstelle	Haupt-Kostenstellen Material	Fertigung	Verwaltung	Vertrieb
Summe vor Umlage:							
Summe nach Umlage			0,00				

Gemeinkosten	Zahlen der Buchhaltung	Grundlage der Verteilung	allg. Hilfs-kostenstelle	Haupt-Kostenstellen			
				Material	Fertigung	Verwaltung	Vertrieb
Hilfsstoffaufwand	42 500	Entnahmescheine	1 500	2 000	39 000	---	---
Betriebsstoffe	3 200	Entnahmescheine	200	300	2 700	---	---
Gehälter	80 000	Gehaltsliste	2 500	15 000	18 000	34 500	10 000
AG-Anteil SV	102 000	Lohn/Gehalt	500	3 000	89 600	6 900	2 000
Abschreibungen	180 000	Anlagekartei	3 500	6 700	144 000	14 650	11 150
Bürokosten, Miete	32 700	erh. Rechnungen	250	2 600	7 750	19 900	2 200
Werbung, Marketing	68 000	erh. Rechnungen	---	---	---	25 000	43 000
Steuern	55 000	Anlagewerte	2 000	5 000	13 000	28 000	7 000
Versicherungen	10 950	Anlagewerte	---	2 280	3 350	2 850	2 470
Summe vor Umlage: 574 350			10 450	36 880	317 400	131 800	77 820
Umlage der allgemeinen Kostenstelle			→ 10 450 DM / 55 000 kWh 0,19 DM/kWh - 10 450	16 500 · 0,19= 3 135	27 500 · 0,19= 5 225	8 250 · 0,19= 1 568	2 750 · 0,19= 522
Summe nach Umlage: 574 350			0,00	40 015	322 625	133 368	78 342

5.1.2 Lagerbestandsveränderungen

Im Kalkulationsschema ergeben das Fertigungsmaterial + Materialgemeinkosten + Fertigungslöhne + Fertigungsgemeinkosten die Herstellkosten der Erzeugung, auf die dann wiederum ein prozentualer Aufschlag für Verwaltungs- und Vertriebsgemeinkosten erfolgt, um zu den Selbstkosten zu gelangen.

Sie erinnern sich:

Fertigungsmaterial	
+ Materialgemeinkosten (MGK)	= Materialkosten
Fertigungslöhne	
+ Fertigungsgemeinkosten (FGK)	= Fertigungskosten
	= Herstellkosten der Erzeugung
	+ Verwaltungsgemeinkosten (VwGK)
	+ Vertriebsgemeinkosten (VtGK)
	= Selbstkosten

Wenn Sie diese Berechnung genauer betrachten, so fällt auf, daß die Vertriebsgemeinkosten auf die hergestellte und nicht auf die verkaufte Produktmenge verrechnet werden. Dies ist solange korrekt, wie Ihr Endbestand an unfertigen und fertigen Erzeugnissen am Ende des Jahres mit Ihrem Anfangsbestand zu Beginn des Jahres übereinstimmt (d.h. keine Lagerbestandserhöhung oder -minderung zu verzeichnen ist). Was ist aber, wenn Ihr Anfangsbestand mit dem Endbestand nicht mehr übereinstimmt und Abweichungen auftreten? Diesbezüglich lassen sich grundsätzlich drei verschiedene Konstellationen unterscheiden:

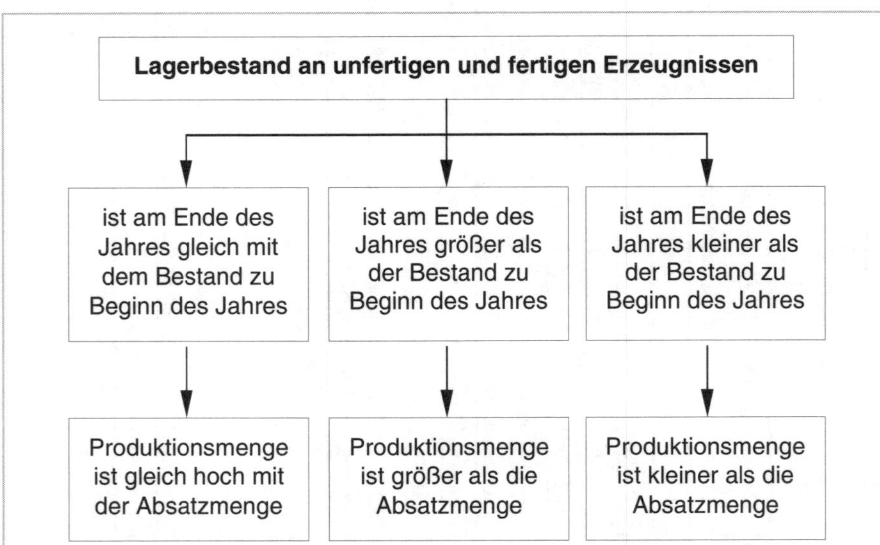

Wenn Ihre Produktionsleistung über die Ihrer Absatzleistung hinausgeht, erhöht sich folglich Ihr Lagerbestand genau in der Höhe der nicht abgesetzten Produkte. Da aber in Ihrer Kalkulation im Gesamtbetrag „Herstellkosten (der Erzeugung)" sämtliche Kosten für alle Produkte enthalten sind, – unabhängig davon, ob sie verkauft wurden oder nicht – muß der Teil, der in das Fertigwarenlager wandert, von den Herstellkosten der Erzeugung wieder abgezogen werden, um die Kostenhöhe zu erhalten, die tatsächlich für die verkauften Produkte angefallen ist.

Fertigungsmaterial	150 000
+ Materialgemeinkosten (10 %)	15 000
= Materialkosten	165 000
Fertigungslöhne	200 000
+ Fertigungsgemeinkosten (150 %)	300 000
= Fertigungskosten	500 000
= Herstellkosten (der Erzeugung)	**665 000**

Sind mit den Kosten von 665 000 DM im selben Abrechnungszeitraum insgesamt 100 000 Stück hergestellt, aber aufgrund von aufgetretenen Absatzschwierigkeiten nur 85 000 Stück verkauft worden, erhöhen folglich die „überproduzierten" 15 000 Stück am Jahresende Ihren Lagerbestand.

Die bewertete Lagerbestandserhöhung muß im **zweiten Schritt** von den Herstellkosten der Erzeugung subtrahiert werden.

Da Sie mit Kosten von insgesamt 665 000 DM insgesamt 100 000 Stück herstellen konnten, kostet Sie ein Stück in der Fertigung genau 6,65 DM. Wenn von den 100 000 Stück insgesamt 15 000 Stück wegen Nichtverkaufs Ihren Lagerbestand erhöhen, so hat diese Lagerbestandsmehrung einen Wert von 99 750 DM (15 000 Stück · 6,65 DM/Stück).

Herstellkosten der Erzeugung	665 000
– Lagerbestandsmehrung an fertigen Erzeugnissen	99 750
= Herstellkosten des Umsatzes	565 250

Die Herstellkosten des Umsatzes repräsentieren genau die Kosten, die für den Verkauf Ihrer 85 000 Stück angefallen sind (85 000 · 6,65).
Im **dritten Schritt** wird der Verwaltungs- und Vertriebsgemeinkostenzuschlagssatz auf die Herstellkosten des Umsatzes aufgeschlagen. Somit erhalten Sie die korrekten Selbstkosten für die verkaufte Menge von 85 000 Stück ohne Berücksichtigung etwaiger Lagerbestandserhöungen.

Zu erwähnen bleibt noch, daß Sie bei einem Lagerabgang den **Minderbestand** zu den Herstellkosten der Erzeugung **addieren** müssen.

5.1.3 Umsatzleistungen

Die Ermittlung Ihres Gewinns setzt nicht nur eine exakte Erfassung aller Kosten, sondern auch eine genaue Kenntnis Ihrer Umsatzleistung voraus.

Aufgrund der Addition aller ausgestellten Rechnungen ermittelten Sie für das abgelaufene Jahr einen Bruttoumsatz von insgesamt 232 000 DM. Bei 10 % des Nettoumsatzes (= ohne Mehrwertsteuer) gewährten Sie einen Rabatt von 5 %; alle Kunden zahlten mit 3 % Skontoabzug. Außerdem fielen noch Vertreterprovisionen in Höhe von insgesamt 5 600 DM ohne Mehrwertsteuer an.

Wie hoch war Ihr tatsächlicher Nettoumsatz unter Berücksichtigung aller oben genannten Faktoren?

Am besten ist es, alle bekannten Zahlen in das folgende Kalkulationsschema einzutragen:

Fertigungsmaterial		
+ Materialgemeinkosten		
= Materialkosten		
Fertigungslöhne		
+ Fertigungsgemeinkosten		
= Fertigungskosten		
= Herstellkosten der Erzeugung		
+ Minderbestand an Erzeugnissen		
– Mehrbestand an Erzeugnissen		
= Herstellkosten des Umsatzes		
+ Verwaltungsgemeinkosten		
+ Vertriebsgemeinkosten		
= Selbstkosten		
+ Gewinnzuschlag		
= Barverkaufspreis		
+ Vertreterprovision		5.600
+ Kundenskonto	3 %	
= Zielverkaufspreis		
+ Kundenrabatt	5 %	
= Listenverkaufspreis netto		
+ gesetzliche Mehrwertsteuer	16 %	
= Listenverkaufspreis brutto		232.000

Bei einem Listenverkaufspreis (= Bruttoumsatz) von insgesamt 232 000 DM haben Sie unter Berücksichtigung der gesetzlichen Mehrwertsteuer von derzeit 16 % einen Nettoumsatz von 200 000 DM erzielt (200 000 · 16 % = 32 000 und das wiederum von 232 000 DM abgezogen).

10 % dieses Nettoumsatzes (= ohne MWSt) macht demnach 20 000 DM aus (200 000 · 10 %), auf den Sie einen zusätzlichen Rabatt von 5 % gewährten, also 1 000 DM (20 000 · 5 %).

Diese bisher ermittelten Werte tragen Sie wieder in Ihr Kalkulationsschema ein:

= Zielverkaufspreis		199 000
+ Kundenrabatt	5 %	1 000
= Listenverkaufspreis netto		200 000
+ gesetzliche Mehrwertsteuer	16 %	32 000
= Listenverkaufspreis brutto		232 000

Ihr Zielverkaufspreis beträgt 199 000 DM. Von diesem Betrag sind noch 3 % Skonto und 5 600 DM Vertreterprovision abzuziehen, so daß Ihr Schema nun folgende Gestalt annimmt:

= Barverkaufspreis		187 430
+ Vertreterprovision		5 600
+ Kundenskonto	3 %	5 970
= Zielverkaufspreis		199 000
+ Kundenrabatt	5 %	1 000
= Listenverkaufspreis netto		200 000
+ gesetzliche Mehrwertsteuer	16 %	32 000
= Listenverkaufspreis brutto		232 000

Ein Umsatz in der Gewinn- und Verlustrechnung von 200 000 DM netto gleicht in unserem Beispiel einem kostenrechnerischen Umsatz von 187 430 DM, sofern die Kosten für Vertreterprovision, Skonto und Rabatt nicht bereits bei der Ermittlung der Selbstkosten Berücksichtigung fanden.

Möchten Sie beispielsweise einen Gewinnzuschlag von 5 % realisieren, dürfen Ihre Selbstkosten höchstens 178 500 DM betragen, und Sie müssen einen Nettoumsatz (Listenverkaufspreis netto) von 200 000 DM tätigen, damit Ihre Planung aufgeht.

5.2 Hauptkostentreiber genau untersuchen

5.2.1 Die Material- und Lagerhaltungskosten im Blickpunkt

Service rückt heutzutage immer mehr in den Vordergrund. Zu einem umfassenden Service gehört u.a. auch, daß der Kunde so schnell wie möglich beliefert wird. Kann der Kunde nicht sofort bedient werden, so sollte ihm doch zumindestens ein verbindlicher Liefertermin zugesagt werden können. Die Einhaltung der Lieferfrist kann wesentlich zum Aufbau eines guten Images beitragen und den zukünftigen Umsatz steigern. Voraussetzung dafür ist allerdings, daß Ihr Unternehmen gut durchorganisiert ist. Neben der Abschätzung, welche Zeit Sie für die Fertigung des bestellten Artikels benötigen, sollten Sie jederzeit einen Überblick darüber haben, welche Materialien Sie für die Produktion benötigen und ob ausreichende Mengen im Materialvorratslager bereitstehen. Auf keinen Fall sollte es so aussehen, daß Sie nach einer Kundenbestellung im Rahmen der Produktionsplanung feststellen müssen, daß bestimmte Materialien fehlen, die erst noch bei Ihren Lieferanten bestellt werden müssen. Das verursacht nicht nur enorme zusätzliche Kosten in der Produktion, z.B. durch nicht eingeplante Stillstandszeiten der Maschinen, sondern kann auch u.U. eine mit hohen finanziellen Mitteln vorgenommene Werbekampagne ins Leere laufen lassen, weil Kunden durch Nichteinhaltung der von Ihnen zugesagten Lieferzeiten zur Konkurrenz abwandern.

Gerade der Bereich Material- und Lagerhaltungskosten stellt immer eine Gratwanderung zwischen zu hohen oder zu niedrigen Lagerbeständen dar. Zu hohe Lagerbestände garantieren natürlich, daß Sie zu jeder Zeit ausreichend Mengen an Fertigungsmaterialien für die fortlaufende Produktion auf Lager haben. Die Kehrseite der Medaille besteht allerdings darin, daß enorme Geldbeträge viel zu lange in Materialien gebunden werden und darüber hinaus sehr viel Platz für die Lagerung bereitgestellt werden muß. Vor allem in kleinen und mittleren Unternehmen mit einer geringen Eigenkapitaldecke und/oder geringen Geldreserven kann dieses Vorgehen eines überhöhten und teilweise unnötigen Lagerbestandes ein sehr hohes Unternehmensrisiko darstellen.

Obwohl die Materialbeschaffung und -lagerung am Anfang der Produktionskette steht, kommt ihr doch große Bedeutung zu. Quer durch sämtliche Branchen kommt es im Materialbereich nicht auf die Unternehmensgröße, sondern auf wirtschaftlich durchorganisierte Bestandsführung an. Wirtschaftlich durchorganisierte Bestandsführung bedeutet auf der einen Seite, daß nicht mehr Liquidität als unbedingt erforderlich gebunden wird, und auf der anderen Seite, daß sämtliche Materialbestände gerade so hoch gehalten werden, daß die jederzeitige Lieferfähigkeit sichergestellt ist.

Einerseits gefährden zu geringe Lagerbestände die fristgerechte Leistungserstellung, andererseits führen zu hohe Lagerbestände zur Unwirtschaftlichkeit. Außerdem sollten Sie bedenken, daß neben den reinen Materialkosten noch weitere Kosten entstehen:

- Raumkosten für die Lagerhaltung,
- Kosten für Versicherungen,
- Kosten für Instandhaltungen,

- Personalkosten,
- Energiekosten,
- Transportkosten.

Diese zusätzlichen „Materialnebenkosten“ können den eigentlichen Materialeinkaufspreis sehr schnell um 10 bis 20 % verteuern. Um vor allem auch saisonale Bestellschwankungen gut abzufedern, sollten Sie in einem ersten Schritt den sogenannten durchschnittlichen Lagerbestand getrennt für jeden Artikel Ihres Sortiments ermitteln. Zu Beginn sollten Sie mittels einer Inventur sämtliche Materialien in Ihrem Lager aufnehmen, wobei jeweils noch getrennt werden sollte nach Farbe, Gewicht, Menge, Stückzahl usw. Diese Ergebnisse tragen Sie dann in ein sogenanntes Inventarverzeichnis ein.

BEISPIEL

Inventarverzeichnis für den Artikel „Holzlatten“:

Artikel: Holzlatten					
Artikel-Nr.:	Bezeichnung	Menge	Einheit	Listenpreis	Wert lt. Inventur
1015	Kiefer	25,8	lfm	12,28 DM	316,82 DM
1101	Eiche	12,3	lfm	32,50 DM	399,75 DM
1028	Buche	38,7	lfm	15,98 DM	618,43 DM
...					
...					

Nach der erstmaligen körperlichen Bestandsaufnahme sollten Sie entweder über Karteikarten oder über ein geeignetes EDV-Programm für jede Artikel-Nr. separat darüber Bestand führen, welche Mengen zu welchem Preis im Laufe des Jahres gekauft wurden und welche Abgangsmengen vom jeweiligen Artikel für die Produktion zu verzeichnen waren. Das hat den Vorteil, daß Sie am Jahresende für die vorzunehmenden Jahresabschlußarbeiten im Rahmen der Bilanzaufstellung die Inventurvereinfachung gem. § 241 HGB in Anspruch nehmen können.

BEISPIEL

Zeitnahe Bestandsfortführung:

Artikel-Nr. 1015 Artikelbezeichnung: Holzlatten Kiefer				Lieferant: Muster OHG Einheit: lfm		
Datum	Beleg	Zugang	Abgang	Bestand	Bezugspreis	Gesamtwert
01.02.	AB			25,8	12,28 DM	316,82 DM
08.02.	ER 13296	45,9		71,7	13,18 DM	921,78 DM
09.02.	AF 1315		50,4	21,3		273,83 DM
12.02.	ER 14173	18,1		39,4	12,79 DM	505,33 DM
13.02.	AF 2408		37,0	2,4		30,78 DM
...						
...						

ER: Eingangsrechnung mit der Nr.: ...
AF: Auftragsanforderung für die Produktion mit der Nr.: ...

Der fortgeführte Gesamtwert ist wie folgt berechnet worden:

AB	25,80 lfm à 12,28 DM	=	316,82 DM
Zugang am 08.02.	45,90 lfm à 13,18 DM	=	604,96 DM
Zwischensumme 08.02.	71,70 lfm à 12,86 DM	=	921,78 DM
Abgang 09.02.	50,40 lfm à 12,86 DM	=	647,95 DM
Zwischensumme 09.02.	21,30 lfm à 12,86 DM	=	273,83 DM
Zugang 12.02.	18,10 lfm à 12,79 DM	=	231,50 DM
Zwischensumme 12.02.	39,40 lfm à 12,83 DM	=	505,33 DM
Abgang 13.02.	37,00 lfm à 12,83 DM	=	474,55 DM
Zwischensumme 13.02.	2,40 lfm à 12,83 DM	=	30,78 DM

Was fällt an diesem Beispiel besonderes auf?

Der Verrechnungspreis

Einmal wird jeder Abgang mit einem neuen Verrechnungspreis bewertet, der sich aus dem Durchschnittspreis der im Lager befindlichen Holzlatten errechnet. Mit anderen Worten haben Sie beim gleichen Mengenverbrauch zu unterschiedlichen Zeiten unterschiedliche Preise – je nachdem, zu welchem Preis die benötigten Holzlatten eingekauft worden sind, d.h., bei der später durchzuführenden Kostenkontrolle wird sich eine Preisabweichung ergeben, die zu eleminieren ist. Besser ist es, von Beginn an mit einem festgelegten Durchschnittspreis für sämtliche Zu- und Abgänge zu rechnen, damit beim späteren Soll-Ist-Vergleich keine Preisabweichung auftreten kann und Sie einzelne Zeitabschnitte (z.B. Monate) miteinander vergleichen können. Wie dies im einzelnen gehandhabt werden kann, soll folgendes kleines Beispiel aufzeigen:

Die Monatsrechnung Ihres Materiallagers für Holzlatten „Kiefer“ weist im letzten Monat den Wareneingang zu folgenden Rechnungswerten aus:

am 08.02.	45,90 lfm zu 13,18 DM je lfm.	=	604,96 DM
am 12.02.	18,10 lfm zu 12,79 DM je lfm.	=	231,50 DM
am 15.02.	27,35 lfm zu 13,02 DM je lfm.	=	356,10 DM
am 22.02.	36,80 lfm zu 12,95 DM je lfm.	=	476,56 DM
am 30.02.	44,60 lfm zu 13,10 DM je lfm.	=	584,26 DM
	172,75 lfm	=	2 253,38 DM

Sie haben festgelegt, daß sowohl der Zu- als auch der Abgang zukünftig in der Buchführung auf dem Konto 3000 „Wareneinkauf Holzlatten Kiefer“ mit 13,00 DM bewertet wird. Der zu verbuchende Materialverbrauch für die Produktion wird jeweils am Monatsende festgestellt und soll in unserem Beispiel für den Monat 02 insgesamt 140,00 lfm betragen.

1. Schritt: Sie buchen den Wareneingang mit den tatsächlichen Einkaufspreisen auf einem separaten Unterkonto vom Konto 3000 Wareneinkauf z.B. auf das Konto 3001 Wareneinkauf Holzlatten „Kiefer" (tatsächlicher Preis) im Soll als Zugang in Höhe von 2 253,38 DM.

2. Schritt: Sie buchen die eingekauften Kiefernholzlatten mit 2 245,75 DM (172,75 lfm à 13,00 DM) auf dem Konto 3000 ein und belasten gleichzeitig das Konto 3001 in derselben Höhe mit dem von Ihnen festgelegten Verrechnungssatz.

3. Schritt: Sie buchen am Monatsende den tatsächlichen Materialverbrauch in Höhe von 1 820 DM (140,00 lfm à 13,00 DM) im Konto 3000 aus und im Konto 4000 „Fertigungsmaterial" ein.

4. Schritt: Sie schließen das Konto 4000 Mateialverbrauch ab. Beim Gesamtkostenverfahren erfolgt der Abschluß über das Konto 9800 „Betriebsergebnis", im Falle des Umsatzkostenverfahrens über das Konto 7800/7900 „Fertige Erzeugnisse" bzw. „Unfertige Erzeugnisse".

5. Schritt: Sie errechnen den Preisdifferenz-Prozentsatz, indem Sie den Zugang auf dem Konto mit der Konto-Nr. 3000 in Höhe von 2 245,75 DM ins Verhältnis zum Saldo des Kontos mit der Konto-Nr. 3001 in Höhe von 7,63 DM (2 253,38 - 2 245,75) setzen. Preisdifferenz-Prozentsatz = 7,63 / 2 245,75 = 0,34 %

6. Schritt: Nachdem Sie die Preisdifferenz in Prozent ausgerechnet haben, wird der tatsächliche Materialverbrauch in Höhe von 1 820 DM mit 0,34 % multipliziert, und Sie erhalten den Preisdifferenzbetrag, der auf den Verbrauch im Betrachtungsmonat entfällt. In diesem Beispiel lautet der Betrag 6,19 DM.

7. Schritt: Sie buchen den Betrag von 6,19 DM als Belastung auf dem Konto 3001 aus und in das Konto 9850 „Preisdifferenzenerfolgskonto" ein.

8. Schritt: Die verbleibenden Salden der Konton 1600, 3000 + 3001 schließen Sie über die Schlußbilanz ab, das Konto 9850 über das Konto 9800.

Kontenmäßige Darstellung:

3000 Wareneinkauf (Verrechng.)

2)	2 245,75	3)	1 820,00
		8)	425,75

3001 Wareneinkauf (tatsächlich)

1)	2 253,38	2)	2 245,75
		7)	6,19
		8)	1,44

4000 Materialverbrauch

3)	1 820,00	4)	1 820,00

1600 Verbindlichkeiten a. L.+L.

		1)	2 253,38

9800 Betriebsergebniskonto

4) 4000	1 820,00		
8) 9850	6,19		

9850 Preisdifferenzenerfolgskonto

7)	6,19	8)	6,19

9990 Schlußbilanzkonto

8) 3000	425,75		
8) 3001	1,44		

Das verbrauchte Material mindert zwar das Betriebsergebnis nur in Höhe des festgesetzten Verrechnungspreises von 1 820 DM, jedoch wird über den „Umweg" des Preisdifferenzenerfolgskontos der Gewinn mit der anteilmäßigen Preisdifferenz von 6,19 DM belastet. Wenn Sie in Ihrem Unternehmen ebenso verfahren, haben Sie bereits während der Buchung sofort einen Überblick darüber, wieviel mengenmäßig unter Außerachtlassung etwaiger Preisverschiebungen tatsächlich verbraucht worden ist.

Die Lagerbestandshöhe

Der am 13.02. erreichte Lagerbestand von 2,4 lfm Holzlatten wird kaum ausreichen, um bei der nächsten Kundenbestellung sofort mit der Fertigung beginnen zu können. Neben der Preiskomponente, die bereits aufgeführt wurde, steht hier die Lagerbestandshöhe zur Diskussion.

Allgemein hat die Lagerhaltung die Aufgabe des Ausgleichs zwischen Beschaffung, Fertigung und Absatz. Dabei ist von entscheidender Bedeutung, wie und vor allem in welcher Höhe die Lagerbestände geplant werden. Auf jeden Fall sollten sie so groß sein, daß ein reibungsloser Betriebsablauf ständig gewährleistet ist.

Folgen falscher Lagerbestandspolitik

zu niedriger Lagerbestand

- mögliche Störung des Betriebsablaufs
- teurer anderweitiger Einkauf
- durch Unterbeschäftigung entstehen Leerkosten
- Abwanderung der Kundschaft
- Verlust von Mengenrabatten, Skonti usw. durch mehrmalige Bestellungen

zu hoher Lagerbestand

- höhere Lagerkosten
- höhere Zinskosten
- höheres Risiko in bezug auf Verderb, Schwund und sonstiges Abhandenkommen

Für eine rationale und kostengünstige Lagerhaltung eignen sich folgende Lagerbestandsgrößen:

Optimaler Lagerbestand

Der optimale Lagerbestand symbolisiert den Bestand, bei dem sowohl die Kosten für Einkauf als auch die der Lagerhaltung so minimal sind, daß bei der Lagerhaltung die größte Wirtschaftlichkeit erzielt wird. In der Praxis treten bei der Ermittlung des optimalen Lagerbestandes insofern große Schwierigkeiten auf, als die Preise und Mengen sowohl auf dem Beschaffungs- wie auch auf dem Absatzmarkt täglich großen Schwankungen unterworfen sein können und damit eine sichere Voraussage nahezu unmöglich wird.

Mindestlagerbestand (eiserner Bestand)

Der Mindestlagerbestand stellt die unterste Grenze des optimalen Lagerbestandes dar und bezeichnet diejenige Lagermenge, die von jedem Artikelmaterial dauernd auf Lager sein muß, um eine ständige Aufrechterhaltung der normalen laufenden Produktionstätigkeit zu gewährleisten.

Höchstlagerbestand

Der Höchstlagerbestand signalisiert die oberste Grenze des Bestandes von jedem Artikel. Er wird regelmäßig beim Bezug von neuen Materialien erreicht und sollte niemals überschritten werden, weil im Falle eines Überschreitens in der Regel progressive Kostensteigerungen die Folge sind.

Meldebestand

Der Meldebestand repräsentiert die Lagerbestandshöhe, bei deren Erreichen von der Einkaufsabteilung sofort neue Ware geordert werden sollte. Der Meldebestand liegt zwischen dem Mindest- und dem Höchstbestand eines jeden Artikels. Da die Höhe des Meldebestands sowohl vom voraussichtlichen Verbrauch als auch von der Lieferzeit der Lieferanten abhängt, kann er so berechnet und festgelegt werden, daß beim Eintreffen des neuen Materials gerade der Mindestbestand erreicht ist.

5.2.2 Personalkosten fest im Griff

In den meisten Unternehmen stellen die Personalkosten den Löwenanteil der betrieblichen Kosten dar. Meistens sind sie langfristiger Natur, lassen sich in Krisenzeiten nur bedingt abbauen und erhöhen den Fixkostenblock jedes Unternehmens in mehr oder minder starkem Maße.

Die gesamte Lohn- und Gehaltsabrechnung ist ein Bestandteil Ihrer Buchführung. Das sogenannte Lohnjournal, das für jeden Arbeitnehmer getrennt die Lohn- und Gehaltsabrechnung verschiedenen Konten in der Buchführung zuordnet, bildet dabei die Verbindung von der Lohn- zur Finanzbuchhaltung. Auch hier gilt wieder die Devise: Je genauer Sie buchen, desto detailliertere Informationen liegen Ihnen später für die Kostenrechnung vor. Beispielsweise unterscheidet der Kontenrahmen SKR 03 der DATEV folgende Aufwandskonten im Personalbereich:

Konto-Nr.:	Bezeichnung
4100	Löhne und Gehälter
4110	Löhne
4120	Gehälter
4125	Ehegattengehalt
4126	Tantiemen
4130	Gesetzliche soziale Aufwendungen
4138	Beiträge zur Berufsgenossenschaft
4139	Ausgleichsabgabe für Schwerbehinderte
4140	Freiwillige soziale Aufwendungen (lohnsteuerfrei)
4145	Freiwillige soziale Aufwendungen (lohnsteuerpflichtig)
4149	Pauschale Lohnsteuer auf sonstige Bezüge
4170	Vermögenswirksame Leistungen
4190	Aushilfslöhne
4199	Lohnsteuer für Aushilfen

Sie sehen aus dieser nicht vollständigen Aufzählung, daß bereits in der Buchhaltung nach verschiedenen Kriterien im Personallohn- und -gehaltsbereich unterschieden wird.

Für kostenrechnerische Zwecke reicht diese pauschale Zuordnung zu einem Konto jedoch nicht aus. Die monatlich z.B. auf Konto 4120 „Gehälter" gebuchten 80 000 DM sagen nichts darüber aus, aus welchen Einzelbeträgen sich diese Gesamtsumme ergibt. Speziell für die spätere Kalkulation ist es aber wichtig zu wissen, wie sich der Betrag von 80 000 DM im einzelnen zusammensetzt und vor allem, wo die Kosten entstanden sind. Damit wären wir wieder bei der Kostenstellenrechnung. Wie bereits mehrfach angesprochen, können Kostenstellen nicht nur innerhalb eines Unternehmens gebildet werden, sondern auch für verschiedene Filialen, Projekte, Geschäftsbereiche oder sogar für einzelne Maschinenarbeitsplätze eingerichtet werden.

Die Zuordnung von Löhnen und Gehältern zu einzelnen Kostenstellen ist relativ einfach. Aufgrund des internen Organigramms ist bekannt, welcher Mitarbeiter an welchem Arbeitsplatz und in welcher Abteilung wofür zuständig ist.

BEISPIEL

Zusammenhang zwischen Organigramm und Kostenstellenrechnung

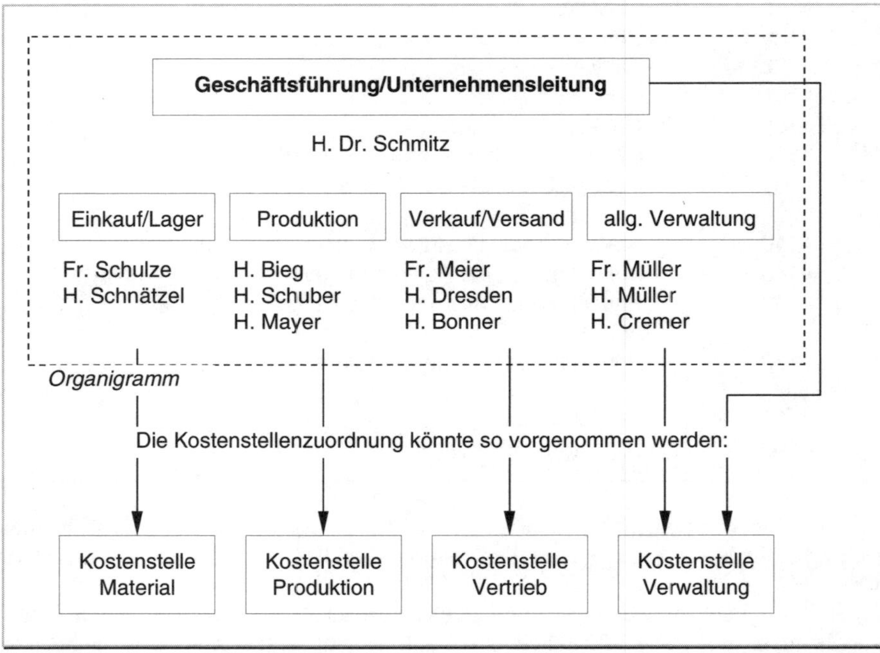

Sie erinnern sich: Die Kostenart 4120 „Gehälter" in Höhe von 80 000 DM wird über den BAB auf die einzelnen Kostenstellen entsprechend ihrer tatsächlichen Inanspruchnahme verteilt. Dabei erhielt Fr. Schulze ein Gehalt von 3 000 DM, H. Bieg erhält 4 500 DM, H. Schuber 4 300 DM, Fr. Meier 3 800 DM, H. Bonner 4 500 DM, Fr. Müller 3 950 DM, H. Müller 5 500 DM, H. Cremer 11 750 DM und H. Dr. Schmitz 38 700 DM. Die Aufteilung hat demnach folgendes Aussehen:

Gemeinkosten	Zahlen der Buchhaltung	Grundlage der Verteilung	Kostenstellen Material	Fertigung	Verwaltung	Vertrieb
--						
--						
Gehälter	80 000	Gehaltsliste	3 000	8 800	59 900	8 300
--						
--						
Summe:	....	aufgeteilt auf:	....	....	....	....

Es ist vorstellbar, daß die obigen Kostenstellen auch für vier verschiedene Filialen, Projekte oder Verkaufsbezirke eingerichtet werden. Die Gehälter stellen Kosten dar und vermindern nicht nur den Gewinn, sondern auch den Deckungsbeitrag. Möglich ist in dieser Konstellation, daß der Umsatz in den einzelnen Kostenstellen direkt den

Kosten gegenübergestellt wird, indem bereits in Ihrer Buchführung ein Erlöskonto für jeden Kostenstellenbereich eingerichtet und auch bebucht wird. Damit haben Sie in jeder einzelnen Kostenstelle den jederzeitigen Überblick über Ihre Wirtschaftlichkeit und Ihren Erfolg. Den Deckungsbeitrag können Sie weiterhin dafür nutzen, Erfolgsprämien für den Verkauf mit dem höchsten Deckungsbeitrag auszusetzen oder bei Erreichen einer bestimmten Gesamtdeckungsbeitragssumme an Ihre Mitarbeiter eine Sonderzahlung auszuschütten. Warum es sinnvoll ist, auf den Deckungsbeitrag und nicht auf den Umsatzerlös abzustellen, soll folgendes Beispiel verdeutlichen:

Obwohl mitunter noch weitere Kostenbestandteile anfallen, soll das Beispiel nur Umsatzerlöse und variable Kostenbestandteile umfassen:

	Filiale I	Filiale II
Umsatzerlöse	120 000 DM	360 000 DM
variable Kosten	100 000 DM	330 000 DM
Deckungsbeitrag	20 000 DM	30 000 DM

In beiden Filialen wird ein positiver Deckungsbeitrag erreicht. Zu beachten ist allerdings, daß die variablen Kosten bei Umsatzausweitung überproportional ansteigen, so daß sich der anteilige Deckungsbeitrag vermindert. In der Filiale I liegt er zur Zeit noch bei 16,7 %, bei der Filiale II nur bei 8,3 %.

Würde die Bonuszahlung ausschließlich am Umsatz orientiert, könnte es sein, daß Sie bei entsprechend hohen Umsatzwerten insgesamt ein Verlustgeschäft tätigen. Würde angenommen, daß Sie ab einem Umsatz von 350 000 DM einen zusätzlichen Bonus in Höhe von 9 % vom Umsatz gewähren, stiegen die variablen Kosten an, und der Deckungsbeitrag läge plötzlich im Minus. Dies kann nicht geschehen, wenn Sie den positiven Deckungsbeitrag als Maßstab heranziehen. Solange dieser vor Errechnen der Bonushöhe positiv ist, bleibt er auch nach Zahlung der Bonusprämie positiv und leistet damit noch einen Beitrag zur Deckung der fixen Kosten.

5.2.3 Maschinenstundensatzrechnung - ein Muß für jeden Unternehmer

Im Rahmen der bisher besprochenen Kalkulations- und Kostenrechnungsmethoden werden sämtliche Gemeinkosten über den BAB abgerechnet und mittels Gemeinkostenzuschlagssätzen den Einzelkosten zugeschlagen. Speziell beim Zuschlagssatz für die Fertigungsgemeinkosten kann es vorkommen, daß Sie für die Preisfindung einer Auftragsfertigung pauschal mit dem für sämtliche Vorgänge in der Produktion betreffenden allgemeinen Fertigungsgemeinkostenzuschlagssatz gerechnet haben, obwohl der Auftrag an einer Maschine gefertigt werden kann, für den der pauschal ermittelte Prozentsatz nicht zutrifft und der gesamte Auftrag folglich zu einem anderen als dem kalkulierten Preis angeboten werden kann.

Gehört Ihr Unternehmen zur maschinenorientierten Branche, so bietet es sich an, innerhalb des Fertigungsbereichs separate Kostenstellen für einzelne Maschinenplätze einzurichten. Bei der ursprünglichen Kalkulation werden die Maschinenkosten der Lohnsumme pauschal mittels eines Zuschlagssatzes aufgeschlagen, ohne auf die individuelle, auftragsbezogene Inanspruchnahme der einzelnen Maschinen Rücksicht zu nehmen, was zu überhöhten Lohnstundensätzen führt und Sie vielleicht zu falschen Entscheidungen verleiten könnte. Im Rahmen der Maschinenstundensatzrechnung werden die unmittelbar maschinenabhängigen Kosten aus den Fertigungsgemeinkosten abgekoppelt und – entsprechend der jeweiligen Inanspruchnahme der Maschinen – mit Hilfe eines Maschinenstundensatzes separat auf die einzelnen Aufträge oder Produkte verrechnet. Die restlichen Gemeinkosten werden wie bisher über den Fertigungsgemeinkostensatz aufgeschlagen.

Bestandteile der Fertigungsgemeinkosten

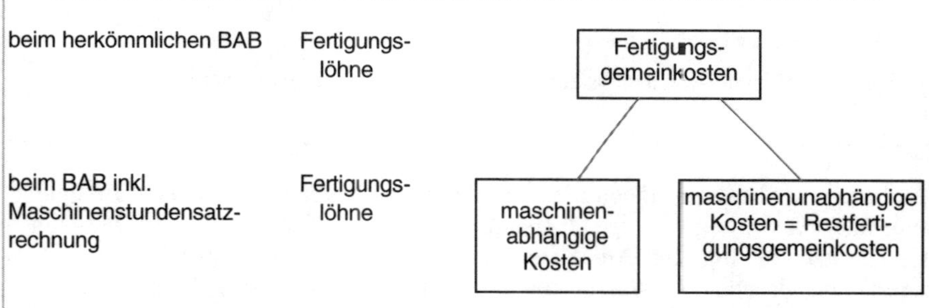

Der Unterschied zwischen einem BAB mit und ohne Maschinenstundensatzrechnung besteht einzig und allein darin, daß die Fertigungsgemeinkosten bei der Maschinenstundensatzrechnung nochmals danach unterteilt werden, ob sie maschinenabhängige Kosten oder Restgemeinkosten darstellen, wobei die maschinenabhängigen Kosten den Hauptteil der Kosten „verschlingen".

Werden die Gemeinkosten nicht über die Lohnsumme verrechnet, sondern in den Maschinenstundensatz integriert, so werden zukünftig weniger Kosten auf die einzelne Lohnstunde entfallen und damit Ihr Lohnstundenverrechnungssatz geringer – auch Ihre Angebotskalkulation wird auf eine wesentlich sicherere und bessere Basis gestellt, zumal die Höhe der Fertigungsgemeinkosten sehr stark vom Einsatz der Maschinen sowie deren Laufzeit beeinflußt wird. Zu denken wäre z.B. an Abschreibungen für die Maschinen, kalkulatorische Zinsen, Reparatur- und Instandhaltungkosten, aber auch an Energie- und Betriebsstoffkosten.

Mit der Bildung von Maschinenplätzen zu Kostenstellen lassen sich sämtliche Fertigungsgemeinkosten wie folgt untergliedern:

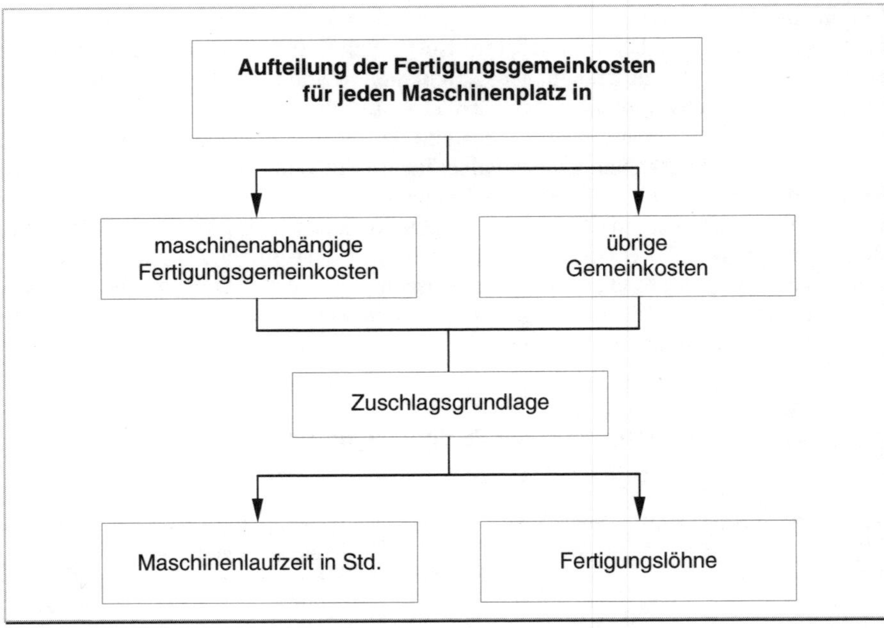

Am besten wird es sein, Ihnen die Ermittlung der maschinenabhängigen Fertigungsgemeinkosten sowie der übrigen Gemeinkosten über die Berechnung des Maschinenstundensatzes bis hin zum Aufzeigen der Abhängigkeiten zwischen Maschinenstundensatz und Maschinenlaufzeit an einem konkreten Beispiel näher zu erläutern.

Ein Teil der maschinenabhängigen Fertigungsgemeinkosten läßt sich unmittelbar aus Ihrer Buchführung entnehmen, andere können Sie sehr genau kalkulieren und bestimmen.

Bei 52 Wochen im Jahr und einer Arbeitswoche von 38 Stunden berücksichtigen Sie zusätzlich zwei Wochen für Stillstands-, Umrüst- und Reparaturzeiten. Außerdem werden Sie im Sommer Ihr Unternehmen für drei Wochen wegen Betriebsferien schließen, in denen nicht produziert wird. Somit kommen Sie für ein Jahr auf eine **Maschinenlaufzeit** von insgesamt **1 786 Stunden** (47 Wochen/Jahr · 38 Std./Woche).

So läßt sich z.B. der **Energiebedarf** unter Zugrundelegung folgender Informationen genau berechnen:

Der Energieverbrauch Ihrer Maschine beträgt 30 kWh zu einem Preis von 0,26 DM/kWh. Die monatliche Grundgebühr beträgt 75,00 DM. Demnach beträgt der Energieverbrauch pro Jahr:

(1 786 Std. · 30 kWh · 0,26DM/kWh) + (75,00 · 12 Monate) = 14 830,80 DM

Hiervon sind 13 930,80 DM variabel und 900,00 DM fix.

Die zu veranschlagenden **Zinsen** können Sie ebenfalls kalkulatorisch wie folgt ungefähr ermitteln: Sie orientieren sich für interne unternehmerische Berechnungen immer am Kontokorrentzinssatz im Falle einer Girokontoüberziehung, der für unser Beispiel mit 13,5 % angenommen werden soll. Für die Fertigungsmaschine, für die die maschinenabhängigen Fertigungsgemeinkosten berechnet werden sollen, haben Sie an Anschaffungskosten 200 000 DM bezahlt. Da durch die jährlichen Abschreibungen die Maschine von Jahr zu Jahr an Wert verliert, veranschlagen Sie die halben Anschaffungskosten von 100 000 DM für die Berechnung der kalkulatorischen Zinsen, um mit gleich hohen Zinskosten pro Jahr rechnen zu können. An kalkulatorischen Zinsen fallen demnach 13 500 DM pro Jahr an (13,5 · 100 000/100=13 500).

Die kalkulatorischen **Abschreibungen** berechnen sich ähnlich. Grundlage für die Berechnung sind aber nicht die ursprünglichen Anschaffungskosten von 200 000 DM, sondern die voraussichtlichen Wiederbeschaffungskosten nach Ende der Nutzungsdauer in 10 Jahren, die Sie heute auf 300 000 DM schätzen. (Im Zweifel können Sie jedes Jahr den Wiederbeschaffungswert neu berechnen. Dabei können Sie sich auf den „Erzeugerpreisindex" des Statistischen Bundesamtes stützen, der jedes Jahr neu berechnet wird. Die jährliche prozentuale Steigerung berücksichtigen Sie einfach auch in Ihrer Kalkulation). In unserem Beispiel sind an kalkulatorischen Abschreibungen pro Jahr 30 000 DM zu berücksichtigen.

Während der gesamten Nutzungsdauer der Maschine werden an **Instandhaltungskosten** voraussichtlich 6,17 % des Wiederbeschaffungswertes der Maschine anfallen. Die Kosten für Instandhaltung/Reparatur sind danach mit 18 500 DM zu berücksichtigen.

maschinenabhängige Fertigungs-gemeinkosten	aus der Buchführung übernommen	aufgrund eigener Berechnungen ermittelt	Summe
Energiekosten		14 830,80	14 830,80
sonstige Betriebsstoffkosten	10 000,00		10 000,00
Raumkosten	200,00		200,00
Werkzeugkosten	5 000,00		5 000,00
kalkulatorische Zinsen		13 500,00	13 500,00
kalkulatorische Abschreibung		30 000,00	30 000,00
Reparaturen/Instandhaltung		18 500,00	18 500,00

Die bisher errechnete Gesamtsumme unterteilen Sie nochmals in variable und fixe Kosten. (Auf die Notwendigkeit dieser Unterteilung der Fertigungsgemeinkosten werden wir noch im Zusammenhang mit der Abhängigkeit des Maschinenstundensatzes vom Beschäftigungsgrad zurückkommen.)

maschinenabhängige Fertigungs-gemeinkosten	Gesamtkosten	davon variabel	davon fix
Energiekosten	14 830,80	13 930,80	900,00
sonstige Betriebsstoff-kosten	10 000,00	10 000,00	---
Raumkosten	200,00	---	200,00
Werkzeugkosten	5 000,00	3 500,00	1 500,00
kalkulatorische Zinsen	13 500,00	---	13 500,00
kalkulatorische Abschreibung	30 000,00	---	30 000,00
Reparaturen/Instand-haltung	18 500,00	12 500,00	6 000,00
insgesamte Ferti-gungsgemeinkosten	**92 030,80**	**39 930,80**	**52 100,00**

Somit belaufen sich die gesamten Maschinenkosten pro Laufzeitstunde der Maschine auf:

$$\frac{92\,030{,}80 \text{ DM}}{1\,786 \text{ Std.}} = 51{,}53 \text{ DM pro Maschinenstunde}$$

und die variablen Maschinenkosten auf:

$$\frac{39\,930{,}80 \text{ DM}}{1\,786 \text{ Std.}} = 22{,}36 \text{ DM pro Maschinenstunde}$$

Die Restgemeinkosten (= lohnabhängige Gemeinkosten) wie z.B. Gehälter, Bürokosten, Werbekosten, Steuern usw. werden als einheitlicher Zuschlagssatz den Fertigungslöhnen zugeschlagen.

Der Maschinenplatz wird bei der Ermittlung der Zuschlagssätze für die Kalkulation wie jede andere Fertigungshauptkostenstelle angesehen und entsprechend behandelt.

Die im obigen Beispiel geplante Maschinenlaufzeit mit 1 786 Stunden pro Jahr ist zwar realistisch angesetzt worden, es sind jedoch die Stillstands- und Ruhezeiten auf ein Mindestmaß beschränkt worden. Sie haben Ihre Planung auf einer Normalbeschäftigung von 90,4 % aufgebaut, denn 1 786 Laufstunden entsprechen bei einer zur Verfügung stehenden Jahresarbeitszeit von 38 Std./Woche· 52 Wochen/Jahr genau diesem Prozentsatz.

Wie verhält sich Ihr errechneter Maschinenstundensatz von insgesamt 51,53 DM pro Stunde, wenn die Maschine nicht genau zu 1 786 Stunden im Jahr ausgelastet ist?

Bei steigenden Auftragseingängen werden Sie zunächst versuchen, die Mehrproduktion durch Überstunden oder durch Einrichtung einer weiteren Schicht abzudecken. Bei sinkender Nachfrage könnten Sie Kurzarbeit in Betracht ziehen.

Welche Auswirkungen das auf Ihren Maschinenstundensatz hat, wird im folgenden untersucht:

BEISPIEL

Bei steigender Auftragslage entscheiden Sie sich für die Einrichtung einer zweiten Schicht, so daß Ihre jährliche Maschinenlaufzeit auf 3 000 Stunden ansteigt.

Dadurch verändert sich der Stundensatz wie folgt:

variable unveränderte Maschinenkosten pro Laufzeitstunde	22,36 DM
+ fixe Maschinenkosten je Laufzeitstunde (52 100 DM/3 000 Std.)	17,37 DM
= Maschinenstundensatz bei einer jährlichen Laufzeit von 3 000 Std.	39,73 DM

Der gesamte fixe Kostenblock verteilt sich nunmehr auf eine größere Anzahl von Maschinenstunden, so daß auch der Maschinenstundensatz sinkt.

Bei abnehmender Auftragslage ziehen Sie z.B. die Einführung von Kurzarbeit in Erwägung. Das hat bei einer Maschinenlaufzeit von z.B. nur noch 1 000 Stunden pro Jahr folgende kostenrechnerische Konsequenzen:

Veränderung des Stundensatzes:

variable unveränderte Maschinenkosten pro Laufzeitstunde	22,36 DM
+ fixe Maschinenkosten je Laufzeitstund (52 100 DM/1 000 Std.)	52,10 DM
= Maschinenstundensatz bei einer jährlichen Laufzeit von 1 000 Std.	74,46 DM

Die Erhöhung zum ursprünglichen Stundensatz von 51,53 DM kommt dadurch zustande, daß die fixen Kosten auf nur noch 1 000 Stunden umgelegt werden können.

TIP!

Die Maschinenstundensatzrechnung bietet sich vor allem immer dann an, wenn neben den Lohnkosten die Maschinenkosten in Ihrem Unternehmen einen wesentlichen Kostenfaktor darstellen. Eine Aufteilung in Lohn- und Maschinenkosten erhöht nicht nur Ihre Kostentransparenz, sondern liefert auch zuverlässigere Kostenangaben als die herkömmliche Zuschlagskalkulation.

Wie Sie konkret mit Hilfe einer Maschinenstundensatzrechnung kalkulieren können, werden Sie in Kapitel 8.1 kennenlernen.

5.2.4 Die Fixkostenfalle

In den meisten Betrieben setzt sich in der Kostenzusammensetzung immer mehr die Tendenz durch, daß variable Kosten durch fixe ersetzt werden. Dies trifft nicht nur im Fertigungsbereich durch immer höhere (Maschinen-)Automation zu, sondern erstreckt sich auch auf den Bereich der Personalkosten. Aufgrund von Tarifverträgen wird den Mitarbeitern ein immer höherer Grundlohn fest zugesagt, der für Unternehmen die fixen Kosten immer weiter ansteigen läßt.

Diese Entwicklung kann für die Kostenrechnung grafisch wie folgt dargestellt werden:

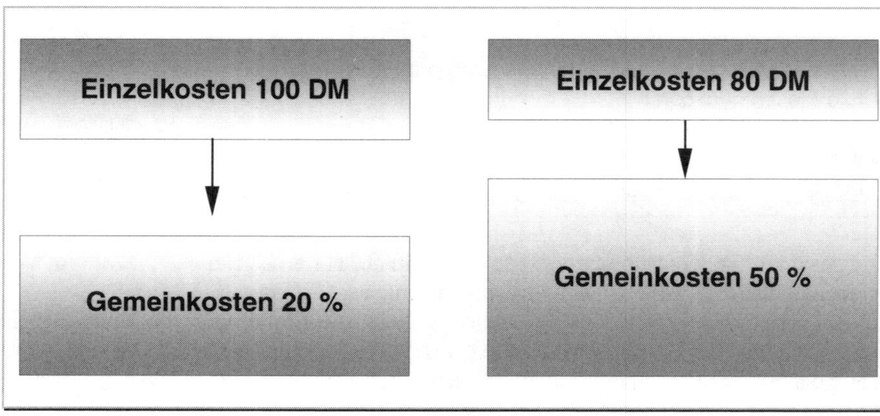

In beiden Fällen sind Kosten in Höhe von insgesamt 120 DM entstanden.

Günstig ist, daß die Einzelkosten im zweiten Fall zurückgehen, schlecht ist jedoch, daß damit auch gleichzeitig ein Anstieg der Gemeinkosten verbunden ist. Da die fixen Kosten über den BAB verrechnet werden, werden sie indirekt über Zuschlagssätze den Einzelkosten aufgeschlagen. Die erkennbare Tendenz geht eindeutig dahin, daß immer mehr Gemeinkosten immer weniger Einzelkosten zugeschlagen werden mit der Folge, daß die Zuschlagssätze astronomische Höhen erreichen und das Unternehmen aufgrund der hohen Fix- oder Gemeinkostenbelastung unflexibler gegen plötzlich auftretende Änderungen am Beschaffungs- oder Absatzmarkt wird. Je mehr Gemeinkosten aber umgelegt werden, desto weniger wird nach dem Prinzip der tatsächlichen Kostenverursachung verfahren und um so mehr tritt der Begriff „Willkür in der Kostenumlage“ in den Vordergrund.

Die proportionalen variablen Stückkosten bleiben selbst in Zeiten unterschiedlicher Produktionsmengen (= schwankender Beschäftigungsgrade) konstant. Da der gesamte Fixkostenblock immer durch die produzierten Stückzahlen dividiert wird, werden die fixen Kosten pro Stück um so niedriger, je mehr produziert wird (man spricht in diesem Zusammenhang auch von der Fixkostendegression oder von der Degressionswirkung der fixen Kosten). Damit ergeben sich die gesamten Stückkosten eines Produkts aufgrund folgender Gleichung:

$$\text{Kosten pro produziertem Stück} = \text{proportionale variable Stückkosten} + \frac{\text{fixe Gesamtkosten}}{\text{produzierte Menge}}$$

Was besagt nun diese Gleichung?

Diese Gleichung besagt, daß die Kostenhöhe pro Stück von den fixen Gesamtkosten und der produzierten Menge abhängig ist, da sich die proportionalen variablen Stückkosten unabhängig von der Produktionsmenge verhalten. Stellt man die Kostenkurve der Stückkosten grafisch dar, hätte sie einen degressiv abnehmenden Verlauf. Mit erhöhter Produktionsmenge sinken die Kosten pro Stück, im Falle eines Produktionsrückgangs steigen die Stückkosten an.

Diese Schlußfolgerung sollten Sie jedoch mit Vorsicht genießen: Da die Senkung der Stückkosten bei zunehmender Produktion ausschließlich auf die Abnahme der anteiligen Fixkosten zurückzuführen ist, hängt es im jeweiligen Einzelfall vom Anteil der Fixkosten an den Gesamtkosten ab, inwieweit die oben vorgestellte Gleichung (sog. „Gesetz der Massenproduktion") bei Ihnen wirksam wird. Sollten in Ihrem Unternehmen keinerlei fixe Kosten anfallen, würden sich die Stückkosten bei veränderter Produktionsmenge überhaupt nicht ändern.

	Unternehmen A	Unternehmen B	Unternehmen C
Fixkosten pro Periode insgesamt:	100 000,00 DM	30 000,00 DM	0,00 DM
variable Stückkosten:	9,00 DM	19,00 DM	30,00 DM
Produktionsmenge in			
Periode 1	11 000 Stück	11 000 Stück	11 000 Stück
Periode 2	17 000 Stück	17 000 Stück	17 000 Stück
Periode 3	4 000 Stück	4 000 Stück	4 000 Stück
Somit belaufen sich die Selbstkosten je Stück auf:			
in Periode 1:	18,09[1] DM	21,73[2] DM	30,00[3] DM
in Periode 2:	14,88 DM	20,77 DM	30,00 DM
in Periode 3:	34,00 DM	26,50 DM	30,00 DM

[1]: 9,00 + (100 000 / 11 000) = 18,09
[2]: 19,00 + (30 000 / 11 000) = 21,73
[3]: 30,00 + (0 / 11 000) = 30,00

An diesem Beispiel können Sie sehr schön erkennen, daß bei Steigerung der Ausbringungsmenge die Stückkosten sinken. Im umgekehrten Fall, falls die Produktion zurückgefahren wird, steigen sie aber rasant an. Jedoch mußten die Preise gerade in Zeiten des Absatzrückgangs erhöht werden, um die höheren Fixkosten pro Stück aufzufangen. Der Absatzmarkt wird aber in dieser Phase keine Preiserhöhung zulassen. Im Gegensatz dazu sind in Zeiten der Hochkonjunktur die Absatzmengen gut, die Kosten aufgrund der höheren Produktionsstückzahlen auf einem Tiefpunkt, so daß die Preise durchaus gesenkt werden könnten. Sie sehen, daß sich die Veränderung von Kosten und Preisen stets entgegengesetzt entwickelt; in den Zeiten, in denen eine Preiserhöhung nötig wäre, weil die Kosten aufgrund der gesunkenen Absatzzahlen gestiegen sind, läßt sie sich kaum durchsetzen; in den Zeiten, in denen es aufgrund des günstigen Kostenniveaus möglich ist, wird man bestrebt sein, eher den Preis zu erhöhen.

Sie sollten stets versuchen, die Degressionswirkung der fixen Kosten durch eine entsprechende Mengenausweitung voll für Ihre Zwecke auszuschöpfen. Manchmal ist es besser, durch eine geringe Preissenkung den mengenmäßigen Absatz anzukurbeln, um noch mehr Produkte zu verkaufen, mit dem Effekt, daß gleichzeitig auch die Stückkosten sinken, als eine Mengeneinbuße bei unverändertem Stückpreis in Kauf nehmen zu müssen.

Die Erhöhung der Fixkosten geht meistens einher mit der Anschaffung von höherwertigem Sachanlagevermögen. Durch die Anschaffung von besseren Maschinen und neuen Technologien erhöhen Sie zugleich auch die Leistungskraft Ihres Unternehmens. Dadurch wird nicht nur besser, sondern auch mehr als vorher produziert. Dies kann im Extremfall sogar soweit gehen, daß die durch die Neuanschaffungen bedingten Erhöhungen der Gemeinkosten in der Stückkalkulation nahezu vollkommen neutralisiert werden.

Betrugen die Fixkosten vor der Neuanschaffung einer Maschine 200 000 DM, betragen Sie nach dem Neuerwerb der Maschine 250 000 DM. Wenn es gelingt, die damalige Produktionsmenge von 200 000 Stück nach der Neuanschaffung auf 270 000 Stück zu steigern, sinkt der Fixkostenanteil pro Stück von 1 DM auf 0,93 DM und damit unter den ursprünglichen Wert.

Sie sollten sich stets vor Augen führen, daß die Fixkosten für unternehmerische Entscheidungen auf kurze Sicht eine unabänderliche Größe darstellen, die nicht zu beeinflussen ist. Deshalb sollten Sie alles daransetzen, die Gewinnschwelle bereits zu einem möglichst frühen Zeitpunkt im laufenden Jahr zu erreichen, um in der restlichen Zeit des Wirtschaftsjahres möglichst viel an Gewinn zu erwirtschaften.

Auf lange Sicht gesehen stellt die Höhe der Fixkosten jedoch keine unveränderliche Größe dar. Langfristig kann durchaus aufgrund einer sorgfältigen Planung der langfristigen Kapazität eines Unternehmens Einfluß auf die zukünftige Höhe der Fixkosten genommen werden.

Damit haben Sie bereits einen kurzen Vorgeschmack auf das, was Sie im nächsten Kapitel erwartet.

5.3 Die ersten Schritte zur Kostenplanung

In den bisherigen Kapiteln war immer nur von vergangenheitsbezogenen tatsächlichen Werten die Rede. Um aber auch für die Zukunft die richtigen Weichen zu stellen, müssen Sie nicht nur wissen, was Sie in der Vergangenheit falsch gemacht haben, sondern auch, welche Rückschlüsse Sie daraus für zukünftige unternehmerische Entscheidungen ziehen müssen. Um eine Beurteilung vornehmen zu können, was falsch gelaufen ist, müssen Sie aber wissen, wohin Sie wollen; denn nur derjenige sieht, ob er vom Weg abgekommen ist, der weiß, wohin er möchte. Sie brauchen also einen Wegweiser, der Ihnen die Richtung angibt: eine Kostenplanung. Eine Kostenplanung dient in erster Linie der Festlegung der allgemeinen Richtung, auf die Sie sich hinbewegen möchten. Nur mit einer Kostenplanung können Sie feststellen, ob Sie nach Ablauf der betrachteten Periode über Ihr Ziel hinausgeschossen oder dahinter zurückgeblieben sind.

Um einen wirkungsvollen Soll-Ist-Vergleich durchzuführen, müssen nicht nur die Mengen, sondern auch die Preise geplant werden. Würden tatsächliche Istpreise in den Soll-Ist-Vergleich einfließen, hieße das, daß der Kostenverantwortliche auch für Preisschwankungen verantwortlich gemacht würde, auf die er überhaupt keinen Einfluß nehmen kann. Durch die Verwendung von Planpreisen wird das Auftreten von Preisabweichungen jedoch weitgehend vermieden.

Eine Planmenge von 1 000 Stück wird mit einem Planpreis pro Stück in Höhe von 1,20 DM bewertet. Bei einer ebenfalls mit 1,20 DM bewerteten tatsächlichen Istmenge von 1 100 Stück kann die Differenz lediglich den Unterschied im Verbrauch aufzeigen, weil beide Werte mit demselben Planpreis mulitipliziert wurden. Anders sähe die Rechnung aus, wenn der tatsächliche Verbrauch mit einem durchschnittlichen Istpreis von 2,00 DM bewertet würde. In diesem Fall wäre die Abweichung sowohl mit Mengen- als auch mit Preiskomponenten behaftet, was eine Kontrolle hinsichtlich der Wirtschaftlichkeit erschwert.

Um eine vernünftige Planung aufzubauen, ist es sinnvoll, wie folgt zu verfahren:

- Aufstellung eines Umsatzplans
- Planung der benötigten Kapazitäten
- Kostenartenplanung
- Kostenstellenplanung

Der Umsatzplan bildet die Grundlage für die Kostenplanung. Nur wenn Sie wissen, was und wieviel Sie zu welchem Preis verkaufen möchten, können Sie darauf aufbauend eine Kostenplanung vornehmen, um schließlich durch eine Gegenüberstellung von Umsatz und Kosten den möglichen Plangewinn zu ermitteln.

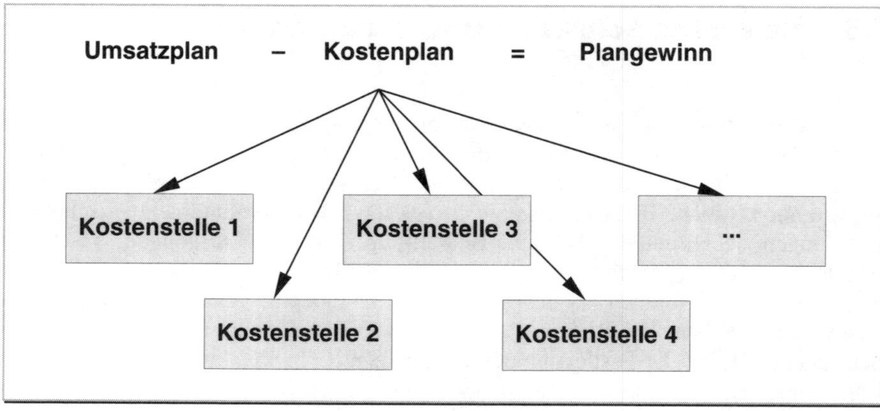

Auf der Grundlage eines umfassenden Absatz- und Umsatzplans können Sie Ihre benötigten Kapazitäten an Maschinen und Personal planen und in Maschinenlaufzeiten und Arbeitsstunden pro Jahr näher spezifizieren.

Sie planen, von einem bestimmten Produkt im nächsten Jahr insgesamt 25 000 Stück abzusetzen. Aufgrund umfangreicher Aufzeichungen und Zeitmessungen wissen Sie, daß für die Produktion eines Stücks die Fertigungsmaschine in der Kostenstelle „Fertigung" 15 Minuten im Einsatz ist. Für die Fertigung von 25 000 Stück wird somit eine Fertigungszeit von 6 250 Stunden benötigt. Die durchschnittliche Jahresarbeitszeit eines Mitarbeiters kann mit ungefähr 1 696 Stunden veranschlagt werden. Für die Betreuung der Maschine sind während des gesamten Jahres demnach 3,7 Mitarbeiter erforderlich.

Eine Fertigungszeit von 6 250 Stunden bedeutet, daß die Maschine ununterbrochen mehr als 260 Tagen (6 250 / 24) durchlaufen muß, um diese Produktionsleistung zu erbringen. In einem weiteren Schritt müssen Sie festlegen, daß in der Kostenstelle „Fertigung" an der betreffenden Maschine im Planungszeitraum dreischichtig gearbeitet wird, was mit Zusatzkosten verbunden ist. Zum einen ist die Abnutzung der Maschine wesentlich höher als bei nur einschichtiger Nutzung, zum anderen muß für drei Schichten das Personal zur Verfügung gestellt werden. Unterteilen Sie die Arbeitszeit in Früh-, Spät- und Nachtschicht, müssen Sie berücksichtigen, daß für Spät- und Nachtschichten Lohn- und Gehaltszuschläge gezahlt werden müssen, die Ihre Personalkosten ansteigen lassen. Aufgrund der erhöhten Maschinenbeanspruchung müssen Sie außerdem damit rechnen, daß die Maschine öfters als normal gewartet und gereinigt werden muß, so daß Sie einen bestimmten Prozentsatz (z.B. 25 % der Laufzeit) für zwangsläufig anfallende Stillstandszeiten vorsehen und einplanen müssen. In diesen Stillstandszeiten steht den Kosten jedoch keine Produktion gegenüber, was wiederum die Stückkosten in die Höhe treibt.

Vergleichende Berechnung:

Produktion einschichtig	2 000 Stunden	
	für die Produktion von	8 000 Stück
Produktion dreischichtig	6 250 Stunden	
	für die Produktion von	25 000 Stück

Bei **einschichtiger** Produktion fallen folgende Kosten an: Für eine Produktionszeit von insgesamt 2 000 Stunden kalkulieren Sie mit einer 10%igen Stillstandszeit, in der die Maschine gewartet, gepflegt und gereinigt wird. Das bedeutet, daß Sie mit insgesamt 2 200 Maschinenstunden rechnen müssen. Unter Zugrundelegung des Beispiels in Kapitel 5.2.3 „Maschinenstundensatzrechnung" müßte Ihre Planungskalkulation folgendermaßen aussehen:

maschinenabhängige Fertigungsgemeinkosten	Gesamtkosten	davon variabel	davon fix
Energiekosten	14 830,80	13 930,80	900,00
sonstige Betriebsstoffkosten	10 000,00	10 000,00	---
Raumkosten	200,00	---	200,00
Werkzeugkosten	5 000,00	3 500,00	1 500,00
kalkulatorische Zinsen	13 500,00	---	13 500,00
kalkulatorische Abschreibung	30 000,00	---	30 000,00
Reparaturen/Instandhaltung	18 500,00	12 500,00	6 000,00
insgesamte Fertigungsgemeinkosten	**92 030,80**	**39 930,80**	**52 100,00**

Somit belaufen sich die gesamten Maschinenkosten pro Laufzeitstunde der Maschine bei einer jährlichen Laufleistung von 1 786 Stunden auf

$$\frac{92\,030{,}80 \text{ DM}}{1\,786 \text{ Std.}} = 51{,}53 \text{ DM pro Maschinenstunde}$$

und die variablen Maschinenkosten auf

$$\frac{39\,930{,}80 \text{ DM}}{1\,786 \text{ Std.}} = 22{,}36 \text{ DM pro Maschinenstunde}$$

Bei einer kalkulierten Laufleistung von 2 200 Stunden steigen die variablen Maschinenkosten demnach auf insgesamt 49 192 DM (22,36 · 2 200) an. Hinzu kommen nochmals 52 100 DM an fixen Kosten, so daß sich ein Maschinenkostensatz bei einer Gesamtlaufzeit von 2 000 Stunden von insgesamt 50,65 DM ergibt ((49 192 + 52 100) / 2 000). Variable Kosten sind nicht nur während der eigentlichen Laufzeit, sondern auch innerhalb der Stillstandszeit der Maschine mit in die Kostenplanung einzubeziehen, weil in der Wartungs- und Rüstzeit auch Kosten für Energie, Reparaturmaterial usw. anfallen und in Ansatz zu bringen sind.

Legt man für die weitere Berechnung einen durchschnittlichen Stundensatz von 38,25 DM je Stunde zugrunde, ergäben sich bei einer jährlichen Arbeitszeit von 1 696 Stunden pro Mitarbeiter Personalaufwendungen von insgesamt 84 150 DM (2 200 · 38,25 DM). Dazu kommen nochmals beispielhaft 37 % = 31 136 DM Restgemeinkosten, die weder in den Personalkosten noch im Maschinenstundensatz enthalten sind.

Die Gesamtkosten für die Produktion von 8 000 Stück belaufen sich somit auf:

Maschinenstundensatzkosten	(49 192 + 52 100)	=	101 292 DM
+ Personalkosten		=	84 150 DM
+ 37 % restliche Gemeinkosten auf Personalkosten		=	31 136 DM
Gesamtkosten für die Herstellung von 8 000 Stk.		=	216 578 DM

was einem Stückkostensatz von 27,07 DM (216 578 DM/8 000 Stück) entspricht.

Sollen dagegen 25 000 Stück in **dreischichtiger** Produktion bei 6 250 Stunden Laufzeit hergestellt werden, sei angenommen, daß für 40 % der gesamten Lohnsumme durchschnittlich 30 % für Überstunden-, Sonn-, Feiertags- und Nachtzuschläge zusätzlich gezahlt und bei der Maschine insgesamt 25 % Stillstandszeiten einzukalkulieren sind, da davon auszugehen ist, daß die Reparaturen bei höherer Auslastung überproportional ansteigen werden.

Der Maschinenstundensatz errechnet sich wiederum aus dem variablen und fixen Maschinenstundensatz, also:

22,36 · 6 250 · 1,25 = 174 688 DM + 52 100 = 226 788 DM insgesamt oder 36,29 DM (= 226 788 / 6 250) pro Maschinenstunde.

An Personalkosten sind einzuplanen:

reguläre Lohnsumme 6 250 Stunden · 1,25 · 38,25 DM	=	298 828,13 DM
+ Überstundenzuschläge auf 40 % der regulären Lohnsumme multipliziert mit 30 % Zuschlag	=	35 859,38 DM
Summe an Personalkosten	=	334 687,51 DM

Die Gesamtkosten für die Produktion von 25 000 Stück belaufen sich somit auf:

Maschinenstundensatzkosten (174 688 + 52 100)	=	226 788 DM
+ Personalkosten	=	334 688 DM
+ 37 % restliche Gemeinkosten auf Personalkosten	=	123 835 DM
Gesamtkosten für die Herstellung von 25 000 Stk.	=	685 311 DM

was einem Stückkostensatz von 27,41 DM (685 311 DM/25 000 Stück) entspricht.

Obschon man hätte annehmen können, daß bei nahezu einer Verdreifachung der Produktionszahlen der Stückkostensatz aufgrund der Kostendegression der Fixkosten sinken müßte, wird anhand dieses Beispiels deutlich, daß der Vorteil durch Umlage der Fixkosten auf eine größere Stückzahl nahezu vollkommen dadurch ausgeglichen wird, daß die Lohnkostensumme durch beträchtliche Zuschläge stark ansteigt und den Vorteil insofern nicht nur zunichte macht, sondern sogar überkompensiert.

Dieses Beispiel zeigt eine mögliche Planungsalternative sowohl für die Personal- wie auch für die Maschinenstunden. Gemeinkosten müssen Sie allerdings anders planen. Dazu ist es am besten, wenn Sie sich den Kontenplan Ihrer Buchführung zur Hand nehmen und jedes Gemeinkostenkonto einzeln durchgehen. Anhand der vergangenheitsorientierten Buchführung können Sie schnell erkennen, welche Gemeinkosten in der Vergangenheit entstanden sind. Für erste Planungszwecke reicht es in der Regel aus, die Werte aus der zurückliegenden Periode als Planwerte für die Zukunft anzusetzen, erhöht um einen von Ihnen festgelegten Preissteigerungsprozentsatz.

In der zurückliegenden Periode haben Sie für insgesamt 12 000 DM Büromaterial gekauft. Unter Annahme einer Preissteigerungsrate von 3 % und gleichem Verbrauch wie im Vorjahr ergibt sich daraus ein Plananansatz von 12 360 DM.

Bei einigen Gemeinkosten können Sie sich auch an einer Bezugsgröße, z.B. dem Umsatz, orientieren. Wenn z.B. letztes Jahr bei einer erreichten Umsatzhöhe von 500 000 DM insgesamt 25 000 DM Kosten für Werbung ausgegeben worden sind, können Sie für Ihre Planung 30 000 DM Werbungskosten ansetzen, wenn Sie einen Planumsatz von 600 000 DM anstreben, wobei diese Werte nicht synchron zueinander verlaufen werden. In den meisten Fällen ist es sogar so, daß sich die Kosten für Werbemaßnahmen erst in einer späteren Planperiode durch einen entsprechenden Mehrumsatz auszahlen werden.

Was Sie für das gesamte Unternehmen auf Geschäftsführungsebene machen, können Sie ebensogut auf jede einzelne Kostenstelle „herunterbrechen", indem Sie für jede Kostenstelle separat sowohl die Einzel- wie auch die Gemeinkosten planen und diese dann wieder zu einem unternehmerischen Gesamtplan, der sämtliche einzelnen Kostenstellenpläne beinhaltet, zusammenfassen.

Erläuterung zu den folgenden zwei Tabellen:

Das V unter den Basisplankosten steht als Synonym für Variator. Der Variator gibt das Verhältnis von variablen zu fixen Kosten an. Ein V von 9 bedeutet, daß 90 % der gesamten Kosten variablen Charakter aufweisen und 10 % Fixkosten darstellen.

Bei einer Planbeschäftigung entsprechen die Basisplankosten genau den Sollkosten. Zur Planung abweichende Sollkosten treten immer nur dann auf, wenn die Ist- mit der Planbeschäftigung nicht übereinstimmt. Bei auftretenden Differenzen muß Ursachenforschung betrieben werden, womit sich das nächste Kapitel befaßt.

KST: Kostenstelle	Material	Kostenstellen-Leiter:	Herr Dr. Schmitz		
Fixe Kosten (DM):	8 480	Nutzkosten (DM):	______	Leerkosten (DM):	______
Planbeschäftig. (Std.):	1 000	Istbeschäftig. (Std.):	______	Effektivbeschäftig. (Std.):	______

Konto	Kostenart	Basisplankosten				Sollkosten	Istkosten
		Gesamt	V	variabel	fix		
4000	Fertigungsmaterial	25 000	10	25 000	0		
4111	Hilfslöhne	5 500	10	5 500	0		
4360	Versicherungen	4 600	10	0	4 600		
4993	Abschreibungen	2 080	0	0	2 080		
4992	Zinsen	1 000	0	0	1 000		
4200	Raumkosten	500	0	0	500		
4240	Energiekosten	970	10	970	0		
4260	Instandhaltung	950	10	950	0		
4900	sonstige Kosten	1 000	7	700	300		
		41 600		**33 120**	**8 480**		

KST: Kostenstelle Fertigung		Kostenstellen-Leiter: Herr Petzof					
Fixe Kosten (DM): 38 746		Nutzkosten (DM): ______		Leerkosten (DM): ______			
Planbeschäftig. (Std.): 3 600		Istbeschäftig. (Std.): ______		Effektivbeschäftig. (Std.): ______			
Konto	**Kostenart**	**Basisplankosten**				**Sollkosten**	**Istkosten**
		Gesamt	**V**	**variabel**	**fix**		
4110	Fertigungslöhne	85 500	10	85 500	0		
4111	Hilfslöhne	10 800	10	10 800	0		
4993	Abschreibungen	20 800	0	0	20 800		
4992	Zinsen	12 000	0	0	12 000		
4200	Raumkosten	1 500	0	0	1 500		
4240	Energiekosten	9 420	9	8 478	942		
4260	Instandhaltung	3 680	7	2 576	1 104		
4900	sonstige Kosten	8 000	7	5 600	2 400		
		151 700		**112 954**	**38 746**		

5.3.1 Ursachenforschung für Kostenabweichungen

Um den zeitlichen Produkterfolg insgesamt oder getrennt nach einzelnen Produkten aufzuzeigen, bietet sich die Kostenträgerzeitrechnung an, bei der sämtliche Einzel- und Gemeinkosten insgesamt oder nach bestimmten Kriterien sortiert erfaßt werden.

Mit der Kostenträgerzeitrechnung steht Ihnen ein Instrumentarium zur Verfügung, mit dem Sie:

- die Herstellkosten für jedes einzelne Produkt für die Bewertung im Jahresabschluß errechnen können,
- die Selbstkosten für jedes einzelne Produkt zur Kontrolle der Wirtschaftlichkeit und Rentabilität bestimmen,
- eine kurzfristige Erfolgsrechnung (z.B. für einen Monat oder ein Quartal) durchführen können.

Für Sie als Unternehmer ist es vor allem interessant zu wissen, wieviel Kosten Sie jedem Produkt „zumuten" können und wieviel Gewinn bei jedem „unter dem Strich" übrig bleibt.

In einfacher und übersichtlicher Form können Sie sich ein Kostenträgerblatt auf Istkostenbasis individuell für Ihre Produkte zusammenstellen, die Sie dann wiederum zu verschiedenen Produktgruppen zusammenfassen.

An Fertigungsmaterial sind Ihnen Kosten von insgesamt 3 150 000 DM entstanden, an Fertigungslöhnen mußten Sie 2 800 000 DM aufwenden. Im gleichen Zeitraum haben Sie an Erlösen 12 650 700 DM erzielt, der Lagerbestand an fertigen und unfertigen Waren hat sich wertmäßig um 280 000 DM erhöht. Diese Angaben haben Sie aus Ihrer laufenden Buchhaltung entnommen.

BEISPIEL

Da in Ihrem Unternehmen nur drei Produkte gefertigt werden, müssen diese oben genannten Gesamtzahlen in einem zweiten Schritt verursachungsgerecht verteilt werden. Das Fertigungsmaterial können Sie unter Zuhilfenahme von Materialentnahmescheinen relativ genau zuordnen, die Fertigungslöhne lassen sich aufgrund von geführten Lohnlisten aufteilen. Die Umsatzerlöse können Sie aufgrund der geschriebenen Rechnungen den drei Produkten exakt zurechnen. Den Mehr- oder Minderbestand an fertigen und unfertigen Waren in Ihrem Lager bestimmen Sie durch einen Abgleich mittels Inventur.

Für unser Beispiel soll folgende Verteilung zugrundegelegt werden:

	Produkt 1	**Produkt 2**	**Produkt 3**	**Summe**
Fertigungsmaterial	1 055 600	1 380 000	714 400	3 150 000
Fertigungslöhne	1 500 000	850 000	450 000	2 800 000
Umsatzerlöse	5 780 420	3 980 780	2 889 500	12 650 700
Lagerbestandsveränderung	150 000	190 000	– 60 000	280 000

Für Kalkulationszwecke haben Sie über Ihren Betriebsabrechnungsbogen folgende Zuschlagssätze ermittelt :

Materialgemeinkosten (MGK)	6,7 %
Fertigungsgemeinkosten (FGK)	125,0 %
Verwaltungsgemeinkosten (VwGK)	7,8 %
Vertriebsgemeinkosten (VtGK)	5,2 %

	Produkt 1	Produkt 2	Produkt 3	Summe
1. Fertigungsmaterial	1 055 600	1 380 000	714 400	3 150 000
2. + 6,7 % MGK	70 725	92 460	47 865	211 050
3. Materialkosten	1 126 325	1 472 460	762 265	3 361 050
4. Fertigungslöhne	1 500 000	850 000	450 000	2 800 000
5. + 125 % FGK	1 875 000	1 062 500	562 500	3 500 000
6. Fertigungskosten	3 375 000	1 912 500	1 012 500	6 300 000
7. Herstellkosten der Erzeugung	4 501 325	3 384 960	1 774 765	9 661 050
8. – Mehrbestand	150 000	190 000		340 000
9. + Minderbestand			60 000	60 000
10. Herstellkosten des Umsatzes	4 351 325	3 194 960	1 834 765	9 381 050
11. + 7,8 % VwGK	339 403	249 207	143 112	731 722
12. + 5,2 % VtGK	226 269	166 138	95 408	487 815
13. Selbstkosten des Umsatzes	4 916 997	3 610 305	2 073 285	10 600 587

Um eine kurzfristige Erfolgsrechnung anstellen zu können, brauchen Sie nur noch den Selbstkosten des Umsatzes die entsprechenden Umsatzerlöse gegenüberzustellen, um Ihren Gewinn oder Verlust je Produkt sowie insgesamt ablesen zu können.

	Produkt 1	Produkt 2	Produkt 3	Summe
13. Selbstkosten des Umsatzes	4 916 997	3 610 305	2 073 285	10 600 587
14. Umsatzerlöse	5 780 420	3 980 780	2 889 500	12 650 700
15. Betriebsergebnis	863 423	370 475	816 215	2 050 113

Mit Hilfe des ermittelten Zahlenwerkes können Sie noch einige absolute oder relative Vergleiche anstellen, um die Aussagefähigkeit weiter zu erhöhen.

	Erlösverteilung	**Kostenverteilung**	**Gewinnverteilung**
Produkt 1	45,69 %	46,38 %	42,12 %
Produkt 2	31,47 %	34,06 %	18,07 %
Produkt 3	22,84 %	19,56 %	39,81 %
Summe	**100,00 %**	**100,00 %**	**100,00 %**

Erläuterung

Das Produkt 3 mit dem niedrigsten relativen Erlös- und Kostenanteil kommt bei der Gewinnverteilung relativ gesehen ziemlich nahe an den Spitzenreiter (= Produkt 1) heran. Sie erzielen mit Ihrem „Renner", dem Produkt 3, mit unterdurchschnittlichen Kosten einen überdurchschnittlichen Gewinn. Bei Produkt 3 sollten Sie versuchen, Ihren Absatz zukünftig zu steigern.

Weiterhin können Sie die Wirtschaftlichkeit (= Umsatzerlöse / Selbstkosten) näher untersuchen:

	Produkt 1	**Produkt 2**	**Produkt 3**	**Summe**
14. Umsatzerlöse	5 780 420	3 980 780	2 889 500	12 650 700
13. Selbstkosten des Umsatzes	4 916 997	3 610 305	2 073 285	10 600 587
Kennzahl zur Wirtschaftlichkeit	1,176	1,103	1,394	1,193

Erläuterung

Der Wirtschaftlichkeitskoeffizient bei Produkt 3 von 1,394 sagt folgendes aus: Sie haben mit 1 DM Kosten eine Leistung von 1,394 DM geschaffen. Um diese Zahl einer Bewertung unterziehen zu können, müssen entsprechende Zahlen aus den Vorjahren vorliegen, oder es muß ein Branchenvergleich angestellt werden.

Ihre Möglichkeiten mit dem Kostenträgerblatt sind damit aber noch nicht ausgeschöpft. Durch die Gegenüberstellung der geplanten zu den tatsächlichen Zuschlagssätzen haben Sie außerdem die Möglichkeit, sehr schnell Kostenüber- und -unterdeckungen aufzuzeigen, um rechtzeitig entsprechende Gegensteuerungsmaßnahmen zu ergreifen.

Ihre geplanten Zuschlagssätze beruhen auf Zukunftsschätzungen und Durchschnittswerten zurückliegender Abrechnungsperioden. Damit sind sie ungeeignet für Kostenkontrollen und Angebotserstellungen. Günstiger wäre es, mit Durchschnittszuschlagssätzen zu arbeiten, die als arithmetisches Mittel aus den vergangenen Perioden errechnet und ständig aktualisiert werden.

In den vergangenen vier Abrechnungsperioden (z.B. die letzten vier Monate) sind aufgrund von Nachkalkulationen tatsächliche Fertigungsgemeinkosten-Zuschlagssätze ermittelt worden in Höhe von:

1. Periode	119,8 %
2. Periode	125,5 %
3. Periode	123,7 %
4. Periode	125,0 %

Daraus läßt sich sehr einfach ein Mittelwert bilden,

$$(119{,}8 + 125{,}5 + 123{,}7 + 125{,}0) / 4 = 123{,}5$$

der für die kommende zukünftige Abrechnungsperiode z.B. für Angebotserstellungen zugrundegelegt wird. Dieser wird dann nach Ablauf der Periode wieder den aktuelleren Verhältnissen angepaßt.

Ähnlich können Sie die durchschnittlichen Zuschlagssätze für den Material-, Verwaltungs- und Vertriebsbereich ermitteln. Folgende Prozentwerte seien hier beispielhaft angenommen für:

Materialgemeinkosten (MGK)	6,9 %
Fertigungsgemeinkosten (FGK)	123,5 %
Verwaltungsgemeinkosten (VwGK)	8,0 %
Vertriebsgemeinkosten (VtGK)	5,0 %

Mit den durchschnittlichen Zuschlagssätzen für die zurückliegende Abrechnungsperiode haben Sie zu Beginn dieser Periode geplant, tatsächlich beliefen sie sich aber (entsprechend dem oben vorgestellten Beispiel) auf:

Materialgemeinkosten (MGK)	6,7 %
Fertigungsgemeinkosten (FGK)	125,0 %
Verwaltungsgemeinkosten (VwGK)	7,8 %
Vertriebsgemeinkosten (VtGK)	5,2 %

Durch die Gegenüberstellung der geplanten zu den tatsächlichen Zuschlagssätzen lassen sich auf dem Kostenträgerblatt ebenfalls aufgetretene Kostenüber- und -unterdeckungen aufzeigen.

Das zuvor aufgebaute Kostenträgerblatt wurde mit den tatsächlich angefallenen Kosten für Feritungsmaterial und Fertigungslohn zuzüglich den tatsächlich entstandenen Zuschlagssätzen durchgerechnet. Das nun folgende Tableau hat inhaltlich denselben Aufbau, allerdings werden hier die zu Beginn der Abrechnungsperiode geplanten Zuschlagssätze den tatsächlich angefallenen Kosten für Fertigungsmaterial und Fertigungslohn zugeschlagen.

	Produkt 1	**Produkt 2**	**Produkt 3**	**Summe**
1. Fertigungsmaterial	1 055 600	1 380 000	714 400	3 150 000
2. + 6,9 % MGK	72 836	95 220	49 294	217 350
3. Materialkosten	1 128 436	1 475 220	763 694	3 367 350
4. Fertigungslöhne	1 500 000	850 000	450 000	2 800 000
5. + 123,5 % FGK	1 852 500	1 049 750	555 750	3 458 000
6. Fertigungskosten	3 352 500	1 899 750	1 005 750	6 258 000
7. Herstellkosten der Erzeugung	4 480 936	3 374 970	1 769 444	9 625 350
8. – Mehrbestand	150 000	190 000		340 000
9. + Minderbestand			60 000	60 000
10. Herstellkosten des Umsatzes	4 330 936	3 184 970	1 829 444	9 345 350
11. + 8,0 % VwGK	346 475	254 798	146 356	747 629
12. + 5,0 % VtGK	216 547	159 249	91 472	467 268
13. Selbstkosten des Umsatzes	4 893 958	3 599 017	2 067 272	10 560 247

Stellen Sie den geplanten die tatsächlich angefallenen Selbstkosten gegenüber, so ergibt sich die jeweilige Abweichung in Form einer Kostenüberdeckung (wenn die geplanten Kosten über den tatsächlich angefallenen lagen) oder einer Kostenunterdeckung (wenn die tatsächlichen Kosten größer als die geplanten waren).

	Produkt 1	**Produkt 2**	**Produkt 3**	**Summe**
Selbstkosten des Umsatzes (geplant)	4 893 958	3 599 017	2 067 272	10 560 247
Selbstkosten des Umsatzes (tatsächlich)	4 916 997	3 610 305	2 073 285	10 600 587
Kostenunterdeckung	23 039	11 288	6 013	40 340

Zum selben Ergebnis kommen Sie, wenn Sie von den tatsächlichen Umsatzerlösen die geplanten Selbstkosten subtrahieren und das Ergebnis mit dem tatsächlich erwirtschafteten Betriebsergebnis von 2 050 113 DM vergleichen.

	Produkt 1	Produkt 2	Produkt 3	Summe
Umsatzerlöse	5 780 420	3 980 780	2 889 500	12 650 700
Selbstkosten des Umsatzes $_{(geplant)}$	4 893 958	3 599 017	2 067 272	10 560 247
Differenz	886 462	381 763	822 228	2 090 453
tatsächlich erwirtschaftetes Betriebsergebnis	863 423	370 475	816 215	2 050 113
Kostenunterdeckung	23 039	11 288	6 013	40 340

Ergebnisinterpretation

Ihr tatsächlicher Gewinn fällt um 40 340 DM niedriger als geplant aus. Anders ausgedrückt: Ihre tatsächlichen Kosten übersteigen Ihre veranschlagten um 40 340 DM. Wären Ihre Ist-Zuschlagssätze für Material, Fertigung, Verwaltung und Vertrieb exakt mit denen Ihrer Planung identisch gewesen, hätten Sie 40 340 DM mehr erwirtschaften können. Obwohl Ihre Ist-Zuschlagssätze relativ nahe an die geplanten herankamen, macht dies im Ergebnis doch immerhin noch 1,93 % Gewinnschmälerung aus (= 40 340 / 2 090 453 · 100).

Die **Gründe** für die **Kostenabweichung** können auf zahlreiche Ursachen zurückgeführt werden:

- **Beschäftigungs**abweichung: z.B. erhöhter Reparaturaufwand, Lohnzuschläge für Sonderschichten,
- **Preis**abweichung: z.B. aufgrund von Preiserhöhung bei Hilfs- und Betriebsstoffen oder Lohnerhöhungen, Einkauf von teureren Materialien,
- **Verbrauchs**abweichung: z.B. erhöhter Materialverbrauch, längere Fertigungszeiten.

Dieses Beispiel sollte Sie dafür sensibilisieren, die Wichtigkeit und Bedeutung von regelmäßigen Soll-Ist-Vergleichen zu erkennen, um daraus Folgeentscheidungen für die Zukunft ableiten zu können.

Sie wissen nun, wie ein Kostenstellenblatt aufgebaut wird und Kostenwerte kostenstellenbezogen geplant werden können. Im Rahmen der Ursachenforschung für Kostenabweichungen soll weiterführend nochmals auf die Kostenstellenplanung für die Kostenstelle Fertigung zurückgegriffen werden.

Ursprünglich lag Ihrer Planung folgendes Kostenstellenblatt (auf der nächsten Seite) zugrunde:

Diese Kostenplanung erstreckte sich auf einen Zeitraum von einem Jahr. Wird angenommen, daß sich die variablen Kosten entsprechend der Beschäftigung ändern und die fixen Kosten beschäftigungsunabhängig sind, könnte daraus das Kostenstellenblatt (auf der übernächsten Seite) für einen Monat entwickelt werden:

KST: Kostenstelle Fertigung — Kostenstellen-Leiter: Herr Petzof

Fixe Kosten (DM): 38 746 — Nutzkosten (DM): ____ — Leerkosten (DM): ____

Planbeschäftig. (Std.): 3 600 — Istbeschäftig. (Std.): ____ — Effektivbeschäftig. (Std.): ____

Konto	Kostenart	Basisplankosten				Sollkosten	Istkosten
		Gesamt	V	variabel	fix		
4110	Fertigungslöhne	85 500	10	85 500	0		
4111	Hilfslöhne	10 800	10	10 800	0		
4993	Abschreibungen	20 800	0	0	20 800		
4992	Zinsen	12 000	0	0	12 000		
4200	Raumkosten	1 500	0	0	1 500		
4240	Energiekosten	9 420	9	8 478	942		
4260	Instandhaltung	3 680	7	2 576	1 104		
4900	sonstige Kosten	8 000	7	5 600	2 400		
		151 700		**112 954**	**38 746**		

KST: Kostenstelle	Fertigung	Kostenstellen-Leiter:	Herr Petzof	Monat:	Januar
Fixe Kosten (DM):	3 229	Nutzkosten (DM):		Leerkosten (DM):	
Planbeschäftig. (Std.):	300	Istbeschäftig. (Std.):		Effektivbeschäftig. (Std.):	

Konto	**Kostenart**	**Basisplankosten**				**Sollkosten**	**Istkosten**
		Gesamt	**V**	**variabel**	**fix**		
4110	Fertigungslöhne	7 125	10	7 125	0		
4111	Hilfslöhne	900	10	900	0		
4993	Abschreibungen	1 734	0	0	1 734		
4992	Zinsen	1 000	0	0	1 000		
4200	Raumkosten	125	0	0	125		
4240	Energiekosten	785	9	707	78		
4260	Instandhaltung	307	7	215	92		
4900	sonstige Kosten	667	7	467	200		
		12 643		**9 414**	**3 229**		

Die Umrechnung vom Jahres-Kostenstellenblatt zum Monatsblatt erfolgt, indem angenommen wird, daß in jedem der zwölf Plan-Monate 1/12 der Jahresplanbeschäftigung zu ebenfalls 1/12 der in Ansatz gebrachten Jahresplankosten entstehen wird.

Nachdem der erste Monat des Planungszeitraums vergangen ist, haben Sie folgende Ist-Zahlen ermittelt und bereits in das vorbereitete Kostenstellenblatt „Fertigung“ eingetragen: (Istzahlen sind fettgedruckt).

KST: Kostenstelle Fertigung — Kostenstellen-Leiter: Herr Petzof — Monat: Januar

Fixe Kosten (DM): 3 229 — Nutzkosten (DM): — Leerkosten (DM):

Planbeschäftig. (Std.): 300 — Istbeschäftig. (Std.): 290 — Effektivbeschäftig. (Std.):

Konto	Kostenart	Basisplankosten				Sollkosten	Istkosten
		Gesamt	V	variabel	fix		
4110	Fertigungslöhne	7 125	10	7 125	0		**7 340**
4111	Hilfslöhne	900	10	900	0		**1 228**
4993	Abschreibungen	1 734	0	0	1 734		**1 734**
4992	Zinsen	1 000	0	0	1 000		**1 000**
4200	Raumkosten	125	0	0	125		**125**
4240	Energiekosten	785	9	707	78		**680**
4260	Instandhaltung	307	7	215	92		**250**
4900	sonstige Kosten	667	7	467	200		**651**
		12 643		9 414	3 229		**13 008**

Aufgabe der sich nun anschließenden Analyse soll es sein, die aufgetretene Abweichung nicht nur in einem absoluten DM-Betrag auszudrücken, sondern darüber hinaus auch zu ermitteln, auf welche Ursachen diese Abweichung im einzelnen zurückzuführen ist.

1. Schritt: Bestimmung der Sollkosten je Kostenart. Diese wird wie folgt berechnet:

$$\frac{\text{Variable Basisplankosten}}{\text{Planbeschäftigung}} \cdot \text{Istbeschäftigung} + \text{fixe Basisplankosten}$$

Vorgestellt am Beispiel der Kostenart „Instandhaltung“:

$$\frac{215}{300} \cdot 290 + 92 = 299{,}83$$

Eingetragen in die vorherige Tabelle:

KST: Kostenstelle	Fertigung	Kostenstellen-Leiter:	Herr Petzof	Monat:	Januar
Fixe Kosten (DM):	3 229	Nutzkosten (DM):	*3 120,41*	Leerkosten (DM):	*108,59*
Planbeschäftig. (Std.):	300	Istbeschäftig. (Std.):	**290**	Effektivbeschäftig. (Std.):	

Konto	**Kostenart**	**Basisplankosten**				**Sollkosten**	**Istkosten**
		Gesamt	**V**	**variabel**	**fix**		
4110	Fertigungslöhne	7 125	10	7 125	0	*6 887,50*	**7 340**
4111	Hilfslöhne	900	10	900	0	*870,00*	**1 228**
4993	Abschreibungen	1 734	0	0	1 734	*1 734,00*	**1 734**
4992	Zinsen	1 000	0	0	1 000	*1 000,00*	**1 000**
4200	Raumkosten	125	0	0	125	*125,00*	**125**
4240	Energiekosten	785	9	707	78	*761,43*	**680**
4260	Instandhaltung	307	7	215	92	*299,83*	**250**
4900	sonstige Kosten	667	7	467	200	*651,43*	**651**
		12 643		9 414	3 229	*12 329,19*	**13 008**

2. Schritt: Bestimmung des **Normal(gemein)kosten-Verrechnungssatzes** je Beschäftigungsstunde

[Anmerkung: Der Teilbereich „gemein" im Wort Normal(gemein)kosten-Verrechnungssatz wurde deshalb in Klammern gesetzt, weil bei einem Kostenstellenblatt nicht mehr von Gemeinkosten gesprochen werden kann, da bekanntlich die Fertigungslöhne Einzel- und keine Gemeinkosten darstellen. Deshalb spricht man in diesem Zusammenhang von einem **Planverrechnungssatz**, der jedoch auf dieselbe Weise wie im vorangegangenen Beispiel berechnet wird.]

Berechnung:

$$\frac{\text{Basisplankosten}}{\text{Planbeschäftigung}} = \frac{12\,643\text{ DM}}{300\text{ Std.}} = \mathbf{42{,}14\ DM\ je\ Stunde}$$

3. Schritt: Bestimmung der **verrechneten Plankosten**, die bei Istbeschäftigung entstanden wären, wenn jede Beschäftigungsstunde mit dem Planverrechnungssatz in Höhe von 42,14 DM abgerechnet worden wäre.

Berechnung:

$$= \frac{\text{Basisplankosten}}{\text{Planbeschäftigung}} \cdot \text{Istbeschäftigung}$$

$$= \frac{12\,643\text{ DM}}{300\text{ Std.}} \cdot 290\text{ Std.} = 42{,}14\text{ DM} \cdot 290\text{ Std.} = \mathbf{12\,220{,}60\ DM}$$

4. Schritt: Bestimmung der **Beschäftigungsabweichung:**

Durch Subtraktion der verrechneten Plankosten von den ermittelten Sollkosten.

ermittelte Sollkosten der Kostenstelle „Fertigung"	12 329,19 DM
– verrechnete Plankosten	12 220,60 DM
= Beschäftigungsabweichung	**108,59 DM**

5. Schritt: Bestimmung der **Gesamtabweichung**

Die Gesamtabweichung stellt die Differenz zwischen den Istkosten und den verrechneten Plankosten dar.

Istkosten	13 008,00 DM
– verrechnete Plankosten (wie im 3. Schritt errechnet)	12 220,60 DM
= Gesamtabweichung	**787,40 DM**

6. Schritt: Aus den Ergebnissen der Schritte 4 und 5 läßt sich die **Verbrauchsabweichung** berechnen.

a) Wenn die Gesamtabweichung 787,40 DM beträgt und sich die Beschäftigungsabweichung auf 108,59 DM beläuft, muß die Differenz auf überhöhten Verbrauch zurückzuführen sein.

Gesamtabweichung	787,40 DM
– Beschäftigungsabweichung	108,59 DM
= Verbrauchsabweichung	**678,81 DM**

oder b)

Istkosten	13 008,00 DM
– Sollkosten	12 329,17 DM
= Gesamtabweichung	**678,81 DM**

Dabei kennzeichnet die Beschäftigungsabweichung den Wert der Mengenabweichung und die Verbrauchsabweichung den Wert, der sich aufgrund von preislichen Unterschieden ergibt. Beide (Teil-)Abweichungen zusammen ergeben dann die Gesamtabweichung.

5.3.2 Wie ist zu planen, wenn der Marktpreis vorgegeben ist?

Heutzutage ist es in den allermeisten Fällen leider so, daß der Marktpreis für ein Produkt nicht aufgrund kostenkalkulatorischer Überlegungen zustandekommt, sondern auf dem Absatzmarkt im wesentlichen von der Konkurrenz bestimmt wird. Der Marktpreis ist nämlich nicht nur bei Endverbrauchern, sondern auch bei Unternehmern ein wichtiger Motivationspunkt für einen möglichen Kauf. In der heutigen schnellebigen Zeit ist eine Kostenplanung gefragt, die sich bereits bei der Planung neuer Produkte am Absatzmarkt orientiert, um sich nicht der Gefahr auszusetzen, „am Markt vorbei zu produzieren“.

Die Wertschätzung eines Kunden über ein Produkt drückt sich in der Regel in seiner Preisbereitschaft aus, d.h., für qualitativ überzeugende Produkte wird der Endabnehmer eher bereit sein, auch einen entsprechenden Preis zu bezahlen. Nur wenn der mit dem Produkt verbundene Nutzen herausgestellt und vom Verbraucher geschätzt wird, kann auf dem Absatzmarkt ein überdurchschnittlicher Preis erzielt werden.

Wenn Ihnen ein bestimmter (auch mitverursacht durch die Konkurrenz) Marktpreis als oberster Richtwert vorgegeben ist, weil z.B. ein qualitativ gleichwertiges Produkt der Konkurrenz zu einem festen Preis angeboten wird, müssen Sie intern die gesamte Kalkulation danach ausrichten.

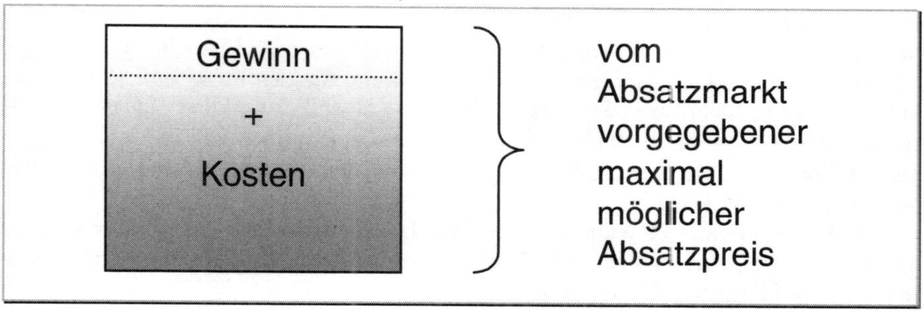

Sie sehen bereits, daß es im heutigen Zeitalter im Geschäftsleben immer mehr darum geht, seine unternehmerischen Entscheidungen am potentiellen Kundennutzen zu orientieren, sei es durch Wunschbefriedigung nach neuen Produkten, durch Zusatzfunktionen bereits bestehender Produkte oder Anregungen für eine mögliche Sortimentserweiterung.

Vor allem gilt es, die gesamte Wertkette von der Planung über die Produktion bis zum Absatz ständig daraufhin zu überprüfen, ob und ggf. welches Einsparungspotential vorhanden ist. Wird der Kundennutzen in den Vordergrund einer jeden betrieblichen Entscheidung gestellt, können speziell die Kosten für Forschung und Entwicklung dadurch gesenkt werden, daß man der Gefahr entgeht, Forschungsgelder für Produkte auszugeben, die der Absatzmarkt womöglich nicht aufnehmen wird. Weiterhin kann das Kostenbudget für Werbung und Marketing durch gezielte Marktforschung und Kundenbefragung und durch konsequente Ausrichtung auf die Bedürfnisse der Kundschaft langfristig gesenkt werden.

Außerdem sollte die gesamte Belegschaft kostenorientierter denken lernen. Es sollte eigentlich jedem Mitarbeiter klar sein, daß sein Arbeitsplatz und damit auch sein persönlicher individueller Wohlstand davon abhängig ist, ob das angebotene Produkt seines Arbeitgebers von der kaufenden Kundschaft angenommen wird, indem es z.B. zusätzlichen Nutzen stiftet. Dieses schärfere Kostenbewußtsein kann durch entsprechende Seminare, innerbetriebliche Schulungen und berufliche Zusatzqualifikationen gefördert werden. Es sollte vor allem jedem Mitarbeiter klar sein, daß für jede Mark, die unnötig für etwas ausgegeben wird, gleichzeitig eine Mark mehr Umsatz erzielt werden muß, um keinen Verlust zu erleiden. Wenn der Marktpreis eine feste von außen vorgegebene Größe ist, muß betriebsintern anders als bisher kalkuliert werden:

Ein von Ihnen zu einem Preis von 200,00 DM angebotenes Produkt (z.B. ein Fahrrad) wird von der Konkurrenz in der gleichen Qualität und in der gleichen Ausführung für nur 190,00 DM auf den Markt gebracht.

a) Ihre Selbstkosten betragen 185,00 DM.
b) Ihre Selbstkosten betragen 195,00 DM.

zu a) Wenn die Summe sämtlicher Einzel- und Gemeinkosten pro Stück bei Ihnen immer noch unter dem Absatzpreis der Konkurrenz liegen, haben Sie die Möglichkeit, über eine Preissenkung eine Mengenausweitung zu erreichen. Bei einem konkurrenzlosen Produkt zu einem Preis von 200 DM je Stück hätten Sie vielleicht 5 000 Stück verkauft. Ihr Gesamtgewinn würde sich somit auf insgesamt 75 000 DM (5 000 · 15) belaufen. Denselben Gewinn erzielen Sie auch, wenn Sie den Preis senken und dafür stückzahlmäßig mehr absetzen können. Im Falle einer Peissenkung auf 190,00 DM müßten bereits 15 000 Stück abgesetzt werden, bei einem Preis von 186 wären es sogar 75 000 Stück, um den gleichen Gesamtgewinn von 75 000 DM bei Stückkosten von insgesamt 185 DM zu erreichen.

Alternativ könnte versucht werden, den Bekanntheitsgrad des Produkts durch Werbung zu steigern, um über den Weg ansteigender Verkaufsmengen an das von Ihnen gesetzte Planergebnis zu gelangen.

zu b) Hier ist im Gegensatz zu a) die Problematik insofern anders, als die eigenen Selbstkosten den Absatzpreis des Konkurrenzprodukts bereits übersteigen. Um langfristig überleben zu können, gibt es eigentlich nur eine Alternative: Die Kosten müssen gesenkt werden.

Dabei gibt es im wesentlichen drei Hauptansatzpunkte:

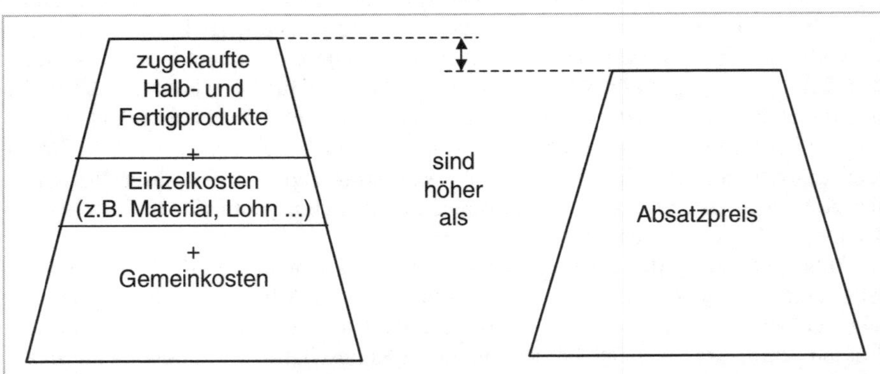

Der erste Ansatzpunkt liegt in einem billigeren Einkauf von **Halb- oder Fertigprodukten**, die für das angebotene Fertigprodukt benötigt werden. Durch Abschluß von Rahmenverträgen mit festgelegten Liefer- und Abnahmekontingenten können bereits bei den ersten Abnahmen preisliche Vorteile durch eingeräumte Mengenrabatte vollständig ausgenutzt werden. Darüber hinaus können mit weiteren potentiellen Lieferanten Preisgespräche geführt werden. Alternativ kann darüber nachgedacht werden, ob es nicht kostengünstiger wäre, die bisher fremdbezogenen Halb- und Fertigprodukte in Zunkuft selber zu produzieren.

Der zweite Ansatzpunkt liegt zum einen beim fremdbezogenen **Material** und zum zweiten beim eingesetzten Personal. Beim Material könnten Überlegungen dahingehend angestellt werden, durch Verwendung anderer Rohmaterialien preisgünstiger einzukaufen als bisher. Weiterhin sollten Sie sich ständig die Frage stellen: „Kann ich das bisher eingekaufte Material zukünftig nicht durch ein anderes Material ersetzen, das nicht nur billiger ist, sondern auch noch die gleiche Funktion erfüllt?“

Beim **Fertigungslohn** ist es ähnlich. Da bekanntlich das Lohn- und Gehaltsniveau in der Bundesrepublik Deutschland im Vergleich zu anderen (auch osteuropäischen) Ländern sehr hoch ist, sollte sich jeder Unternehmer ständig darum bemühen, seine Produktivität zu steigern, um in der gleichen Zeit mehr zu leisten als vorher. Es ist bereits ein wesentlicher Unterschied, ob bei einem Fertigungslohn von 80,00 DM inkl. Lohnnebenkosten 100 oder nur 80 Stück in der Stunde gefertigt werden. Des weiteren sollten Sie stets bestrebt sein, immer mit dem neuesten technischen Standard umgeben zu sein. Durch Produktinnovationen, z.B. im Bereich von Fertigungsmaschinen, werden diese nicht nur leistungsfähiger, sondern auch effizienter und wirtschaftlicher. Als Vergleich soll folgendes Beispiel dienen: Eine ältere Maschine, die mit jährlich 10 000 DM abgeschrieben wird, hat eine jährliche Produktionskapazität von 10 000 Stück. Durch neuere technische Entwicklungen könnten Sie eine Maschine erwerben, deren jährliches Abschreibungsvolumen bei 15 000 DM liegt, mit der Sie aber eine Jahresproduktion von 20 000 Stück fahren können. Der auf die Abschreibung entfallende Kostensatz pro Stück würde sich von ursprünglich 1,00 DM (10 000 DM/10 000 Stück) auf 0,75 DM (15 000 DM/20 000 Stück) verringern, was einer Einsparung von 25 % gleichkäme.

Die **Gemeinkosten** können ebenfalls gesenkt werden, indem nicht zu hohe Kapitalbeträge über einen sehr langen Zeitraum in Materialbeständen gebunden werden. Durch eine termingerechte Bestellung beim jeweiligen Lieferanten kann das benötigte Material zeitgenau angeliefert werden, um es dann sofort für die Weiterproduktion bereitzustellen. Dieses auch unter dem Namen „Just in Time“ bekannt gewordene Prinzip wird sich allerdings nie in einer derartigen Perfektion durchsetzen, daß ständig auf eine Vorratshaltung von Materialen verzichtet werden kann. Durch eine termingerechte Planung kann allerdings erreicht werden, daß sonst unproduktiv gebundenes Kapital anderweitig rentabler angelegt wird und dem Unternehmen dadurch Zinserträge einbringt, die sonst verloren gewesen wären.

Eine weitere Möglichkeit zur Senkung der eigenen Kosten besteht darin, Teilbereiche der eigenen Produktion an externe „Subunternehmer“ zu vergeben, die die Leistung preislich günstiger anbieten, als man selbst dazu imstande ist. Damit wären wir beim Thema Outsourcing, was ausführlicher im nächsten Kapitel behandelt wird.

5.4 Auslagerung von betrieblichen Aktivitäten = Outsourcing – Modewort oder praktischer Nutzen?

Eine Steigerung Ihrer Kosteneffizienz können Sie auch dadurch erreichen, daß Sie betriebliche Aktivitäten „outsourcen", d.h. zukünftig vom eigenen Unternehmen auf externe Dienstleistungsunternehmen verlagern. Diese auszulagernden Aktivitäten beschränken sich nicht nur auf einzelne Tätigkeiten (z.B. das Schreiben von Ausgangsrechnungen), sondern umfassen sogar ganze Unternehmensbereiche (z.B. die gesamte Forschung und Entwicklung).

Das Outsourcing ist insofern auch für Mittel- und Kleinbetriebe interessant, als es sich auf jede betriebliche Tätigkeit anwenden läßt. Das hauptsächliche Ziel besteht ausschließlich darin, sich durch Verlagerung bisher unrentabler Aktivitäten auf externe Anbieter auf die eigenen Stärken zu konzentrieren und diese auszubauen, um zukünftig noch wettbewerbsfähiger zu werden.

Neben den rein quantifizierbaren Vorteilen treten auch immer mehr die qualitativen Vorzüge in den Vordergrund.

Unter den Begriff der *quantifizierbaren Vorteile* fallen vor allem Kostenvorteile durch den Fixkostenabbau sowie Senkung des benötigten Kapitalbedarfs.

In den meisten Unternehmen kann über das gesamte Jahr gesehen die Beschäftigungslage nicht immer genau vorhergesagt werden. Immer wieder sind sogenannte Auftragsspitzen zu verzeichnen, wohingegen in anderen Zeiten die Beschäftigung und Auslastung am unteren Niveau dahindümpelt. Zeitweise können solche für jedes Unternehmen gefährliche Auftragsschwankungen dadurch ausgeglichen werden, daß in Zeiten schwacher Nachfrage „auf Lager" produziert wird, um den Absatzbedarf in Zeiten der Hochkonjunktur decken zu könnnen. Die Produktion auf Lager kann aber nicht unendlich fortgesetzt werden. Zu bedenken ist, daß durch die Produktion auf Lager auch Folgekosten (z.B. kalkulatorische Zinsen für das gebundene Kapital für einzurichtende Lagerräume, Personalkosten, Energiekosten für Heizung und Strom) entstehen, die einen überproportionalen Anstieg verzeichnen werden, je mehr Produkte sich im Fertigwarenlager befinden. Neben der Effizienzsteigerung der bereits bestehenden fixen Kosten (z.B. durch kostengünstiges Anmieten von zusätzlichen Lagerflächen, um die bisher genutzten Flächen zum Bau von weiteren Produktionsanlagen zu verwenden) kann durch die Auslagerung von betrieblichen Aktivitäten auch der schwer kalkulierbare zukünftige Anstieg sprungfixer Kosten reduziert werden (z.B. keine Neueinstellung von Personal, wenn Zusatzaufträge von externen Zulieferern ausgeführt werden können). Durch Auslagerung bestimmter Aktivitäten lassen sich nicht nur die derzeitigen Kosten, sondern auch Folgekosten in der Zukunft einsparen. Wird z.B. der gesamte Bereich der Lohnbuchhaltung an einen Steuerberater vergeben, entfallen nicht nur Personalkosten, sondern auch Aus- und Fortbildungskosten für das eigene Personal, da für die ordnungsgemäße Erledigung der Lohnbucharbeiten von nun an der Steuerberater verantwortlich ist.

Positive Wirkung zeigen sich auch im Kapital- und Finanzbereich. Durch Auslagerung betrieblicher Tätigkeiten können notwendige Investitionen zeitlich hinausgezögert oder ganz vermieden werden. Ähnlich wie bei einer Entscheidung zwischen

Kauf und Miete bezüglich des Kapitalumfangs kann auch beim Outsourcing das eingesetzte Kapital geschont werden. Ähnlich wie beim „Sale and lease back“-Verfahren ist es beim Outsourcing durchaus auch üblich, daß der fremde Leistungsanbieter die für die Leistungserstellung benötigten Sachanlagen wie z.B. Maschinen ankauft, so daß für Sie kurzfristig ein Anstieg des Cash-flow zu verzeichnen ist.

Neben den quantifizierbaren Vorteilen gibt es auch noch *qualitative Vorzüge*. Durch den Einkauf von außen kann jeweils auf die Experten einer jeden Branche zurückgegriffen werden, die aufgrund ihres Erfahrungsschatzes und/oder der zu leistenden Qualität den eigenen Potentialen weit überlegen sind. Es ist immer noch billiger, im konkreten Fall „Fachwissen“ einzukaufen, als eigenes Personal zu beschäftigen, das aufgrund mangelnder Fachkenntnisse Arbeiten zu einem überteuerten Stundensatz erledigt.

Es ist mittlerweile zur Selbstverständlichkeit geworden, daß man einen Rechtsanwalt bei anstehenden Vertragsgestaltungen hinzuzieht. Für eine gute Beratung ist man auch bereit, einen Stundensatz von 300 bis 600 DM zu bezahlen.

Dasselbe Prinzip, nämlich der kurzfristige Einkauf von Fachwissen für ganz bestimmte Angelegenheiten, kann auch auf andere Unternehmensbereiche übertragen werden. So könnte es im Einzelfall für ein Klein- oder mittelgroßes Unternehmen kostengünstiger sein, seine gesamte Buchhaltung extern von einem Steuerberater verarbeiten zu lassen, als einen hochqualifizierten Bilanzbuchhalter einzustellen, der durch die Erledigung der laufenden Buchhaltung nicht nur unterfordert, sondern auch ineffizient für das Unternehmen eingesetzt wird. So ist es immer noch billiger, dem Steuerberater für die laufende Buchführung pro Monat z.B. 1 000 DM zu überweisen, als einen Bilanzbuchhaltung mit einem Bruttogehalt von 6 500 DM einzustellen.

Als weiterer qualitativer Vorzug ist die Reduzierung des unternehmerischen Risikos zu nennen. Speziell in der Entwicklung und Forschung in einem innovationsfreudigen Unternehmen könnte darüber nachgedacht werden, statt hohe Kosten für Forschung zu tragen, lieber auf den Zukauf von Patenten und Lizenzen auszuweichen, die bereits eine Serienreife aufweisen. Damit kann das Risiko, in die falsche Richtung zu forschen oder zu entwickeln, nahezu komplett ausgeschlossen werden.

Zusätzlich bietet Outsourcing noch den entscheidenden Vorteil, daß Preissteigerungen bei Abschluß eines Dauervertrages über mehrere Jahre vorhersehbar sind und entsprechend in Ihrer Kalkulation Berücksichtigung finden können. Auch können Sie mit Hilfe von Outsourcing das Problem der geeigneten Material- und Personalsuche auf den Lieferanten vorverlagern und mittels Vereinbarung von Abrufmengen auch auf kurzfristig auftretenden Absatzschwankungen reagieren und dadurch flexibler werden. Schließlich können Sie sich durch die Konzentration auf Ihr eigentliches Kerngeschäft mehr und vor allem gezielter um die Bedürfnisse Ihrer Kunden kümmern.

All diesen Vorteilen steht aber auch eine Reihe von Nachteilen gegenüber:

- Schaffung einer starken Abhängigkeit von externen Dienstleistern durch meist langfristig gestaltete Verträge.

- Abzubauende Ressourcen lassen sich in den kommenden Jahren nur schwer wieder aufbauen.
- Wegfall eines Wettbewerbsvorteils durch Preisgabe von eigenem Know-how.
- Falsche Entscheidungen zu Vertragsbeginn können katastrophale Folgen für das gesamte Unternehmen nach sich ziehen.
- Als Unternehmer verlieren Sie für die Bereiche, die nach außen gegeben werden, das Weisungs- und Direktionsrecht.
- Evtl. kommen auf Sie hohe Kosten zu, wenn Sonderleistungen erwünscht werden, die die „Standardversion“ nicht zu bieten hat.
- Erhöhter Planungs- und Abstimmungsbedarf zumindest in der Startphase.

Nahezu alle betrieblichen Aktivitäten können vom Outsourcing betroffen sein. Von der Forschung und Entwicklung über die Materiallagerhaltung, Produktion, Montage bis zum Fertigwarenlager kann alles dahingehend untersucht werden, ob es nicht externe Anbieter gibt, die die gleichen Tätigkeiten preisgünstiger anbieten. Was für den Betriebsbereich gilt, hat auch Gültigkeit für die Verwaltung. So können durch Outsourcing insbesondere in den folgenden Bereichen Kosteneinsparungen eintreten:

- Personalwesen
- Einkauf
- Datenverarbeitung
- Finanzbuchführung
- Lohn- und Gehaltsbuchhaltung
- Logistik
- Kantine
- Werksarzt
- Reinigung der Büros

BEISPIEL

Ihre Produktionsabteilung ist aufgrund der vorhandenen Maschinenkapazität bei maximaler Laufleistung in der Lage, 30 000 Stück pro Monat herzustellen. Die bei 100 %iger Auslastung anfallenden Gesamtkosten belaufen sich aufgrund von internen Berechnungen auf insgesamt 400 000 DM. Durch Untersuchungen hinsichtlich der Laufleistung im Vorjahr ist festgestellt worden, daß zu keiner Zeit die Auslastung unter 35 % der Maximalkapazität sank. In dem Monat mit der minimalsten Auslastung beliefen sich die Gesamtkosten auf insgesamt 205 000 DM. Die durchschnittliche Auslastung im gesamten Jahr kann mit ca. 60 % der maximal möglichen Leistung angegeben werden.

Mit Hilfe dieser Angaben läßt sich kostenrechnerisch entscheiden, ab welchem Preis es sich lohnt, die Produktion auf externe Anbieter zu übertragen.

Sie wissen, daß mit Kosten von 400 000 DM insgesamt 30 000 Stück und mit Kosten von 205 000 DM insgesamt 10 500 Stück (35 % von 30 000) produziert worden sind; d.h., mit einem Kostenmehraufwand von 195 000 DM konnte die Produktion um insgesamt 19 500 Stück gesteigert werden. Da sich die fixen Kosten unabhängig von der Beschäftigung verhalten, kann sich die Kostensteigerung von 195 000 DM ausschließlich auf variable Kostenbestandteile beziehen. Demzufolge hat jedes produzierte Stück einen variablen Kostenanteil von 10 DM (195 000 DM / 19 500 Stück). Aus diesen Berechnungen lassen sich durch Gegenüberstellen von zwei verschiedenen Auslastungsgraden die Fixkosten errechnen:

Produktion	10 500 Stück	30 000 Stück
Gesamtkosten	205 000 DM	400 000 DM
– variable Kosten	105 000 DM	300 000 DM
= Fixkosten	100 000 DM	100 000 DM

Eine durchschnittliche 60 %ige Auslastung – über das gesamte Jahr gesehene –, würde bedeuten, daß auf ein produziertes Stück Gesamtkosten in Höhe von 15,56 DM (10,00 DM + (100 000 DM/18 000 Stück)) entfielen.

Verlangt ein Fremdunternehmer einen Preis für die Fertigung eines Stückes, der unter 15,56 DM liegt, wird das Angebot unter Kostengesichtspunkten für Sie interessant. Alle Preise, die über 15,56 DM liegen, sind für Sie von vornherein uninteressant. Sie sollten allerdings versuchen, im Rahmen der stattfindenen Preisverhandlungen einen Preis von unter 10,00 DM festzuschreiben, weil sich die Fixkosten nicht so ohne weiteres abbauen lassen. Da sich die Fixkosten kurzfristig nicht so ohne weiteres abbauen lassen, entstehen Ihnen bei Fremdvergabe nicht nur Kosten in Höhe der Anschaffungspreises pro Stück, sondern zusätzlich noch die fixen Kosten, die bei einer Abnahme von 18 000 Stück immerhin 5,56 DM pro Stück ausmachen.

Vergleich:

Anschaffungskosten pro Stück bei Fremdproduktion	fixe Stückkosten für 18 000 Stück	möglicher Absatzpreis pro Stück	möglicher Stückgewinn
9,00 DM	5,56 DM	17,00 DM	2,44 DM
11,00 DM	5,56 DM	17,00 DM	0,44 DM

Sie sehen, daß die erhöhten Anschaffungskosten bei Fremdbezug voll zu Lasten Ihres möglichen Gewinns gehen. Deshalb sollten Sie vor der endgültigen Entscheidung bezüglich Outsourcing eine solche vergleichende Rechnung aufstellen, um sicherzugehen, daß sich Ihr Stückgewinn noch in der gewünschten Bandbreite bewegt.

Zusammenfassend läßt sich festhalten, daß aufgrund der Spezialisierung des externen Anbieters auf einen kleinen Teilbereich die zu erledigende Arbeit nicht nur schneller, sondern in den allermeisten Fällen auch billiger als im eigenen Unternehmen ausgeführt werden kann. Selbst wenn der Preis für die externe Leistung über den eigenen variablen Kosten liegen sollte, sollte das bei Ihnen nicht sofort auf Ablehnung stoßen, denn Sie müssen bei einer Entscheidung auch langfristige (Folge-)Kosten mit ins Kalkül ziehen. Z.B. lohnt es sich im Falle einer Leistungsinanspruchnahme, die nur für eine kurze Zeit besteht (z.B. Saisonarbeit vor Weihnachten oder Ostern), in der Regel immer, auf externe Anbieter auszuweichen, als bei Eigenfertigung die Fixkosten durch Anschaffung neuerer Maschinen und Einstellung von zusätzlichem Personal zu erhöhen, die ihre Folgen erst in den kommenden Jahren zeigen werden. Bei allen Kostenvergünstigungen sollten Sie aber nie aus den Augen verlieren, daß Sie sich durch langfristige vertragliche Bindungen mit Außenstehenden abhängig machen und keine direkte Kontrolle mehr ausüben können.

Die Betriebsergebnisrechnung: Wieviel Gewinn haben Sie tatsächlich gemacht?

Kapitel 6

In der Betriebsergebnisrechnung wird das Betriebsergebnis durch Gegenüberstellung von Selbstkosten sämtlicher verkaufter Waren innerhalb eines Zeitraums mit den entsprechenden Leistungen im selben Zeitraum ermittelt.

Im folgenden wird Ihnen anhand eines Beispiel dargestellt, wie Sie eine kurzfristige Betriebsergebnis- oder Erfolgsrechnung sowohl zu Voll- als auch zu Teilkosten jeweils im Gesamtkosten- und Umsatzkostenverfahren ermitteln. Diese Ausführungen setzen das Verständnis der vorangegangenen Kapitel voraus und richten sich eher an den „fortgeschrittenen Kostenrechner".

Beim Gesamtkostenverfahren werden die gesamten Kosten sämtlichen Erlösen unmittelbar gegenübergestellt, während beim Umsatzkostenverfahren zuerst die Kosten, die unmittelbar mit den Erlösen in Zusammenhang stehen, Berücksichtigung finden und erst in einem weiteren Schritt die restlichen Kosten abgezogen werden. Beide Verfahren sind auch für Ihre Jahresabschlußarbeiten (hier: Gewinn- und Verlustrechnung) ausdrücklich zugelassen.

Aus der Produktionsabteilung, der Buchhaltung und aufgrund eigener Berechnungen steht Ihnen das folgende Zahlenwerk für weitere Auswertungen zur Verfügung.

Zahlenmaterial	Vormonat	aktueller Monat
erzeugte Menge	1 800 Stück	1 200 Stück
verkaufte Menge	1 200 Stück	1 800 Stück
Verkaufspreis pro Stück	50,00 DM	50,00 DM
fixe Herstellkosten der Erzeugung insgesamt	18 000,00 DM	18 000,00 DM
variable Herstellkosten pro Stück	12,00 DM	12,00 DM
fixe Kosten des Verwaltungs- und Vertriebsbereichs insgesamt	9 000,00 DM	9 000,00 DM
variable Verwaltungs- und Vertriebsgemeinkosten /Stk.	2,00 DM	2,00 DM

Gesamtkostenverfahren zu Vollkosten:	**Vormonat**	**aktueller Monat**
variable Herstellkosten pro Stück · erzeugte Menge	21 600,00	14 400,00
+ fixe Herstellkosten der Erzeugung	18 000,00	18 000,00
= Herstellkosten der Erzeugung	39 600,00	32 400,00
+/– Lagerbestandsveränderung (39 600/1 800) · (1 800-1 200)	– 13 200,00	+ 13 200,00
= Herstellkosten des Umsatzes	26 400,00	45 600,00
+ var. Verwaltgs.- + Vertriebsgemeinkosten (2,00 · verk. Menge)	2 400,00	3 600,00
+ fixe Kosten des Verwaltungs- und Vertriebsbereichs	9 000,00	9 000,00
= Selbstkosten	37 800,00	58 200,00
Umsatzerlöse (50,00 · verkaufte Menge)	60 000,00	90 000,00
= Betriebsergebnis	**22 200,00**	**31 800,00**

Das Gesamtkostenverfahren zu Vollkosten sieht in Ihrer Gewinn- und Verlustrechnung im Vormonat wie folgt aus:

Soll — Gewinn - und Verlustrechnung im Vormonat — Haben

Soll		Haben	
variable Herstellkosten der Fertigung (1 800 · 12,00)	21 600	Verkaufserlöse (1 200 · 50,00)	60 000
fixe Herstellkosten der Erzeugung	18 000	Bestandsveränderung (600 · 22,00[1])	13 200
variable Verwaltungs- und Vertriebskosten (1 200 · 2,00)	2 400		
fixe Verwaltungungs- u. Vertriebskosten	9 000		
Gewinn	**22 200**		

Entsprechend für den aktuellen Monat sieht das Gesamtkostenverfahren zu Vollkosten in Kontenform folgendermaßen aus:

Soll	Gewinn - und Verlustrechnung im aktuellen Monat		Haben
variable Herstellkosten der Fertigung (1 200 · 12,00)	14 400	Verkaufserlöse (1 800 · 50,00)	90 000
fixe Herstellkosten der Erzeugung	18 000		
variable Verwaltungs- und Vertriebskosten (1 800 · 2,00)	3 600		
fixe Verwaltungs- u. Vertriebskosten	9 000		
Bestandsveränderung (600 · 22,00[1])	13 200		
Gewinn	**31 800**		

[1] Berechnung der Bestandsveränderung:
(39 600 / 1 800) · (1 800 - 1 200) = 22,00 · 600 → entsprechend den Zahlen aus dem Vormonat.

Gesamtkostenverfahren zu Teilkosten	Vormonat	aktueller Monat
variable Herstellkosten pro Stück · erzeugte Menge	21 600,00	14 400,00
= variable Herstellkosten der Erzeugung	21 600,00	14 400,00
± Lagerbestandsveränderung (21 600/1 800) · (1 800-1 200)	– 7 200,00	+ 7 200,00
= variable Herstellkosten des Umsatzes	14 400,00	21 600,00
+ var. Verwaltgs.- + Vertriebsgemeinkosten (2,00 · verk. Menge)	2 400,00	3 600,00
= variable Selbstkosten	16 800,00	25 200,00
Umsatzerlöse (50,00 · verkaufte Menge)	60 000,00	90 000,00
= Bruttogewinn (= Deckungsbeitrag)	43 200,00	64 800,00
– fixe Kosten insgesamt (18 000,00 + 9 000,00)	27 000,00	27 000,00
= Betriebsergebnis (= Nettogewinn)	**16 200,00**	**37 800,00**

Umsatzkostenverfahren zu Vollkosten	Vormonat	aktueller Monat
variable Herstellkosten pro Stück	12,00	12,00
+ fixe Herstellkosten pro Stück (18 000,00 / erzeugte Menge)	10,00	15,00
= Herstellkosten der Erzeugung pro Stück ·	22,00	27,00
Absatzmenge von 1 200 Stück	26 400,00	32 400,00
+ Herstellkosten aus dem Vormonat (22,00 DM · 600 Stück)		13 200,00
= Herstellkosten des Umsatzes	26 400,00	45 600,00
+ var. Verwaltgs.- + Vertriebsgemeinkosten (2,00 · verk. Menge)	2 400,00	3 600,00
+ fixe Kosten des Verwaltungs- und Vertriebsbereichs	9 000,00	9 000,00
= Selbstkosten	37 800,00	58 200,00
Umsatzerlöse (50,00 · verkaufte Menge)	60 000,00	90 000,00
= Betriebsergebnis	**22 200,00**	**31 800,00**

Umsatzkostenverfahren zu Teilkosten	Vormonat	aktueller Monat
variable Herstellkosten pro Stück· verkaufte Menge	12,00 14 400,00	12,00 21 600,00
= variable Herstellkosten des Umsatzes	14 400,00	21 600,00
+ var. Verwaltgs.- + Vertriebsgemeinkosten (2,00 · verk. Menge)	2 400,00	3 600,00
= variable Selbstkosten des Umsatzes	16 800,00	25 200,00
Umsatzerlöse (50,00 · verkaufte Menge)	60 000,00	90 000,00
= Bruttogewinn (= Deckungsbeitrag)	43 200,00	64 800,00
– fixe Kosten insgesamt (18 000,00 + 9 000,00)	27 000,00	27 000,00
= Betriebsergebnis (= Nettogewinn)	**16 200,00**	**37 800,00**

Sowohl bei der Vollkosten- wie auch bei der Teilkostenrechnung kommen das Umsatzkostenverfahren und das Gesamtkostenverfahren jeweils auf dasselbe Betriebsergebnis. Sie werden sich jetzt sicher fragen, wieso das so ist und worauf die Abweichung zwischen Vollkosten- und Teilkostenrechnung beruht.

	Vormonat	aktueller Monat
Betriebsergebnis zu Vollkosten	22 200,00	31 800,00
Betriebsergebnis zu Teilkosten	16 200,00	37 800,00
Differenz	**+ 6 000,00**	**– 6 000,00**

Dieselbe Differenz ergibt sich, wenn Sie die jeweiligen Bestandsveränderungen miteinander vergleichen.

	Vormonat	aktueller Monat
Bestandsveränderung zu Teilkosten	– 7 200,00	+ 7 200,00
Bestandsveränderung zu Vollkosten	– 13 200,00	+ 13 200,00
Differenz	**+ 6 000,00**	**– 6 000,00**

Der Grund liegt darin, daß bei der Vollkostenrechnung die fixen Kosten der Herstellung bei den Bestandsveränderungen mit berücksichtigt werden, während sie bei der Teilkostenrechnung außen vor bleiben.

Möchten Sie kurzfristig Berechnungen hinsichtlich des Betriebsergebnisses anstellen, sollten Sie der Teilkostenrechnung den Vorzug geben, weil auf kurze Sicht gesehen Ihr Ergebnis nach der Teilkostenrechnung genauer ausfallen wird als das nach der Vollkostenrechnung.

Kapitel 7 Kosteneinsparungspotentialen auf der Spur

Speziell in Zeiten steigender Marktkonkurrenz und sinkender Absatzpreise müssen Sie alle Maßnahmen ergreifen, die sich Ihnen bieten, wenn es um Kosteneinsparungen geht. Speziell die Gemeinkosten im Verwaltungs- und Vertriebsbereich schlagen in der Kalkulation oft mit sehr hohen Beträgen zu Buche. Aufgrund dieses Mankos ist die Prozeßkostenrechnung entwickelt worden, die Ihnen in diesem Kapitel vorgestellt wird. Sie wird häufig auch als Vorgangskalkulation bezeichnet, bei der ein gesamter Bearbeitungsvorgang von der Bestellung über die Fertigung bis zur Auslieferung jeweils einzeln für sich betrachtet und kostenrechnungsmäßig bewertet wird. Insbesondere in bezug auf die in der herkömmlichen Kostenrechnung pauschal über Prozentsätze zugeschlagenen Kosten für Bestelldisposition, Fertigungsvorbereitung und -steuerung, Lagerung und Transport verspricht die Prozeßkostenrechnung sowohl eine bessere interne Steuerung als auch eine genauere Produktkalkulation.

Die Prozeßkostenrechnung läuft in verschiedenen Schritten ab

1. Schritt

Jeder Gemeinkostenbereich wird in so viele Dienstleistungsarten (= Prozesse) untergliedert, wie er enthält. Z.B. könnte die Fertigungssteuerung unterteilt werden in:

- Montageaufträge disponieren,
- Teile abrufen,
- Fertigungsablauf überwachen.

2. Schritt

Jedem Prozeß werden die Kosten zugeordnet, die er verursacht.

3. Schritt

Im nächsten Schritt sind die sog. „Kostentreiber“ zu ermitteln, also die Faktoren, die die Prozeßinanspruchnahme der entsprechenden Leistungen bestimmen. Wenn wir bei unserem Beispiel bleiben, könnte man die Anzahl der zu disponierenden Montageaufträge festhalten, vielleicht noch unterteilt in Standard- und Sonderaufträge.

4. Schritt

Für jeden Kostentreiber sind die Mengenausprägungen zu bestimmen, z.B. Anzahl der in diesem und im kommenden Jahr abzuwickelnden Fertigungsaufträge.

5. Schritt

Ermittlung der Kosten pro Prozeßmengeneinheit z.B. pro Fertigungsauftrag.

6. Schritt

Belastung der Produkte mit den Prozeßkosten im Rahmen der Kostenträgerrechnung.

Aus den vorgestellten sechs Schritten können Sie bereits entnehmen, daß die Prozeßkostenrechnung mit erheblichem Erfassungs- und Planungsaufwand verbunden ist. Aus diesem Grunde kann immer nur im Einzelfall entschieden werden, ob die Einführung einer Prozeßkostenrechnung sinnvoll erscheint. In den Mittelpunkt der prozeßkostenrechnerischen Betrachtung lassen sich genausogut Prozeßfolgen stellen, die in der Verwaltung und im Vertrieb sehr häufig vorkommen, z.B.:

- Abwicklung eines Kundenauftrages von der Kundenanfrage bis zum fertigen Versand der Ware oder
- durchlaufene Stationen eines Belegs vom Rechnungseingang über die Vorkontierung und eigentliche Buchung bis zur Belegablage.

Bei Bedarf können diese Prozesse nochmals unterteilt werden. So läßt sich der Prozeß „Buchungsvorgang eines Belegs ....“ notfalls nochmals unterteilen in:

- Annahme der Lieferantenrechnung,
- sachliche und rechnerische Richtigkeitsprüfung,
- Anweisung zur Bezahlung,
- Ausstellung eines Schecks,
- Verschicken des Schecks,
- Vorkontierung der Lieferantenrechnung,
- Buchen der Lieferantenrechnung,
- Abheften der Lieferantenrechnung,
- Zusortierung der Scheckkopie zum Bankauszug.

Insgesamt verlagert sich der Kostenschwerpunkt von der Kostenstellen- auf die Aktivitätsebene, da in der Prozeßkostenrechnung davon ausgegangen wird, daß die Höhe und die Struktur der Gemeinkosten im wesentlichen von den Aktivitäten der Unternehmensleitung beeinflußt werden.

BEISPIEL

Erläuterungen zur folgenden Tabelle

Begonnen wird mit der Bezeichnung der Aktivitäten, deren Charakter anschließend bestimmt wird. Hier ist zu unterscheiden in lmi (= *leistungsmengeninduziert*) und lmn (= *leistungsmengenneutral*). Nur für die *leistungsmengenvariablen* (=lmv) Prozeßkosten können Maßgrößen und Planmengen errechnet werden. Nach der Schätzung der aktivitätsspezifischen Planprozeßkosten (5. Spalte) dividiert man diese durch die zugrundeliegenden Planprozeßmengen (4. Spalte) und erhält als Ergebnis die *mengenvariablen* (= mv) Prozeßkostensätze (6. Spalte). Um zusätzlich die kostenstellenbezogenen mengenneutralen Kosten zu erfassen, ist es erforderlich, diese möglichst verursachungsgerecht auf die einzelnen Aktivitäten zu verteilen. Eine Möglichkeit ist die hier vorgestellte (sh. übernächste Seite):

Kostenstelle: Innerbetriebliche Transporte für die Verkaufsabteilung							
Aktivität	**lmi lmn**	**Maßgröße**	**Prozeß-menge (Plan)**	**Prozeß-kosten (Plan)**	**Prozeß-kosten-satz (mv)**	**Prozeß-umlage (lmn)**	**GKS**
Gabelstabler-transporte	lmi	Anzahl der zu trans-portierenden Fertig-waren pro Jahr	350	140 000	400	45,38	445,38
manuelle Bereitstellung	lmi	Anzahl bereitzu-stellender Fertig-waren pro Jahr	280	80 360	287	32,56	319,56
Abteilung leiten	lmn			25 000	---	---	---
Summe				**245 360**	**687**	**77,94**	**764,94**

25 000 / (140 000+80 360) · 140 000 = 15 883,10 / 350 = 45,38 bzw.
25 000 / (140 000+80 360) · 80 360 = 9 116,90 / 280 = 32,56

Der Gesamtprozeßkostensatz (= GKS) ergibt sich aus der Summe der Kostensätze (6. Spalte) und Umlagesätze (7. Spalte).

Werden auf diese Weise sämtliche Prozeßstrukturen in Ihrem Unternehmen aufgegliedert und mit einem Kostensatz versehen, lassen sich diese wiederum zu einem Gesamtkostenstellensatz verdichten, um letztendlich Ihr angebotenes Produkt oder Ihre angebotene Leistung besser und transparenter zu kalkulieren.

Schwierig ist die genaue Schätzung der Höhe der Kostentreiber, zumal sie mengenmäßig erfaßbar sein sollten und unmittelbar Kosten zugeordnet werden können. Das vorrangige Ziel der Prozeßkostenrechnung besteht darin, z.B. auf folgende Fragen eine Antwort zu finden:

- Wieviele Kundenanfragen erreichen jährlich das Unternehmen, wie lange dauert im Durchschnitt die Bearbeitung einer Kundenanfrage, und wieviel kostet das das Unternehmen?
- Bestehen Möglichkeiten, die innerbetriebliche Organisation so umzugestalten, daß Kosten eingespart werden können, weil die Arbeit zukünftig effizienter und mit wesentlich weniger Zeitaufwand erledigt wird?
- Welche Kundenanfragen werden in der Regel gestellt, und wie lange dauert es, auch ausgefallene Kundenanfragen zufriedenstellend zu beantworten? Welcher Betrag fällt für diese nicht regelmäßig vorkommenden Kundenanfragen an?
- Auf wieviele Kundenanfragen kommen wieviele Reklamationen?
- Wieviele Reklamationen entfallen auf 100 Aufträge?
- Mit welchem Betrag belasten die Reklamationen den Deckungsbeitrag?

Diese Liste ließe sich noch beliebig fortsetzen. Allein diese sechs Punkte sollten Sie bereits dafür sensibilisieren, wie wichtig auch für Klein- oder Mittelbetriebe die Einführung einer Prozeßkostenrechnung sein kann und welche Bedeutung ihr beizumessen ist. Mit Hilfe der Prozeßkostenrechnung lassen sich in sämtlichen Unternehmensbereichen, vorrangig jedoch in der Verwaltung und im Vertrieb, vorhandene Überhänge oder Defizite sehr schnell feststellen. Es erscheint nicht sinnvoll, wenn in der Abteilung „Rechnungsschreibung“ drei Mitarbeiter beschäftigt sind, obwohl Arbeit für nur zwei Personen vorhanden ist, und die Abteilung „Auftragsannahme“ Überstunden einlegen muß, damit die Arbeit überhaupt einigermaßen pünktlich erledigt werden kann. Durch sinnvolle und wohldurchdachte innerbetriebliche Organisationsstrukturen können Sie mit Hilfe von Umverteilung der Arbeit mit dem Ziel der gleichmäßigeren Auslastung aller Beschäftigten zukünftig nicht nur die Überstundenzuschläge einsparen, sondern auch die bisherigen „Leerkosten“ im Bereich „Rechnungsschreibung“ in Nutzkosten umwandeln, so daß Sie zwei Fliegen mit einer Klappe schlagen.

Angebote sicher und richtig kalkulieren

Kapitel 8

Jede Branche weist Besonderheiten bezüglich der Kostenentstehung und -zuordnung, der individuellen Organisationsstruktur sowie Kalkulation und Preisfindung auf. Deshalb werden hier ausgewählte Kalkulationsverfahren für bestimmte häufig anzutreffende Wirtschaftszweige und Branchen beschrieben.

8.1 Eine einfache Divisions- oder Zuschlagskalkulation reicht in der Regel aus

Die häufigsten in der Praxis vorkommenden Kalkulationsschemata lassen sich in den Bereich der Divisions- oder Zuschlagskalkulation einreihen. Bei der Divisionskalkulation werden die insgesamt entstandenen Kosten durch die produzierte Menge an Erzeugnissen dividiert. Bei der Zuschlagskalkulation werden den Einzelkosten die Gemeinkosten mittels Zuschlagssätzen zugerechnet.

BEISPIEL

Aufbauend auf unser Zahlenbeispiel in Kapitel 3.5 sind Ihnen in einem Geschäftsjahr für die Produktion von 191 450 Stück insgesamt 574 350 DM an Kosten entstanden, die sich wie folgt aufteilen:

Materialkosten	37 980 DM
Fertigungskosten	323 950 DM
Verwaltungskosten	133 050 DM
Vertriebskosten	79 370 DM

Mit Hilfe der einfachen Divisionskalkulation teilen Sie die gesamten produzierten Stücke durch Ihre Gesamtkosten und erhalten den Kostenanteil, der durchschnittlich auf ein Stück entfällt.

574 350 : 191 450 = 3,00 DM

Der unbestreitbare Vorteil der Divisionskalkulation liegt in der einfachen und schnellen Handhabung. Sie läßt sich in nahezu allen Bereichen der Wirtschaft anwenden. Ob beim Friseur, der die Kosten für einen Haarschnitt ermitteln möchte, ob bei einem Busunternehmer, der den kostendeckenden Fahrpreis für einen Fahrgast errechnet, oder beim Handel, der den Umsatz pro Mitarbeiter ermittelt. Immer werden die Gesamtkosten durch die Gesamtzahl geteilt, auf die sich die Kosten pro Einheit beziehen sollen. Sie sehen also, die Divisionskalkulation besitzt ein breites Anwendungsspektrum.

Der entscheidende Nachteil der einfachen Divisionskalkulation besteht darin, daß die Stückkostenhöhe unmittelbar von der produzierten Menge abhängt; wird eine hohe Stückzahl gefertigt, sinkt der Preis, bei abnehmender Produktionsmenge steigt er. Der durch die Divisionskalkulation recht überschlägig ermittelte Preis trifft immer nur dann zu, wenn genausoviel produziert wie abgesetzt wird, d.h. Lagerbestandsbewegungen unberücksichtigt bleiben.

Neben der einfachen (oder auch einstufigen) Divisionskalkulation gibt es noch die mehrstufige. Die mehrstufige Divisionskalkulation kommt immer dann zum Tragen, wenn der Produktionszyklus mehrere Stufen durchläuft und dabei jeweils mehr eingesetzt als später ausgebracht wird.

BEISPIEL

Durch unterschiedliche Bearbeitungsvorgänge produziert ein Unternehmen drei verschiedene Produkte: E1, E2 und E3. Daneben werden noch zwei Zwischenprodukte Z1 und Z2 hergestellt und auch verkauft. Aufgrund von produktionstechnischen Gegebenheiten treten von einer Produktionsstufe zur nächsten Mengenverluste auf, d.h., die nächstfolgende Produktionsstufe erhält als Eingangsmaterial mengenmäßig weniger, als der Ausstoß der vorhergehenden betrug. Aus einem Rohstoff von 2 000 t zu einem Gesamteinkaufspreis von 40 000 DM wird für das Zwischenprodukt 1 ein Materialeinsatz von 1 200 t benötigt. Aus 800 t Rohstoff wird das Zwischenprodukt 2 gefertigt. In der Zwischenproduktionsstufe 1 fallen interne Kosten von 30 000 DM an, in der Zwischenproduktionsstufe 2 Kosten von 28 000 DM. Der Ausstoß von Z1 beträgt 1 000 t, der von Z2 550 t. Das Endprodukt 1 benötigt 400 t des Ausstoßes von Z1, das Endprodukt 2 380 t des Zwischenprodukts 1. Insgesamt 470 t des Zwischenprodukts 2 werden für das Endprodukt 3 benötigt. Auf der Endproduktstufe fallen für E1 40 000 DM an Kosten an, für E2 sind 35 000 DM aufzubringen und für E3 insgesamt 50 000 DM an Kosten anzusetzen. Verkaufsfähig sind vom Endprodukt 1 insgesamt 300 t, vom Endprodukt 2 insgesamt 250 t und vom Endprodukt 3 450 t. Zeichnerisch läßt sich die Situation wie folgt darstellen:

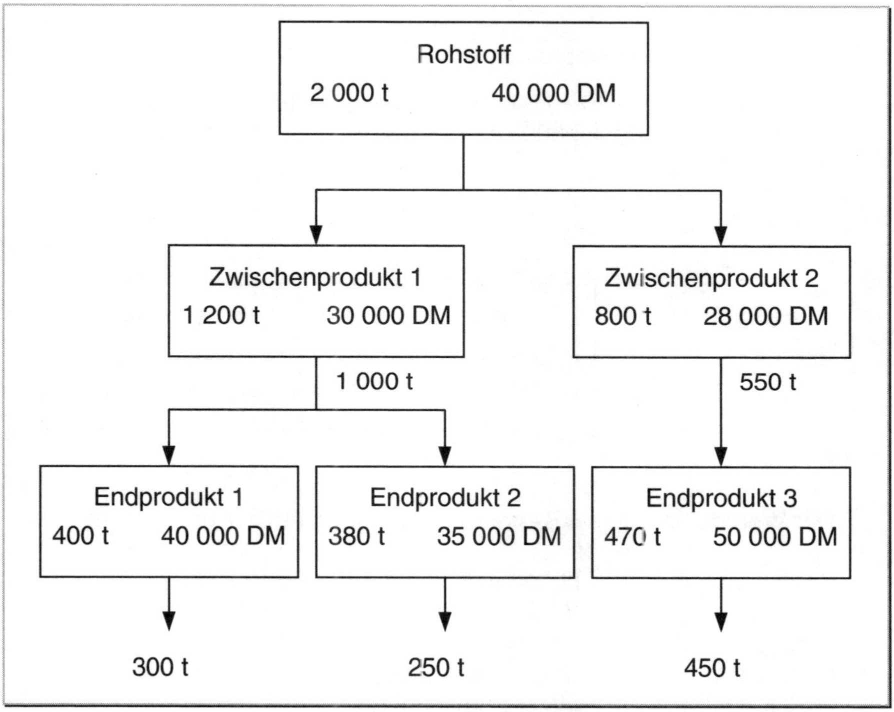

Anhand dieses Beispiels sollen die Herstellkosten für eine Tonne eines jeden Zwischen- und Endproduktes ermittelt werden. Weiterhin sind die Bestandsveränderungen mengen- und wertmäßig zu ermitteln, wobei unterstellt wird, daß von jedem Endprodukt 230 t verkauft worden sind.

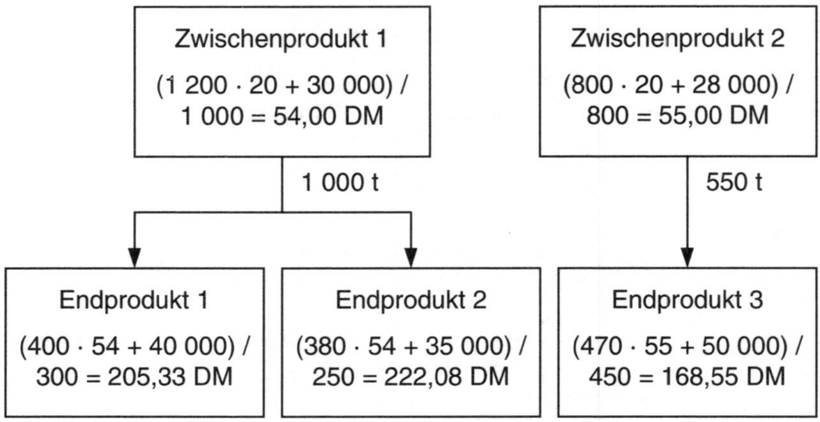

Der Wert der jeweiligen Bestandsveränderung ergibt sich wie folgt:

Zwischenprodukt 1	(1 200-400-380) · 54	=	22 680,00 DM
Zwischenprodukt 2	(550 - 470) · 55	=	4 400,00 DM
Endprodukt 1	(300 - 230) · 205,33	=	14 373,10 DM
Endprodukt 2	(250 - 230) · 222,08	=	4 441,60 DM
Endprodukt 3	(450 - 230) · 168,55	=	37 081,00 DM

Die häufigsten in der Praxis vorkommenden Zuschlagskalkulationen sind die summarische und die differenzierende. Die differenzierende Zurechnung kann nach Kostenarten, Kostenstellen oder Erzeugnisgruppen erfolgen. Allen Verfahren ist gemeinsam, daß die Gemeinkosten über Zuschlagssätze auf die Einzelkosten aufgeschlagen werden.

In der summarischen Zuschlagskalkulation werden sämtliche Gemeinkosten mittels nur eines einzigen Zuschlagssatzes verteilt. Der Verteilungsschlüssel der Gemeinkosten kann wert- oder mengenmäßig erfolgen, wobei letztere sich immer nur auf eine Basis beziehen.

Summarische Zuschlagskalkulation nach einem Wertschlüssel

Im letzten Geschäftsjahr betrugen die Einzelkosten insgesamt 200 000 DM. In derselben Zeit sind Gemeinkosten in Höhe von 100 000 DM entstanden. Demzufolge entfielen auf jede Mark an Einzelkosten nochmals Gemeinkosten in Höhe von 0,50 DM oder 50 %. Muß ein Auftrag mit Einzelkosten von 20 DM kalkuliert werden, wird angenommen, daß zusätzlich nochmals 50 % Gemeinkosten anfallen werden, so daß sich die Gesamtkosten damit auf insgesamt 30 DM belaufen.

Summarische Zuschlagskalkulation nach einem Mengenschlüssel

Im letzten Geschäftsjahr betrugen die Einzelkosten insgesamt 200 000 DM. In derselben Zeit sind Gemeinkosten in Höhe von 100 000 DM entstanden. Insgesamt wurden 10 000 Stück gefertigt. Folglich entstanden 10,00 DM Gemeinkosten für jedes produzierte Stück.

Fallen für die Produktion von 100 Stück an zusätzlichem Material 140 DM und an Lohnkosten 380 DM an, so kann der Auftrag wie folgt kalkuliert werden:

Materialkosten	140 DM
+ Lohnkosten	380 DM
+ Gemeinkosten (100 Stück · 10 DM)	1 000 DM
= Selbstkosten	1 520 DM

Mit der differenzierenden Zuschlagskalkulation sind Sie bereits mehrfach in Berührung gekommen. Im Kapitel 3.5 wurde über den BAB eine Zuschlagskalkulation nach Kostenstellen durchgeführt. Diese läßt sich beispielsweise ideal kombinieren mit einer integrierten Maschinenstundensatzrechnung.

Gemäß dem Ihnen bereits aus Kapitel 3.5 bekannten BAB ergeben sich folgende Gemeinkosten:

An Einzelkosten sind für Fertigungsmaterial 450 000 DM und für Fertigungslöhne 430 000 DM entstanden.

Bei Einführung einer Ihnen aus Kapitel 5.2.3 bekannten Maschinenstundensatzrechnung haben Sie errechnet, daß sich die Fertigungsgemeinkosten um 92 000 DM verringern werden. Die geplante Maschinenlaufzeit wird auf insgesamt 1 786 Stunden geschätzt.

Für die Bearbeitung eines in Aussicht gestellten Auftrags veranschlagen Sie Fertigungsmaterial in Höhe von 450 DM und Fertigungslöhne von insgesamt 860 DM. Weiterhin werden für die Bearbeitung des Produkts 4,5 Maschinenstunden benötigt. Wie hoch ist Ihr Gewinn, wenn Ihnen ein potentieller Auftraggeber für diesen Auftrag 3 000 DM zzgl. 16 % Mehrwertsteuer bietet unter Berücksichtigung von 5 % Rabatt auf den Listenverkaufspreis netto sowie 3 % Skonto?

	insgesamt		auftragsbezogen
Fertigungsmaterial	450 000 DM		450,00 DM
+ Materialgemeinkosten (8,44 %)	37 980 DM		37,98 DM
= Materialkosten	487 980 DM		487,98 DM
Fertigungslöhne	430 000 DM		860,00 DM
+ Maschinenstundensatz (1 786 Std.)	92 030 DM	(4,5 Std.)	231,89 DM
+ Fertigungsgemeinkosten (53,93 %)	231 920 DM		463,80 DM
= Fertigungskosten	753 950 DM		1 555,69 DM
= Herstellkosten der Erzeugung	1 241 930 DM		2 043,67 DM
+ Minderbestand an Erzeugnissen			
- Mehrbestand an Erzeugnissen			
= Herstellkosten des Umsatzes	1 241 930 DM		2 043,67 DM
+ Verwaltungsgemeinkosten (10,71 %)	133 050 DM		218,88 DM
+ Vertriebsgemeinkosten (6,39 %)	79 370 DM		130,59 DM
= Selbstkosten	1 454 350 DM		2 393,14 DM
+ Gewinnzuschlag		(=15,52 %)	371,36 DM
= Barverkaufspreis			2 764,50 DM
+ Vertreterprovision			0,00 DM
+ Kundenskonto		(3 %)	85,50 DM
= Zielverkaufspreis			2 850,00 DM
+ Kundenrabatt		(5 %)	150,00 DM
= Listenverkaufspreis netto			3 000,00 DM
+ gesetzliche Mehrwertsteuer		(16 %)	480,00 DM
= Listenverkaufspreis brutto			**3 480,00 DM**

Ihr Gewinn beträgt 371,36 DM oder 15,52 % der kalkulierten Selbstkosten.

8.2 Angewandte Kalkulationspraxis im Industriebetrieb

Die im letzten Kapitel vorgestellte differenzierende Zuschlagskalkulation auf Vollkostenbasis ist für ein Industrieunternehmen nur selten geeignet. Besser ist es, auf Teilkostenbasis zu kalkulieren. In den letzten Kapiteln sind Sie bereits auf die Notwendigkeit der Kosteneinteilung in Einzel- und Gemeinkosten hingewiesen worden.

Als Einzelkosten kommen insbesondere in Betracht:

- Fertigungsmaterial, z.B. Rohstoffe, fremdbezogene Fertigteile, die zur Weiterverarbeitung bestimmt sind und Verpackungsmaterialien, sofern sie einen nennenswerten Umfang erreichen,
- Fertigungslohn, z.B. der als Verrechnungssatz ausgedrückte durchschnittliche Stundenlohn aller Lohnarbeiter in sämtlichen Fertigungsabteilungen,

- Maschinenstundensatz, z.B. die Kosten der als Maschinenplatz eingerichteten Kostenstelle,
- Sondereinzelkosten der Fertigung z.B. Spezialmodelle, Spezialwerkzeuge, Sondermaschinen.

Wie Ihnen bereits bekannt sein dürfte, fallen neben den Einzelkosten noch weitere nicht direkt zurechenbare Kosten, die Gemeinkosten, an. Hierunter fallen z.B. Abschreibungen, Gehälter, Mietzahlungen, Zinsen, aber auch Transportkosten, Reinigungskosten, Telefongebühren.

„Datenlieferant" für die benötigten Fertigungsmaterialien sind in der Regel von der Arbeitsvorbereitung ausgearbeitete Stücklisten. Die Stückliste enthält sämtliche benötigten Einzelteile, die für die Fertigung des Produkts notwendig sind. Dabei werden die Einzelteile nicht nur mengen-, sondern auch wertmäßig genau beziffert. Die aufzustellende Stückliste vor Produktionsbeginn dient nicht nur dem Einkauf als Bestellunterlage, sie ist auch für die Kostenrechnung im Bereich der Nachkalkulation von unschätzbarem Vorteil. Durch das Aufschreiben der verbrauchten Materialien während der laufenden Produktion kann nach Fertigstellung ein Abgleich mit dem geplanten Verbrauch stattfinden, und Mengenabweichungen können sofort aufgedeckt werden.

Die Grundlage für den Einsatz der Arbeitskräfte und Maschinen bildet der Arbeitsplan speziell für den Fertigungsablauf im Fertigungsbereich. Dabei geht es um die Fragen: Von wem (Arbeiter/Lohngruppe) soll was (Werkstück), wie (Arbeitsverrichtung), wo (Kostenstelle), womit (Maschine oder Werkzeug), wohin (Transport) und in welcher Zeit (Planzeit) gefertigt bzw. geliefert werden? In einem Arbeitsplan soll neben der Arbeitsfolgeplanung und der Durchlaufzeitenplanung auch die Transportplanung erfolgen.

Je genauer der Arbeitsplan erstellt wird, desto aussagekräftiger sind auch die Angaben, die für kostenrechnerische Zwecke benötigt werden. Die Summe aller Arbeitspläne ergibt die Kapazitätsauslastung je Arbeitsplatz, Kostenstelle oder im gesamten Unternehmen.

Wie bereits angedeutet, kann eine Zuschlagskalkulation auch auf der Grundlage einer Teilkostenrechnung durchgeführt werden.

Ausgehend vom „normalen" BAB, den Sie ja bereits kennen, wird ein erweiterter BAB ausgearbeitet, indem für jede Kostenstelle an sich nochmals unterschieden wird in kostenstellenvariable oder kostenstellenfixe Gemeinkosten.

Siehe hierzu Tabelle auf Seite 218

BEISPIEL

Genau wie bei der Trennung der Kostenarten in variabel und fix gehen Sie bei der Beurteilung vor, ob kostenstellenfixe oder -variable Kosten vorliegen. Immer dann, wenn Sie mit Gewißheit sagen können, daß bei Auflösung dieser Kostenstelle Kosten nicht mehr anfallen werden, sind Sie sicher, daß diese zu den variablen Kostenstellenkosten zu zählen sind. Alle anderen stellen kostenstellenfixe Kosten dar. Nehmen Sie sich z.B. die Kostenart „Bürokosten".

Gemeinkosten	Zahlen der Buchhaltung	Grundlage der Verteilung	Kostenstellen			
			Material	Fertigung	Verwaltung	Vertrieb
Hilfsstoffaufwand	42 500	Entnahme-scheine	2 500	40 000	---	---
Betriebsstoff-aufwand	3 200	Entnahme-scheine	400	2 800	---	---
Gehälter	80 000	Gehaltsliste	15 000	20 000	35 000	10 000
AG-Anteil SV	102 000	Lohn-/Ge-haltsliste	3 000	90 000	7 000	2 000
Abschreibungen	180 000	Anlagekartei	7 100	145 000	15 200	12 700
Bürokosten, Miete	32 700	Schätzung	2 700	7 800	20 000	2 200
Werbung, Marketing	68 000	Schätzung	---	---	25 000	43 000
Steuern	55 000	Anlagewerte	5 000	15 000	28 000	7 000
Versicherungen	10 950	Anlagewerte	2 280	3 350	2 850	2 470
Summe:	**574 350**	**aufgeteilt auf:**	**37 980**	**323 950**	**133 050**	**79 370**

Würde die Kostenstelle Fertigung zukünftig aufgelöst, entfielen auch die Bürokosten für die Kostenstelle Fertigung. Somit wissen Sie, daß die Kostenart „Bürokosten" in bezug auf die Kostenstelle Fertigung einen variablen Charakter hat. So können Sie Kostenart für Kostenart und Kostenstelle für Kostenstelle durchgehen und jeweils separat entscheiden.

Für unseren Beispielfall sei angenommen, daß die Kostenstelle Material einen variablen Kostenanteil von 35 % hat, die Kostenstelle Fertigung 45 % variable Kosten an den Kostenstellengesamtkosten aufweist. Im Rahmen der Teilkostenrechnung wird bei der Zuschlagskalkulation unterstellt, daß die Verwaltungs- und Vertriebsgemeinkosten insgesamt zu den Fixkosten zu zählen sind.

Das Ihnen ebenfalls bekannte Kalkulationsschema erfährt bei der Kalkulation auf Teilkostenbasis eine kleine Änderung und hat nunmehr folgendes Aussehen:

Fertigungsmaterial
+ variable Materialgemeinkosten
= variable Materialkosten

Fertigungslöhne
+ variable Fertigungsgemeinkosten
+ Sondereinzelkosten der Fertigung
= variable Fertigungskosten

= variable Herstellkosten der Erzeugung

+ Sondereinzelkosten des Vertriebs
= variable Selbstkosten

+ Solldeckungsbeitrag
= Barverkaufspreis

+ Vertreterprovision
+ Kundenskonto
= Zielverkaufspreis

+ Kundenrabatt
= Listenverkaufspreis netto

+ gesetzliche Mehrwertsteuer

= Listenverkaufspreis brutto

Anders als bei der Zuschlagskalkulation zu Vollkosten werden in der Kalkulation auf der Basis von Teilkosten keine Verwaltungs- und Vertriebsgemeinkosten einkalkuliert. Diese Kosten müssen ebenso wie ein Gewinn und die fixen Material- und Fertigungsgemeinkosten über den sogenannten Solldeckungsbeitrag abgedeckt werden.
Für die Ermittlung des Solldeckungsbeitrags gehen Sie wie folgt vor:

		variabel	**fix**
Fertigungsmaterial		450 000 DM	
+ variable MGK	(35 % von 8,44)	13 293 DM	24 687 DM
= variable Materialkosten		463 293 DM	
Fertigungslöhne		430 000 DM	
+ variable FGK	(45 % von 75,34)	145 783 DM	178 179 DM
+ Sondereinzelkosten der Fertigung			
= variable Fertigungskosten		575 783 DM	178 179 DM
= var. Herstellk. der Erzeugung		1 039 076 DM	202 866 DM
+ Sondereinzelkosten des Vertriebs			
= variable Selbstkosten		1 039 076 DM	202 866 DM
+ **Solldeckungsbeitrag**	*fixe Materialgemeinkosten* *fixe Fertigungsgemeinkosten* *Verwaltungsgemeinkosten* *Vertriebsgemeinkosten* Zwischensumme *Gewinnzuschlag*		

= Barverkaufspreis		97 %	
+ Vertreterprovision		0 %	
+ Kundenskonto	(3 %)	3 %	
= Zielverkaufspreis		100 %	95 %
+ Kundenrabatt	(5 %)		5 %
= Listenverkaufspreis netto			100 %
+ gesetzliche Mehrwertsteuer	(16 %)		16 %
= Listenverkaufspreis brutto			116 %

Neben den variablen Selbstkosten in Höhe von 1 039 076 DM fallen noch fixe Kosten in einer Gesamthöhe von 415 286 DM für fixe Kostenstellengemeinkosten im Bereich des Materials und der Fertigung von insgesamt 202 866 DM und für Verwaltungsgemeinkosten (133 050 DM) und Vertriebsgemeinkosten (79 370 DM) an. Schlägt man die Fixkosten in einem Prozentsatz den variablen Selbstkosten zu, so ergibt sich ein prozentualer Aufschlag von 39,97 % (415 286 / 1 039 076).

Nach dem prozentualen Aufschlag der fixen Gemeinkosten auf die Summe der variablen Selbstkosten wird von der sich dann ergebenden Gesamtsumme ein prozentualer Gewinnaufschlag berechnet.

Um in einem Rechenschritt vom Listenverkaufspreis zum Barverkaufspreis zu gelangen, sollte man sich überlegen, welche Schritte in dem gestrichelt markierten Kästchen vollzogen werden. Der Barverkaufspreis wird durch 97 geteilt und anschließend mit 100 multipliziert, um den Zielverkaufspreis zu erhalten, der anschließend sofort wieder durch 95 geteilt und das Ergebnis mit 100 multipliziert wird, um zum Nettolistenverkaufspreis zu gelangen. Eine sich unmittelbar anschließende Multiplikation mit dem Faktor 1,16 ergibt dann den Bruttolistenverkaufspreis.

Mit Hilfe einer Formel läßt sich die Prozedur in einem Rechenschritt erledigen:

$$\frac{1 \cdot 100 \cdot 100 \cdot 1{,}16}{97 \cdot 95} = 1{,}258817$$

Was bedeutet dieser Faktor von 1,258817 ?

Ein Barverkaufspreis von 100 DM ergibt einen Listenverkaufspreis brutto von 125,8817 DM (100 · 1,258817).

Bei fixen Gemeinkosten von 39,97 % auf die variablen Selbstkosten und einem kalkulierten Gewinnaufschlag von 10 % ergibt sich ein zu erreichender Solldeckungsbeitrag in Höhe von 560 758 DM ((1 039 076 · 1,3997 · 1,1) - 1 039 076) oder 53,96 % Aufschlag bezogen auf die variablen Selbstkosten.

Im Ergebnis werden Sie denselben Listenverkaufspreis auf Teilkostenbasis erhalten, den Sie bereits im letzten Kapitel auf Vollkostenbasis errrechnet haben. Der Vorteil der Kalkulation auf Teilkostenbasis ist, daß Sie im Falle einer Angebotsabgabe erheblich unter dem Preis bleiben, der sich bei Kalkulation auf Vollkostenbasis ergeben würde, weil sich die fixen Kosten und der Gewinn im Solldeckungsbeitrag „verstecken". Bietet Ihnen ein Auftraggeber einen Preis, der bei Ihnen genau zwischen dem Kostenansatz auf Voll- und Teilkostenbasis liegt, können Sie schneller entscheiden, ob der Auftrag angenommen werden soll oder nicht.

BEISPIEL

Unter Bezugnahme auf das letzte Beispiel in 8.1 (S. 215) soll nun untersucht werden, ob es sich lohnt, den Auftrag auch für 2 500 DM inkl. 16 % Mehrwertsteuer anzunehmen. Alle anderen Daten bleiben unverändert.

		insgesamt	**auftragsbezogen**
Fertigungsmaterial		450 000 DM	450,00 DM
+ variable MGK	(35 % von 8,44)	13 293 DM	13,29 DM
= variable Materialkosten		463 293 DM	463,29 DM
Fertigungslöhne		430 000 DM	860,00 DM
+ variable FGK	(45 % von 75,34)	145 783 DM	291,57 DM
+ Sondereinzelkosten der Fertigung			
= variable Fertigungskosten		575 783 DM	1 151,57 DM
= var. Herstellk. der Erzeugung		1 039 076 DM	1 614,86 DM
+ Sondereinzelkosten des Vertriebs			
= variable Selbstkosten		1 039 076 DM	1 614,86 DM
	fixe Materialgemeinkosten		
+ **Solldeckungsbeitrag**	*fixe Fertigungsgemeinkosten*		
	Verwaltungsgemeinkosten (39,97 %)		645,46 DM
	Vertriebsgemeinkosten		
	Zwischensumme		2 260,32 DM
	Gewinnzuschlag		**- 274,33 DM**
= Barverkaufspreis			1 985,99 DM
+ Vertreterprovision			
+ Kundenskonto	(3 %)		
= Zielverkaufspreis			
+ Kundenrabatt	(5 %)		(: 1,258817)
= Listenverkaufspreis netto			
+ gesetzliche Mehrwertsteuer	(16 %)		
= Listenverkaufspreis brutto			2 500,00 DM

Auf den ersten Blick würden Sie sagen, daß der Auftrag mit der Begründung abgelehnt werden sollte, daß der Barverkaufspreis die mit diesem Auftrag zusammenhängenden Kosten (variable Selbstkosten + fixe Kosten) nicht abdecken kann. Das ist die Argumentationsweise bei Vollkostenrechnung. In der Teilkostenrechnung wird der Barverkaufspreis zuerst mit den variablen Selbstkosten verglichen, weil nur diese Kosten zusätzlich anfallen, wenn der Auftrag angenommen wird. Eine positive Differenz von 371,13 DM (1 985,99-1 614,86) signalisiert Ihnen, daß neben den variablen Kosten auch Teile der Fixkosten durch die Annahme dieses Auftrages gedeckt werden können. Im Falle der Nichtannahme würden Ihnen fixe Kosten und damit ein Verlust in Höhe von 645,46 DM entstehen, im Falle einer Annahme wird dieser teilweise durch den höheren Barverkaufspreis gemindert, so daß sich der Verlust nur noch auf 274,33 DM beläuft. Sie können jetzt auch sagen, daß Sie durch die Annahme einen „Schein"gewinn von 371,13 DM insofern erwirtschaften, als Ihr Verlust bei Ausschlagung des Auftrags um genau diesen Betrag höher ausfallen wird. Nur im Falle eines Listenverkaufspreises von 2 845,33 DM brutto (2 260,32· 1,258817) können Sie sämtliche Kosten abdecken bei null DM Gewinn.

8.3 Wie kalkuliert der Handel?

Das breitgefächerte Angebot im Handel führt dazu, daß Kunden immer häufiger zuerst auf den Preis achten, bevor sie die eigentliche Kaufentscheidung treffen. Deshalb sollten Sie als Unternehmer ein wirksames Konzept ausarbeiten, ohne dem Zwang unterworfen zu sein, sich der Konkurrenz anzupassen.

Bei der Preisgestaltung, sprich der Kalkulation, besteht für Sie durchaus die Möglichkeit, sich einen gewissen Freiraum zu schaffen. Auf alle Fälle sollten Sie sicherstellen, daß trotz Gewinnerzielungsabsicht auf keinen Fall vergessen werden darf, daß der Preis dem Kunden „gerecht“ gemacht werden muß.

Diese Problematik wird Ihnen im folgenden anhand eines ausführlichen Beispiels verdeutlicht. Als Vorbemerkung sei noch erwähnt, daß im Handel anders kalkuliert wird als beispielsweise in einem Fertigungsunternehmen. Der Handel ist, anders als beim produzierenden Gewerbe, bei der Preisgestaltung nicht so sehr von seinen Kosten abhängig als von der Möglichkeit potentieller Marktchancen. Die Kalkulation im Handel sollte lediglich sicherstellen, daß über den Verkaufspreis neben den Anschaffungskosten auch alle anderen Kosten, wie z.B. Personalkosten, Raummiete, Energiekosten usw., gedeckt sind. Diese Kosten werden bei der Handelskalkulation den Anschaffungskosten oder Bezugskosten in Form eines bestimmten Prozentsatzes aufgeschlagen, die Summe stellt dann den Verkaufspreis dar.

Neben der reinen Analyse der Kostenstruktur spielen bei der Preisfestsetzung auch noch andere Faktoren eine wesentliche Rolle, wie z.B. die Standortortwahl des Unternehmens, die vorhandene Käuferstruktur, Alter und Zusammensetzung der einzelnen Bevölkerungsschichten, Beurteilung von vorhandener Konkurrenz usw. In diesem Beitrag soll allerdings nur auf kostenmäßige Auswirkungen eingegangen werden.

Bevor Sie mit Ihrer Kalkulation beginnen, sollten Sie sich Ihre Gewinn- und Verlustrechnung einmal genauer ansehen. Diese beinhaltet im wesentlichen bereits alles, was Sie für eine vernünftige Kosten- und Preiskalkulation benötigen.

Aus Ihrer Gewinn- und Verlustrechnung entnehmen Sie folgende Zahlen:

Kostenarten in Ihrer Buchführung	**Zahlen der Buchhaltung**	**prozentualer Anteil**
Energiekosten	6 700	1,29
Reparatur-/Instandhaltungsmaterial	5 000	0,96
Gehälter	90 000	17,31
soziale Abgaben	34 000	6,54
Aufw. für die Altersversorgung	3 450	0,66
kalkulatorische Abschreibungen	10 000	1,92
Leasingraten	3 900	0,75
Mietaufwand	2 100	0,40
Kosten des Geldverkehrs	800	0,15
Rechtsberatungskosten	1 200	0,23
Büromaterial	700	0,13
Zeitungen, Fachliteratur	500	0,10
Portokosten	300	0,06
Werbekosten	2 500	0,48
Versicherungsbeiträge	10 000	1,93
Beiträge zu Verbänden/IHK	900	0,17
Bankzinsen für Fremdkapital	3 200	0,62
Kfz-Kosten	4 000	0,77
Gesamt	**179 250**	**34,47**

Dem stehen Umsatzerlöse von insgesamt 520 000 DM im gleichen Zeitraum gegenüber.

Die Berechnung der Prozentzahlen beziehen sich in unserem Beispiel immer auf den Umsatz in Höhe von insgesamt 520 000 DM. Die Energiekosten betragen z.B. 1,29 % vom Umsatz (6 700 / 520 000 · 100). Werden sämtliche Prozentzahlen addiert, betragen die Gesamtkosten demnach 34,47 % vom Umsatz, wobei der Umsatz immer als 100 % angesehen wird.

Sie stellen also in einem ersten Schritt fest, daß Sie über den Verkaufspreis nicht nur die Anschaffungskosten Ihrer verkauften Ware, sondern darüber hinaus auch noch 34,47 % vom Umsatz erwirtschaften müssen, damit Sie Ihre Kosten decken können.

Fallen nur diese Kosten in Ihrem Unternehmen an, so müßte Ihr Warenaufschlagssatz (d.h. der prozentuale Aufschlag auf den Bezug Ihrer eingekauften Waren), der die Deckung sämtlicher oben angeführter Kosten sicherstellen soll, wie folgt kalkuliert werden:

$$\frac{\text{Gemeinkosten (\%) + gesetzliche MWSt}}{\text{100 – Gemeinkosten (\%)}} = \frac{34{,}47 + 16}{100 - 34{,}47} = 77{,}02\ \%$$

Das heißt: Auf die Kosten des Wareneinsatzes sind nochmals 77,02 % aufzuschlagen, um die sonstigen Gemeinkosten einschließlich der derzeit gültigen Mehrwertsteuer, entsprechend der oben vorgestellten Tabelle, decken zu können. Bei einem Umsatz von 520 000 DM haben Sie demzufolge einen Wareneinsatz von 293 752,12 DM (520 000 / 1,7702). Der Rohgewinn beläuft sich auf insgesamt 52,60 % (154 523,74 / 293 752,12· 100). Dieser errechnet sich wie folgt:

Wareneinkauf	293 752,12 DM
+ GK-Aufschlag (77,02 %)	226 247,88 DM
= Bruttoumsatz	520 000,00 DM
– darin enthaltene 16 % Mehrwertsteuer	71 724,14 DM
= Nettoumsatz	448 275,86 DM
– Wareneinkauf	293 752,12 DM
= Rohgewinn	154 523,74 DM

Dieser bisher errechnete Aufschlagssatz von 77,02 % auf den Wareneinkauf wird in der Regel nicht ganz ausreichen. Sicher werden Sie bereits festgestellt haben, daß weder ein kalkulatorischer Unternehmerlohn für Ihre „Dienste" in Ansatz gebracht wurde, noch ist das von Ihnen eingesetzte Kapital angemessen verzinst worden. Betreiben Sie Ihr Untermehmen in der Rechtsform eines Einzelunternehmers oder einer Personengesellschaft, so wird Ihre Tätigkeit im eigenen Unternehmen allgemein mit dem Gewinn am Jahresende abgegolten. Für Zwecke der Kostenrechnung und Kalkulation bietet es sich allerdings an, zusätzlich zum bereits errechneten Rohgewinn einen angemessenen kalkulatorischen Unternehmerlohn einzubeziehen. Für die Festsetzung der Höhe sollten Sie sich daran orientieren, wieviel Sie bereit wären, einem Fremden an Gehalt zu zahlen, der Ihre Position einnähme. Gut beraten sind Sie in der Regel mit einem Ansatz in Höhe eines Geschäftsführerjahresgehaltes. In unserem Beispiel wird angenommen, daß Sie einen kalkulatorischen Unternehmerlohn von 38 000 DM in Ansatz bringen. Um die Bedeutung dieser zusätzlichen Kosten zu erkennen, wird dieser wiederum dem Umsatz von 520 000 DM gegenübergestellt und in einem Prozentsatz ausgedrückt.

$$\frac{\text{Unternehmerlohn}}{\text{Jahresumsatz}} \cdot 100 = \text{Unternehmerlohn in \% zum Jahresumsatz}$$

$$38\,000 / 520\,000 \cdot 100 = 7{,}31\ \%$$

Bei einem Jahresumsatz in Höhe von 520 000 DM würde demzufolge das (kalkulatorische) Unternehmergehalt mit insgesamt 7,31 % zu Buche schlagen.

Weiterhin fällt bei der obigen Berechnung auf, daß das von Ihnen dem Unternehmen zur Verfügung gestellte Eigenkapital keiner Verzinsung unterworfen ist. Der Anteil am Gesamtkapital, den Sie aus Ihrem Privatvermögen in Ihr Unternehmen gesteckt gaben (= Eigenkapital), sollte während der Zeit Ihrer Selbständigkeit ebenfalls angemessen verzinst werden. Als Orientierungspunkt können Sie die Verzinsung von langlaufenden festverzinslichen Wertpapieren der Bundesrepublik Deutschland heranziehen. Auf unser Beispiel bezogen soll davon ausgegangen werden, daß Ihr Unternehmen mit insgesamt 15 000 DM eigenfinanziert ist. Weiterhin wird unterstellt, daß Sie auf dem langfristigen Kapitalmarkt jährliche Zinsen in Höhe von durchschnittlich 7 % p.a. erzielen können.

Berechnung

$$\frac{15\,000 \cdot 7}{100} = 1\,050 \text{ DM (= 0,2 \% vom Umsatz in Höhe von 520 000 DM)}$$

Sollte es Ihnen gelingen, neben den zuvor erwähnten Kosten auch die kalkulatorischen Zinsen in Höhe von 1 050 DM über Ihren Preis zu erwirtschaften, können Sie sich neben dem „fiktiven Gehalt“ und den „fiktiven Eigenkapitalzinsen“ eines zusätzlichen Gewinns auf jeden Fall sicher sein.

Erstaunlich ist es immer wieder, was für beträchtliche Differenzen bzw. Abweichungen sich bei der jährlich stattfindenen Inventur gegenüber den Buchwerten ergeben. Erst nach Beendigung der Jahresinventur wird anhand des ermittelten Rohgewinns festgestellt, wie groß der Verlust der verschiedenen Warengruppen tatsächlich ist. So kommt es nicht selten vor, daß die Hauptursachen für die Inventurabweichung im wesentlichen auf Verderb (z.B. von Lebensmitteln) oder Diebstahl (von Kunden und auch vom eigenen Personal) zurückzuführen sind. Um dieser Fehlerquelle in Ihrer Kalkulation vorzubeugen, sollten Sie für solche Fälle immer einen gewissen prozentualen Anteil hinzurechnen. Pauschal können Sie davon ausgehen, daß Sie sich mit 1 bis 2 % auf der sicheren Seite befinden. Darüber hinaus sollten Sie nochmals in derselben Höhe einen Ansatz für zusätzliche Kosten einkalkulieren (z.B. Verkauf von Ladenhütern, die sich nur zu erheblich reduzierten Preisen „an den Mann/an die Frau“ bringen lassen).

Unter Einbeziehung sämtlicher Prozentsätze ergibt sich somit folgendes Bild:

Betriebskosten	34,47 %
+ kalkulatorischer Unternehmerlohn	7,31 %
+ kalkulatorische Zinsen für das eingesetzte Eigenkapital	0,20 %
+ Schwund, Diebstahl, Verderb	2,00 %
+ Zusatzkosten für schwerverkäufliche Artikel (Ladenhüter)	2,00 %
= Gesamtsumme	45,98 %

Damit aber noch nicht genug: Unter der Prämisse, daß sich der von Ihnen errechnete prozentuale Aufschlag auf dem Absatzmarkt durchsetzen läßt, erlösen Sie über die Absatzpreise mehr, als Ihnen tatsächlich an Kosten entstanden sind, weil sowohl dem kalkulatorischen Unternehmerlohn als auch den kalkulatorischen Zinsen keine direkten Kosten gegenüberstehen. Weiterhin sind die jeweils 2 %igen Ansätze für

Schwund, Diebstahl, Verderb sowie für zusätzliche Kosten für schwerverkäufliche Ware nur Schätzwerte, die vom tatsächlichen Wert abweichen können.

Je mehr Erlöse Sie erwirtschaften, desto mehr Einkommensteuer und Gewerbesteuer müssen Sie bezahlen, da die Steuerberechnung und damit auch das gesamte Steueraufkommen immer an den erwirtschafteten Gewinn anknüpft. Deshalb wäre zu überlegen, ob nicht noch ein bestimmter Prozentsatz für das persönliche Steueraufkommen mit in die Gesamtsumme einfließen sollte. Aus Vereinfachungsgründen wurde allerdings in diesem Beispiel auf einen solchen Ansatz verzichtet.

Der oben nur für die betrieblichen Gemeinkosten ausgerechnete Aufschlagssatz muß demzufolge eine solche Größe annehmen, daß nicht nur die 34,47 % Gemeinkosten, sondern 45,98 % Gesamtkosten gedeckt sind.

Unter Bezugnahme auf die zuvor für 34,47 % angestellte Berechnung beläuft sich der Gesamtaufschlagssatz nunmehr auf:

$$\frac{\text{Gemeinkosten (\%)} + \text{gesetzliche MWSt}}{100 - \text{Gemeinkosten (\%)}} = \frac{45{,}98 + 16}{100 - 45{,}98} = 114{,}74\ \%$$

Das heißt: Auf die Kosten des Wareneinsatzes sind nochmals 114,74 % aufzuschlagen, um sämtliche kalkulatorischen und nichtkalkulatorischen Kosten einschließlich der gesetzlichen Mehrwertsteuer entsprechend der oben vorgestellten Tabelle decken zu können. Bei einem Umsatz von 520 000 DM dürften Sie demzufolge nur einen Wareneinsatz von 242 153,30 DM (520 000 / 2,1474) haben. Der Rohgewinn beläuft sich auf insgesamt 85,12 % (206 122,56 / 242 153,30 · 100). Dieser errechnet sich wie folgt:

Wareneinkauf	242 153,30 DM
+ Kostenaufschlag (114,74 %)	277 846,70 DM
= Bruttoumsatz	520 000,00 DM
– darin enthaltene 16 % Mehrwertsteuer	71 724,14 DM
= Nettoumsatz	448 275,86 DM
– Wareneinkauf	242 153,30 DM
= Rohgewinn	206 122,56 DM

Wie aber kalkulieren Sie den Listenverkaufspreis für einen Artikel in Ihrem Sortiment?

BEISPIEL

Der Bezugspreis für einen Regenschirm beläuft sich bei Ihrem Großhändler oder Lieferanten auf 5,80 DM inkl. aller Anschaffungsnebenkosten. Sie kalkulieren mit 45,98 % Handelswarengesamtkosten, 15 % Gewinnzuschlag, 2 % Kundenskonto und 20 % Kundenrabatt:

a) Wie hoch ist der Listenverkaufspreis (brutto)?
b) Wie groß ist der Kalkulationszuschlag?
c) Wie groß ist die Handelsspanne?

zu a)

Bezugspreis	5,80 DM	100,00 %	
+ HandelswarenGK (45,98 %)	2,67 DM	45,98 %	
= Selbstkostenpreis	8,47 DM	145,98 %	100,00 %
+ 15 % Gewinnzuschlag	1,27 DM		15,00 %
= Barverkaufspreis	9,74 DM	98,00 %	115,00 %
+ 2 % Skonto	0,20 DM	2,00 %	
= Zielverkaufspreis	9,94 DM	100,00 %	80,00 %
+ 20 % Kundenrabatt	2,49 DM		20,00 %
= Listenverkaufspreis (netto)	12,43 DM	100,00 %	100,00 %
+ 16 % Mehrwertsteuer	1,99 DM	16,00 %	
= Listenverkaufspreis (brutto)	14,42 DM	116,00 %	

Bei der Berechnung sind folgende Besonderheiten zu beachten: Der Bezugspreis ist 100 %, der Selbstkostenpreis 145,98 %. Dieser wird aber wieder zu 100 %, um den Barverkaufspreis zu berechnen. Für die Berechnung von Skonto und Rabatt wird entgegengesetzt vorgegangen, so daß jeweils im Hundert zu rechnen ist. Die Mehrwertsteuer wird dem Listenverkaufspreis netto zugeschlagen.

zu b)

Der Kalkulationszuschlag beträgt unter Außerachtlassung der gesetzlichen Mehrwertsteuer insgesamt 114,31 %. Er ist wie folgt berechnet worden:

Bezugspreis	5,80 DM	
+		Differenz beträgt insgesamt 6,63 DM
+		
= Listenverkaufspreis (netto)	12,43 DM	

Eine Gesamtdifferenz von 6,63 DM bezogen auf den Bezugspreis von 5,80 DM ergibt einen prozentualen Kalkulationszuschlag von 114,31 % (6,63 / 5,80 · 100).

zu c)

Wird die Differenz von 6,63 DM nicht auf den Bezugspreis, sondern auf den Listenverkaufspreis (netto) bezogen, so erhält man die Handelsspanne, die in unserem Beispiel 53,34 % beträgt (6,63 / 12,43 · 100).

Mit ein wenig Übung wird auch Ihnen diese Art von Kalkulation bald keine Mühe mehr bereiten. Zum Schluß noch ein paar Formeln, die Ihnen die Arbeit etwas erleichtern sollen:

$$\text{Kalkulationszuschlag} = \frac{(\text{Nettolistenverkaufspreis - Bezugspreis}) \cdot 100}{\text{Bezugspreis}}$$

(Mit Hilfe des Kalkulationszuschlags kann in einem Schritt vom Bezugspreis zum Nettolistenverkaufspreis „hoch“gerechnet werden!)

$$\text{Nettohandelspanne} = \frac{(\text{Nettolistenverkaufspreis - Bezugspreis}) \cdot 100}{\text{Nettolistenverkaufspreis}}$$

(Mit Hilfe der Handelsspanne kann in einem Schritt vom Listenverkaufspreis zum Bezugspreis „herunter“gerechnet werden!)

Ist Ihnen ein Wert bekannt, können Sie den anderen sofort ausrechnen:

a) Welche Handelsspanne ergibt ein Kalkulationszuschlag von 50 %?
b) Welcher Kalkulationszuschlag ergibt sich bei einer Handelsspanne von 33,33 %?

zu a)

$$\text{Handelspanne} = \frac{100 \cdot \text{Kalkulationszuschlag}}{100 - \text{Kalkulationszuschlag}} = \frac{100 \cdot 50}{100 + 50} = 33{,}33\ \%$$

zu b)

$$\text{Kalkulationszuschlag} = \frac{100 \cdot \text{Handelsspanne}}{100 - \text{Handelsspanne}} = \frac{100 \cdot 33{,}33}{100 - 33{,}33} = 50{,}00\ \%$$

8.4 Die Kalkulation bei Dienstleistern

Kennzeichen der meisten Dienstleister ist, speziell auf die Kundschaft zugeschnittene Gesamtkonzepte auszuarbeiten und anzubieten. Durch die Gesamtkonzeption, die immer individuell zugeschnitten ist, muß ein Dienstleister statt mit variablen mit auftragsbezogenen Kosten planen. Auftragsbezogene Kosten stellen z.B. Reisekosten, Bewirtungskosten, Materialkosten, Personalkosten, Honorare, Provisionen usw. dar.

Stehen Sie noch am Beginn Ihrer Selbständigkeit, lassen sich die anfallenden Kosten in der Regel nur grob abschätzen. Im Laufe der Zeit sammeln Sie nicht nur Erfahrung, sondern auch ein Gespür für die unterschiedliche Kostenentwicklung in verschiedenen Beschäftigungssituationen. Als grobe anfängliche Orientierung kann Ihnen das folgende Beispiel dienen:

		fix	variabel
Löhne	42 000 DM	9 000 DM	33 000 DM
Gehälter	98 000 DM	98 000 DM	
Fremdleistungen	15 000 DM		15 000 DM
Honorare und Provisionen	40 000 DM		40 000 DM
Reisekosten	20 000 DM		20 000 DM
Abschreibungen	20 000 DM	20 000 DM	
Büromaterial	11 000 DM	2 200 DM	8 800 DM
Versicherungen	18 000 DM	18 000 DM	
Weiterbildung/Seminare	4 000 DM	1 800 DM	2 200 DM
Kosten der Warenabgabe	5 000 DM		5 000 DM
Steuern	7 000 DM	2 100 DM	4 900 DM
Summe:	**280 000 DM**	**151 100 DM**	**128 900 DM**

Zu überlegen ist, ob der größte Kostenblock, die Löhne und Gehälter, nicht noch weiter aufgeteilt werden können, und zwar nach dem Kriterium:

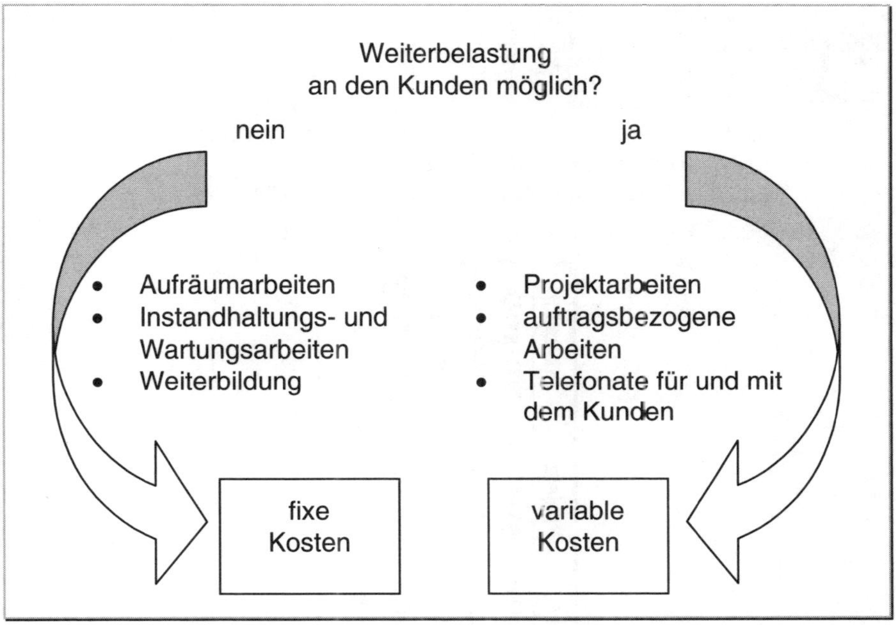

Die oben angeführten Kostenarten sind an irgendeiner Stelle entstanden. Durch eine durchdachte Unterteilung Ihres Dienstleistungsunternehmens in verschiedene Kostenstellen können diese Kosten entstehungsgerecht zugeordnet werden.

Bei Freiberuflern kämen als Kostenstellen z.B. die einzelnen Arbeitsplätze in Betracht, in denen nicht nur das Gehalt des jeweiligen Mitarbeiters erfaßt wird, sondern auch die Abschreibung für die Büroeinrichtung, die Reisekosten des jeweiligen Mitarbeiters, Kosten für die Weiterbildung des Personals usw.

Bei Ärzten könnten die Kosten z.B. nach räumlichen Gegebenheiten oder nach einzelnen Abteilungen gegliedert werden, z.B. der Röntgenraum, der Empfang, Behandlungszimmer 1, 2 usw.

Wieder andere Dienstleister gliedern Ihre Kostenstellen nach erhaltenen Aufträgen, z.B. Weiterbildungsinstitute, die wenige, aber dafür um so umfangreichere Aufträge erhalten.

Damit haben Sie die Grundlagen geschaffen, jederzeit einen ungefähren Überblick darüber zu haben, welcher Deckungsbeitrag erwirtschaftet wird oder werden soll.

Um aber einen Plan für eine kommende Periode (z.B. das nächste Jahr) zu haben, müssen Sie die Zukunft vorsichtig voraussehen, indem Sie abschätzen, wieviel Kunden von diesem Jahr auch im nächsten Jahr wiederkommen werden. Daraus können Sie dann einen ungefähren Umsatzplan entwickeln und anschließend durch Gegenüberstellung mit den entsprechenden Kosten einen vorläufigen Gewinn ermitteln, der Ihnen als „Richtschnur“ für die gesamte kommende Periode dienen soll.

BEISPIEL

Für das nächste Geschäftsjahr planen Sie einen Umsatz von 600 000 DM. Diesen möchten Sie erreichen, indem Sie 6 etwa gleich große Projekte jeweils im Umfang von 100 000 DM annehmen und abwickeln. Die Größenordnung der Kosten wird sich auf dem Niveau des laufenden Jahres bewegen. Von den gesamten Kosten in Höhe von 280 000 DM sind 151 100 DM fix, der Rest ist variabel.

Die Planung könnte folgendermaßen aussehen:

	Projekt 1	**Projekt 2**	**Projekt 3**	**Projekt 4**	**Projekt 5**	**Projekt 6**
Erlöse	99 000 DM	108 000 DM	110 000 DM	90 000 DM	93 000 DM	100 000 DM
variable Kosten	32 800 DM	15 700 DM	25 000 DM	28 700 DM	5 100 DM	21 600 DM
Deckungsbeitrag	66 200 DM	92 300 DM	85 000 DM	61 300 DM	87 900 DM	78 400 DM
DB kumuliert	66 200 DM	158 500 DM	243 500 DM	304 800 DM	392 700 DM	471 100 DM

Um Ihre Fixkosten in Höhe von insgesamt 151 100 DM zu decken, reichen nach der vorläufigen Planung bereits zwei der sechs geplanten Projekte aus, um die Gewinnzone zu erreichen.

8.5 Kalkulation im Handwerksbereich

Um Gewinn zu erwirtschaften, müssen Sie Ihre Kosten kennen. Viele Handwerksbetriebe kalkulieren heutzutage den Verrechnungssatz für ihre Lohn- und Maschinenstunden immer noch aufgrund von Schätz- oder Erfahrungswerten. Als Meßlatte für die eigene Kalkulation wird der Preis der unmittelbaren Konkurrenz genommen. Auf lange Sicht gesehen wird die „über den Daumen"-Kalkulation nicht mehr funktionieren, wenn die Auftragslage zu wünschen übrig läßt.

Eine Besonderheit im Handwerksbereich ist, daß nicht nur die Kosten, sondern auch kalkulierte Gewinne über den Stundensatz der beschäftigten Handwerker den Kunden in Rechnung gestellt werden. Für ein solches Vorgehen in der Kalkulation müssen Sie als Unternehmer nicht nur die Produktivität eines jeden Mitarbeiters annähernd genau abschätzen, sondern auch eine genaue Kostenplanung vornehmen, um die Stundensätze preislich so zu kalkulieren, daß Sie sich vor einem Vergleich mit der Konkurrenz nicht zu scheuen brauchen, aber dennoch einen Gewinn erwirtschaften.

Wie Sie bereits aus den vorherigen Kapiteln wissen, ist die effektive Arbeitszeit immer geringer als die theoretisch maximal mögliche Jahresarbeitsleistung in Stunden. Die Ursachen dafür sind zum einen „Fehlzeiten" – Urlaub, Krankheit usw. – und zum anderen die Folge eines nicht optimal geplanten Personaleinsatzes Ihrer Mitarbeiter. Vor allem die unproduktiven Arbeitszeiten können Sie als Unternehmer kostenmäßig stark belasten. Gefährlich daran ist, daß diese in den allermeisten Fällen schleichend und unbemerkt entstehen.

- ♦ Die Mitarbeiter können nicht arbeiten, weil entweder das benötigte Werkzeug fehlt oder das Material nicht in ausreichender Menge zur Verfügung steht.
- ♦ Mitarbeiter werden auf die Baustelle geschickt, können aber nichts tun, weil sich die nötigen Vorarbeiten anderer Handwerker verzögert haben.
- ♦ Unnötige Fahrtzeiten zum Betriebslager häufen sich, weil ständig Reparaturmaterial fehlt.
- ♦ Durch unfachmännisch ausgeführte Arbeiten häufen sich Nachbesserungsarbeiten während der vertraglich vereinbarten Garantiezeit.

Anhand dieser vier Beispiele erkennen Sie bereits, daß für die unproduktiven Arbeiten neben den gesetzlichen und freiwilligen Personalnebenkosten noch ein erheblicher Anteil auf den zu kalkulierenden Stundensatz hinzukommt.

Gut durchorganisierte Unternehmen haben in der Regel einen 15 %igen Anteil an unproduktiven Arbeiten. Bei schlechter Betriebsorganisation kann dieser Satz auch schnell auf 30 % oder mehr ansteigen.

Gehen Sie vom durchschnittlichen Stundenlohn in Höhe von 38,25 DM bei 1 696 Stunden im Jahresdurchschnitt aus, ergibt sich daraus ein durchschnittliches Jahresgehalt von 64 872 DM. Bei Berücksichtigung von „nur" 15 % unproduktiver Zeit stehen dieser Jahressumme allerdings nur 1 442 Jahresarbeitsstunden (1 696 · 0,85) gegenüber, was den Durchschnittsstundenlohn sofort auf 44,99 DM hochschnellen läßt.

Neben den direkten und indirekten Lohnkosten müssen aber auch noch die sonstigen Kosten, wie Abschreibungen, Bürokosten, kalkulatorische Kosten usw., über den Preis hereingeholt werden. Dazu ist es notwendig, aus den Unterlagen Ihrer Buchführung bezüglich des Kostenaufwandes die voraussichtliche Entwicklung für die Zukunft zu schätzen und sie anschließend durch die Gesamtarbeitsstunden in Ihrem Betrieb zu teilen. Wie das im einzelnen zu handhaben ist, soll an folgendem Beispiel dargestellt werden:

Sie beschäftigen insgesamt 3 Handwerker. Jeden Handwerker haben Sie mit 1 440 Jahresarbeitsstunden angesetzt. Der Einfachheit halber sei unterstellt, daß jeder Handwerker Personalkosten in Höhe von jährlich 64 870 DM verursacht. Aus Ihrer Buchführung entnehmen Sie folgende sonstige „Nichtlohnkosten“:

4110	eigenes Unternehmergehalt	78 000
4993	kalkulatorische Abschreibungen	20 000
4992	kalkulatorische Zinsen	6 500
4200	Raumkosten	1 200
4240	Energiekosten	5 800
4260	Instandhaltung	4 300
4500	Kfz-Kosten	18 500
4900	sonstige Kosten	47 600
Summe		181 900

Drei Handwerker kommen dem Beispiel zufolge auf eine Jahresarbeitsstundenzahl von insgesamt 4 320 (3 · 1440). An Personalkosten einschließlich Personalnebenkosten fallen insgesamt 194 610 DM (3 · 64 870) an. Daneben sind 181 900 DM an sonstigen „Nichtlohnkosten“ zu berücksichtigen.

Auf eine „kalkulatorische“ Arbeitsstunde heruntergerechnet ergibt das einen Stundensatz von insgesamt:

Lohnkosten:	194 610 DM	:	(3 · 1 440)	=	45,05 DM
Nichtlohnkosten:	181 900 DM	:	(3 · 1 440)	=	42,11 DM
Gesamtkosten:	376 510 DM	:	(3 · 1 440)	=	87,16 DM

Mit dieser Berechnungsweise haben Sie ein sicheres Kalkulationsinstrument in den Händen, um schnell entscheiden zu können, inwieweit Sie bei Auftragsverhandlungen den Kunden im Rahmen von Preiszugeständnissen entgegenkommen können.

8.6 Wie wird ein Projekt kalkuliert?

Heutzutage nimmt der Dienstleistungssektor neben der Landwirtschaft und der Produktion einen immer größeren Stellenwert ein. Dienstleistungsunternehmen schießen wie Pilze aus dem Boden. Ob es sich dabei um Softwarehäuser, um sog. freie Berufe (Rechtsanwalt, Steuerberater, Wirtschaftsprüfer, Notar usw.), um Ingenieurbüros für Hoch-, Tief- oder Straßenbau oder auch um Schriftsteller handelt, immer mehr Menschen verdienen mit Dienstleistungen ihr Geld.

Speziell die Dienstleistungsbranche ist sehr personalorientiert, da das Wissen und Können der Mitarbeiter einen wesentlichen Einfluß auf die Unternehmenskultur und auch den Unternehmenserfolg haben. Anders als in einem produzierenden Gewerbe, das Produkte mit Hilfe von Fertigungsmaschinen herstellt, steht beim Dienstleistungsgewerbe die Fähigkeit eines jeden einzelnen im Vordergrund. Mit dem Humankapital steht und fällt ein Dienstleistungsunternehmen, denn jedes Unternehmen kann nur so gut sein, wie seine Mitarbeiter sind. Aufgrund des sehr hohen Qualifikationsniveaus stellen die Personalkosten nicht selten bis zu 80 % der Gesamtkosten dar. Dazu addieren sich noch Kosten für die Reisetätigkeit (entweder Dienstwagen oder Reisekostenersatz) und die Büroeinrichtung mit zum Teil teuren Spezialgeräten.

Heutzutage müssen die meisten Dienstleister die Kosten auftragsbezogen planen. Meistens ist es dabei so, daß intern aus einem festumrissenen Kundenauftrag kostenrechnungsmäßig ein Projekt gemacht wird, das so lange läuft, bis der Auftrag ausgeführt und beendet ist. Dabei fungiert das Projekt als „Auffangbecken" für sämtliche Kosten und Erlöse, die mittelbar oder unmittelbar mit dem jeweiligen Kundenauftrag zusammenhängen. Der letztendliche Perioden- oder Projekterfolg resultiert aus der sach- und zeitgerechten für den Kunden zufriedenstellenden Abwicklung im Verhältnis zum vorher vereinbarten Entgelt.

Die Planung, Durchführung und Beendigung eines Projekts ist aber nicht so einfach, wie es im ersten Moment erscheint. Um ein Projekt kundenorientiert, zufriedenstellend und vor allem mit Gewinn durchzuführen, muß eine Menge „Vorarbeit" geleistet werden. Allgemein durchläuft jedes Projekt folgende vier Phasen:

- Beginn,
- vorbereitende Arbeiten,
- Projektdurchführung mit ständigem Soll-/Ist-Vergleich,
- Abweichungsanalyse und Auswertung der Informationen.

Mit dem Projektbeginn sind bereits für die spätere Durchführung strategisch wichtige Entscheidungen zu treffen. Zum einen muß klar und deutlich umrissen werden, was zum „internen" Projekt gemacht werden soll. Steht das fest, muß hinsichtlich Zeit, Kosten und Mitarbeitereinsatz genauestens geplant werden.

Unter vorbereitende Arbeiten fällt die Sammlung sämtlicher relevanter Informationen über das Projekt. Neben dem Festhalten sämtlicher Rechnungen und Zahlungen (für beauftragte Subunternehmer oder benötigtes Material) sind auch Mitarbeiterstundenkonten zu führen und eine Aufstellung über die verwendeten Sachkosten zu machen. Das alles muß ständig aktualisiert, mit den Planvorgaben verglichen und bei

Abweichungen entsprechend registriert werden. Weiterhin sollte jederzeit genügend Spielraum für etwaige Planänderungen vorhanden sein.

Während der Projektdurchführung ist ein ständiger Soll/Ist-Vergleich durchzuführen. Dieser Soll/Ist-Vergleich bezieht sich nicht nur auf das eigentliche Fortschreiten der Projektarbeit, sondern vor allem auch auf die zeitliche Erfüllbarkeit sowie auf die Kontrolle der veranschlagten Kosten.

Mit der im nachhinein stattfindenden Abweichungsanalyse erhalten Sie wertvolle Informationen über die Ursachen von vorangegangenen Abweichungen, Sie können diese in der Folgezeit entweder beheben oder weitgehend vermeiden.

Neben der exakten Projektbeschreibung interessiert in diesem Zusammenhang insbesondere das weitere Vorgehen bezüglich der Kostenerfassung und Kostenentstehung im Bereich des Personals sowie bei den sonstigen Kosten.

Grundlage der exakten Kostenverrechnung für ein Projekt bilden die Arbeitsstunden der betreffenden Mitarbeiter. Hier gilt es, besonders gründlich vorzugehen, da der Personalkostenfaktor bekanntlich den Hauptteil der Kosten ausmacht. Um einen jederzeitigen Überblick über die derzeitigen Projekte zu gewährleisten, sollten sämtliche Projektmitarbeiter ein Stundenbuch führen, in dem sie handschriftlich aufführen, wie lange sie für welches Projekt gearbeitet haben. Überlegenswert wäre in diesem Zusammenhang zum einen die Zeitgenauigkeit und damit Aktualität der Stundenaufschreibung und zum anderen der jeweils betrachtete Zeitraum. Unsinnig und überflüssig wäre es beispielsweise, von den Mitarbeitern zu verlangen, die Stunden taggenau aufzuschreiben, wenn die gesamte Projektdauer mit mindestens einem Kalenderjahr kalkuliert ist. Bei zeitlich kurz- bis mittelfristigen Projekten erscheint für die Stundenaufschreibung in der Regel eine Kalenderwoche, bei langfristigen Projekten sogar ein Kalendermonat sinnvoll und zeitgerecht.

Des weiteren sollte bereits im Planungsstadium berücksichtigt werden, was mit den Stunden geschehen soll, die sich keinem Projekt zuordnen lassen (z.B. Zeiten für Weiterbildung, Schreibtisch aufräumen usw.). Eine Möglichkeit besteht darin, für solche Fälle ein „internes Projekt“ mit dem Namen „Nicht zuzuordnende Stunden“ einzurichten. Das hat den Vorteil, daß die jeweiligen Stunden mit dem Stundenlohn des einzelnen Mitarbeiters multipliziert auf ein Jahr gesehen die Personalkosten ergeben, die keinem Kunden in Rechnung gestellt werden können.

BEISPIEL

Von den gesamten Jahresarbeitsstunden eines Mitarbeiters sind 1 500 Stunden projektbezogen gearbeitet und 360 Stunden für Fortbildung, allg. Verwaltungstätigkeit wie Ablage usw. geleistet worden. Mit Hilfe dieser Informationen läßt sich folgender Prozentsatz bilden:
$360 / 1\,500 \cdot 100 = 24\ \%$.

Wird der Projektmitarbeiter zu einem Festgehalt von monatlich 7 000 DM beschäftigt und geht man von einer durchschnittlichen Arbeitszeit von 173,33 Stunden pro Monat aus, muß der dem Kunden in Rechnung zu stellende Stundenlohn unter Berücksichtigung von unterstellten weiteren 65,73 % für zusätzliche Personalnebenkosten (z.B. Arbeitgeberanteil an der Sozialversicherung, Urlaubs- und Weihnachtsgeld usw.) mindestens einen 89,73%igen Aufschlag erhalten, um auch die nicht projektbezogenen Arbeits- und Ausfallzeiten vergütet zu bekommen.

Der mindestens zu fordernde Stundensatz beläuft sich somit auf:
(7 000 / 173,33)· 1,8973 = 76,63 DM.

Anhand dieses einfachen Beispiels läßt sich auch leicht erklären, warum bekannte Softwarehäuser oder freiberuflich Tätige einen Stundensatz von bis zu 300 DM verlangen.

Neben den Personalkosten fallen auch noch Sachkosten an. Diese sind allerdings zu unterscheiden in Sachkosten, die für beauftragte Subunternehmer anfallen (ein Ingenieur vergibt Werkaufträge an einen Statiker), die über eigene Rechnung eigens entstehen (z.B. Bewirtungs-, Reise- und Übernachtungskosten) und die internen Ursprungs sind (z.B. Kopier- und Schreibkosten, Kosten für Telefon, Fax, Aushilfslöhne, Energiekosten).

Die internen Sachkosten sollten dem Kunden entweder pauschal über einen prozentualen Aufschlag separat in Rechnung gestellt oder auf der Kundenrechnung einzeln aufgeführt und abgerechnet werden (bei beauftragten Subunternehmern und eigenen Rechnungen).

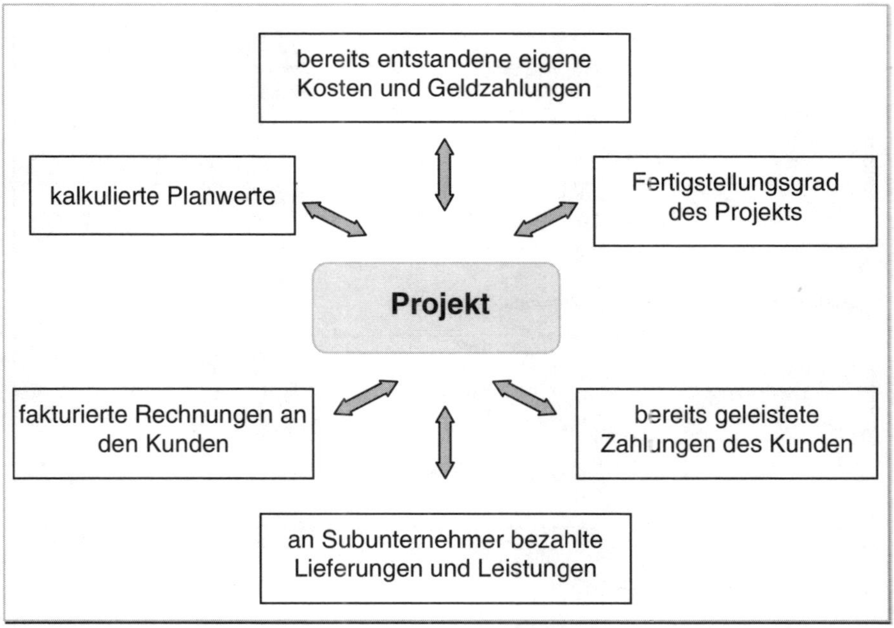

Nachdem sämtliche Kosten möglichst verursachungsgerecht erfaßt wurden, kann die eigentliche Projektabrechnung beginnen. In der Projektabrechnung werden sämtliche „Teilgrößen“ des Projekts zu einem einheitlichen Ganzen zusammengefaßt (siehe obige Grafik).

Für die gesamte Projektabrechnung richten Sie sich am besten einen Projektabrechnungsbogen ein, der folgendes Aussehen haben könnte:

Projektabrechnung

Projektdaten:

Projekt-Nr.: 1011

Projekt-Name: Musterprojekt

Projektpreise:

Auftragswert: 60 000,00 DM
Plankosten: 45 000,00 DM
Plangewinn: 15 000,00 DM

Abrechnungsmodalitäten:

☐ Zahlung erst zu Projektende

☒ laufende Abschlagszahlungen
wenn ja, gemäß folgender Vereinbarung:

Abschlags-zahlung	Datum	DM-Betrag
1. Zahlung	03.09.99	20 000 DM
2. Zahlung	12.12.99	20 000 DM

Lohnkosten:

Projektmitarbeiter	Projektstunden	verrechneter Stundenlohn	tatsächliche Lohnhöhe	kalkulierter Planansatz	Abweichung
Maier, Jürgen	70	78,12	5468,40	5000,00	-468,40
Schmitz, Gustav	80	84,30	6744,00	6000,00	-744,00
Schulz, Otto	85	110,45	9388,25	9000,00	-388,25
	aufgelaufene Ist-Summe:		21600,65		
	unausgeschöpfte Planansätze (*1):				-1600,65

Kosten für eingeschaltete Subunternehmer:

Name	Anschrift	Planvorgabe	Ist-Wert	Abweichung
Beispiel OHG	Musterstadt	8000,00	7500,00	500,00
Wendelin AG	Beispielstadt	12000,00	0,00	12000,00
	aufgelaufene Ist-Summe:		7500,00	
	unausgeschöpfte Planansätze (*1):			12500,00

Sonstige Projektkosten:

Bezeichnung	verursachte Kosten	Kumul:	Planvorgabe:	Abweichung:
Einzelmodellanfertigung	3000,00	3000,00		
Büromaterial	55,00	3055,00		
		3055,00		
		3055,00		
aufgelaufene Ist-Summe:		3055,00	5000,00	
unausgeschöpfte Planansätze (*1):				1945,00

(*1): Ein positives Vorzeichen bedeutet eine positive Planabweichung,
ein negatives Vorzeichen signalisiert, daß der Planwert bereits überschritten wurde.

Small Business

– die neue Reihe für Selbständige, Freiberufler und kleine Unternehmen

Steven Pipe
101 Super-Tips für mehr Profit
Die besten Ideen für Existenzgründer, Selbständige und Kleinunternehmer
ISBN 3-478-85180-7

Azriela Jaffe
Existenzgründung: So planen Sie mit Ihrem Partner den Schritt in die Selbständigkeit
ISBN 3-478-85170-X

Udo Cremer
Professionelle Kostenrechnung und Kalkulation im Kleinbetrieb
Leicht verständlich
Sofort umsetzbar
ISBN 3-478-85150-5

Angelika Huber
Existenzgründung für Frauen
Eigene Stärken erkennen
Typischen Fallen entgehen
Neue Chancen nutzen
ISBN 3-478-85140-8

Dirk Jasper/Dietrich Ratzke
So komme ich in die Presse
Erfolgreiche Öffentlichkeitsarbeit für Kleinunternehmer, Freiberufler und Selbständige
ISBN 3-478-85100-9

Lothar Goetsch/Stefan Rödel
Umsatz mit Rendite: Controlling im Klein- und Mittelbetrieb
ISBN 3-478-85160-2

Gunter Kästner/Jürgen Mönch
Endlich sebständig!
Modelle – Chancen – Risiken – Finanzierungsförderung
völlig überarb. 3. Auflage
ISBN 3-478-85050-9

Thomas Münster
Die optimale Rechtsform für Selbständige, Unternehmer und Existenzgründer
Praxistips und Checklisten für die beste Entscheidungsstrategie. Rechtsfragen, Gründung, Formalitäten, Steuern. Mit allen Neuregelungen der Handelsrechtsreform
ISBN 3-478-85070-3

mvg